侧看民国

側看民國

天堂应该是图书馆模样

走进民国大学图书馆

王一心——著

黄山书社

图书在版编目（CIP）数据

天堂应该是图书馆模样：走进民国大学图书馆 / 王一心著 . -- 合肥：黄山书社，2017.12
ISBN 978-7-5461-5906-5
（侧看民国）

Ⅰ . ①天… Ⅱ . ①王… Ⅲ . ①院校图书馆 – 研究 – 中国 – 民国
Ⅳ . ① G259.256

中国版本图书馆 CIP 数据核字（2017）第 299733 号

天堂应该是图书馆模样：走进民国大学图书馆

TIANTANG YINGGAI SHI TUSHUGUAN MUYANG: ZOUJIN MINGUO DAXUE TUSHUGUAN

王一心 著

出 品 人 王晓光
总 策 划 董宁文
责任编辑 徐娟娟
装帧设计 观止堂_刘 俊 朱 璇
出版发行 时代出版传媒股份有限公司（http://www.press-mart.com）
黄山书社（http://www.hspress.cn）
地址邮编 安徽省合肥市蜀山区翡翠路 1118 号出版传媒广场 7 层 230071
印　　刷 合肥精艺印刷有限公司
版　　次 2017 年 12 月第 1 版
印　　次 2017 年 12 月第 1 次印刷
开　　本 700mm × 1000mm 1/16
字　　数 250 千
印　　张 18.25
书　　号 ISBN 978-7-5461-5906-5
定　　价 39.00 元

服务热线 0551-63533706

销售热线 0551-63533761

官方直营书店（http://hsssbook.taobao.com）

目　录

序　言

天堂是什么样子？因为谁也没有见过，于是存在于各人的想象或愿望中的天堂千差万别。阿根廷人博尔赫斯道：“天堂应该是图书馆模样。”博尔赫斯是著名作家，作家是书写者，与书有血缘之亲；博尔赫斯还是一位图书馆馆长，他的天堂图书馆论，不仅流露出对于“书之居所”的深厚感情，同时也表现出其图书馆收藏的乃是人类文明与思想精华的观点的深邃。

书籍是文明的重要载体，中国作为世界四大文明古国之一，与书籍相关的造纸与印刷术早在一两千年前就已先后发明，而典籍的纳藏及使用的专门场所的出现也早于世界大多数国家，可是就现代意义的图书馆而言，我国却远远落在了西方之后，犹如起了个大早赶了个晚集。所以民国之初图书馆肩负的历史使命，不仅是要尽快实现由传统藏书楼向现代图书馆的转变，还要如同知识界欲开启民智一般开启国人的现代图书馆意识。而过程愈繁难，目标一旦实现的历史贡献愈巨大。

笔者曾因看到2014年美国高校的综合排名，前20名的有哈佛、普林斯顿、耶鲁、哥伦比亚、麻省理工、芝加哥、斯坦福等大学，遂选了国内久负盛名、且为国家重点建设的20所大学，包括北大、清华、南大、复旦、上海交大、川大等，将它们的图书馆与之对比，以观差距与差异。首先是建校时长。中国的这20所高校，即使计入前身，年逾百龄的接近半数，最年轻的也快90华诞，但较之美国那20所高校长则300多年、最短也近130年，故自称“悠久”当然只能是相对而言。其次对比的另一个视角是彼此图书馆历程的路坦路坎。美国建国几百年来，本土上只发生过一次战争，时间仅为4年，对高校的影响有限，而中国高校在20世纪的前半期，中华大地战争频仍，兵燹不断，除了内患，还有外侵，处于战乱的时间十多倍于美国。如同鲁迅在1925年“忽然想到”的人之需求“一要生存，二要温饱，三要发展”——在美国高校图书馆早已进入思谋发展的阶段，中国的高校图书馆还在救亡图存，彼此进程的差距当然加速拉大。本书既对民国图书馆所遭遇的内忧外患做了重点论述，也对图书馆人沉浮于生死之时仍对未来希望不灭的精神多有展现。

图书馆往往被视为一校的精神与文化的象征，故而馆舍也常常作为一校的校标建筑来设计。民国高校图书馆给今人最直观的感受即是建筑的美轮美奂，且不啻成为当今高校宝贵的历史遗存，其跨越时代的历史价值，非常值得后人反省与深思。而其所提供的借鉴意义远不止于此，因为早在图书馆当年开建之时，学校所有权者、管理方以及建筑设计师就对如何设计、要建成一个什么样的图书馆，怀有先进的思想、独特的观念与明确的目标。

纵观民国高校图书馆的发展之路，人当然是核心因素。从最初的传统藏书楼向现代图书馆的转换，紧接其后的由西方管理思想及模式向中国本土化的转变，到战乱时期的苦守坚持、惨淡经营，其间无不可见有志于中国图书馆创立与发展、对中国图书馆事业充满热情与深情的先驱者们的身影。今天堂皇之厦的根基，从物质到精神，均来自他们当年的筚路蓝缕。笔者对于民国高校图书馆史研究的选择，不仅源于职业的本分、对历史的兴趣，同时也期冀借此向前辈表达由衷的敬意。

作者

2016年8月于兰州旅次

第一章　蜕变：从书院藏书楼到大学图书馆

民国时期的大学，多在中国传统的书院基础上发展而来。大学图书馆在初创时期多按旧制仍以藏书楼示人，也不乏"书楼""图书室""图书课""图书组"之称。作为一个外来语，"图书馆"则是在藏书、管理、服务、规模、人员、馆舍等进化到一定阶段后的新型称谓。尽管在中国近代高等教育发展初期，对藏书之所保留了"藏书楼"的名称，但与中国古代书院时期的藏书楼相比，其性质已然有所变化，不再一味地封闭和保守，有了些开放和进步，如小窗微启，清新的风徐徐而入，渐渐具备了一定的近代图书馆的先进文明气质。

一、书院藏书楼：大学图书馆的前身

（一）公立、私立、教会：民国时期的三类大学

无论从哪个方面说，1840 年的鸦片战争都是一个新旧对立、文

明与落后较量的标志性事件。中国近代高等教育是伴随着鸦片战争后的洋务运动而开始萌芽的，其标志是各地陆续设立了为时代发展需要而培养翻译和其他专业技术高级人才的西文教育专科学堂、西艺教育专门学堂。

前者以1862年创立的北京京师同文馆、1893年创立的湖北自强学堂为代表。京师同文馆是“近代第一所国立的‘新型’高等专科学校”[①]，1901年并入京师大学堂，即北京大学前身；自强学堂1902年改作方言学堂，即武汉大学前身。

后者以1866年创立的福州船政学堂、1881年创立的天津水师学堂为代表。

专科学堂、专门学堂的设立一方面冲破了封建教育只重古籍经典、忽视社会需要的既往模式，另一方面因为课程的丰富和强调实用而促进了藏书结构的转变，不再经史子集一统天下，而增加了人文、自然、社会和科学书刊。当然，这样的转变是渐进的、缓慢的。严格说来，这时的高等学堂并不具备真正意义上的大学性质，只属于洋务运动中的洋务教育的一个部分。

鸦片战争之前，西方传教士在中国传教的方式多是和颜悦色劝慰说教，而鸦片战争后，伴随着西方列强的坚船利炮和不平等条约，传教士进入中国速度呈爆发式增长，传教观念自觉不自觉地带有文化侵略和征服的意味，“中华归主”成为明确与亟待实行的目标。但由于他们以输入西方先进的科学文化为手段，客观上促进了中国的科学文化发展，其中最常见的方式便是开办图书馆、创立学校。

民国时期的大学，教会大学占有相当的比例。到20世纪初，在中国的教会大学有基督教大学14所——圣约翰大学、金陵大学、金陵女子大学、之江大学、东吴大学、沪江大学、岭南大学、华南女子

① 熊明安.中国高等教育史［M］.重庆：重庆出版社，1988：373.

天主教大学之一的津沽大学，初名天津工商大学，1933 年更名天津工商学院，1948 年注册为私立津沽大学。此为 1924 年由法国永和工程司设计的主楼（教学楼），其最大特点是将教堂设于教学楼内。

文理学院、福建协和大学、华西协合大学、燕京大学、齐鲁大学、华中大学（前身是文华大学和雅礼大学）、北京协和医学院；天主教大学 3 所——辅仁大学、震旦大学、津沽大学。无论是教会公共图书馆，还是教会大学图书馆，都是中国近代出现最早的新型图书馆，引领了中国传统藏书楼向近代图书馆的转变，其为公众服务的开放性、丰富多样的馆藏、先进的馆舍和设备、科学的管理方法和技术等无一不给人以新颖、先进之感。

相对来说，中国人自主创办新式学校要晚于教会学校。直到 1894 年，甲午战争失败后，以梁启超为首的维新派认识到救亡图存唯在教育，遂积极兴办新式学堂。其中以 1891 年创办于广州的万木

原津沽大学图书馆，1927 年建成。

草堂、梁启超和谭嗣同 1897 年创办于长沙的时务学堂（后改为求实书院）、同年创办于北京的通艺学堂为代表。而现代意义上的大学是创办于 1895 年 10 月的天津北洋西学学堂（后更名北洋大学堂、北洋大学、国立北洋大学、国立北洋工学院）。这时候的社会环境是在政治上，“公车上书”改良政体；在教育上，维新派主张“废科举，兴学校”，批判“中学”，提倡“西学”。

在维新派的倡议和光绪皇帝的支持下，改革大潮席卷包括高等教育在内的各界。继北洋西学学堂之后，京师大学堂的筹建也提上了议事日程，最终于 1898“戊戌变法”那年 12 月正式开学。如果说北洋西学学堂是中国人自主创办的“近代第一所现代意义的大学”的话，那么，京师大学堂则是“中国近代最早的官立大学”。随后，与北洋西学学堂相对的上海南洋公学（后更名南洋大学堂、上海交通大学）于 1896 年创办。接着，第二所官立大学山东大学堂（后更名山东大学）于 1901 年成立。而“中国第一所省立大学”则是 1902 年创建的山西大学堂（后更名山西大学）。也在这年，浙江的求是大学堂改称浙江

北洋工学院旧址（今天津大学内）。

位于上海交通大学的南洋公学遗迹（南洋公学界碑、石碾和荣熙泰铜像基座）。

浙江，杭州，求是书院旧址院门。

求是书院内景。

大学堂（后更名浙江大学）。

无论是新创办的如北洋西学学堂、南洋公学，还是建立在书院基础上的山东大学堂、山西大学堂、浙江大学堂，又或者是合并了同文馆、强学会的京师大学堂，作为大学堂不可或缺的一个重要组成部分，图书馆随学堂创办而成立，从一开始就承担着教辅的重要作用，尽管那时它的名称仍然是“藏书楼”。

清末内忧外患形势下的教育改革促使新式学堂如雨后春笋般纷纷涌现，其中不乏私立学堂。但受困于经费、校舍、师资等，私立学堂大多以初等、中等教育为主，大学相对少有。辛亥革命前，比较成熟的私立大学只有上海的中国公学和复旦公学。“中华民国”成立后，教育部颁布的《大学令》《私立大学规程》等明令允许私人开办大学，同时为私立大学的发展提供了法规保障，私立大学由此发展迅速。民国时期，卓有成效的私立大学有由复旦公学发展而来的复旦大学、北京中法大学、天津南开大学、上海大夏大学和光华大学、福建厦门大学等。由于私立大学经费有赖于出资人和学生学费，故难以得到保证，甚至常常捉襟见肘，只能维持日常教学，图书馆并不必然受重视。以复旦大学为例，复旦公学成立时，没有专门的藏书室，直到1918年更名复旦大学时，才由学生每人捐银2元自发组织了一个“戊午阅书社”。

民国时期的大学由教会大学、公立大学、私立大学三个部分组成。相应地，民国时期的大学图书馆也可分为教会大学图书馆、公立大学图书馆、私立大学图书馆。教会背景使得教会大学率先引进近代图书馆概念，其早期的图书馆尽管规模也小，设备也简陋，但理念相对先进，管理上较藏书楼更科学，因此发展迅速。公立大学和私立大学图书馆受限于动荡的局势、根深蒂固的封建藏书楼观念、经费的拮据和不确定性，除京师大学堂（北京大学）图书馆外，大多举步维艰、发展缓慢。

（二）盛宣怀、梁启超、李端棻、孙家鼐：早期大学图书馆的推动者

1. 盛宣怀与北洋西学学堂藏书楼、南洋公学书楼

国人自办的两所近代意义上的大学，北洋西学学堂和南洋公学都与盛宣怀（字杏荪）有关。换句话说，政商两界的风云人物，实业家、藏书家盛宣怀是中国早期两所大学的创始人。北洋西学学堂“有别于以前建立的各类新式专科学校。它一开创就是名副其实的大学”[①]。其实，不仅“名副其实”，而且“水平和规格均高”，既体现在头等学堂（即大学本科）的毕业生可以免试直接进入美国著名大学的研究院，也体现在学堂从一开始就注重规章的制定和实施，以及包括图书馆在内的教学配套设施的完善。而两年后创立的南洋公学于中国高等

① 北洋大学—天津大学校史编辑室．北洋大学—天津大学校史．第一卷．（1895年10月—1949年1月）［M］．天津：天津大学出版社，1990：22.

教育同样被视为标杆，以至于蔡元培发出这样的感叹："……逮盛杏荪先生了于大势所趋，始奏立南洋公学以与北洋大学并峙，其规模宏远，不特为当时华校所罕见，抑亦在华西校所难几然。"①

盛宣怀（照片来源：1936 年 1 月第 23 卷第 7 期《中华教育界》儿童年专号）

无论北洋西学学堂，还是南洋公学，其藏书楼都随学堂（公学）建立而建立。既然北洋西学学堂被称作中国近代第一所现代意义的大学，其藏书楼自然是中国近代第一个大学图书馆。两所大学之所以重视藏书楼建设，与盛宣怀的先进教育思想和藏书理念有很大关系。从他的日记、信函中可以发现他的三个主张，一是藏书要古今兼收、中外并蓄；二是藏书要注重实用；三是藏书要向社会开放。②显然，这样的藏书思想与古代藏书楼重藏不重用已有了天壤之别。其实早在创办北洋、南洋两所大学之前的 1889 年，盛宣怀筹设烟台矿务学堂时，就把"书斋"的建造放在与校舍建设同等重要的位置，理由是"外国矿务之书汗牛充栋，新式矿具亦日出不穷"③，因此必须要有一个存放"汗牛充栋之书"的藏书楼。他如此注重教育而痴迷于创办学堂，以及看重藏书楼建设的原因，在于他经营洋务事业时深感教育的落后、人才的缺乏，

① 蔡元培 . 北京大学蔡校长（元培）在本校廿周年纪念会上祝词［Z］// 交通部上海工业专门学校廿周年纪念刊，1917.

② 江庆柏 . 近代江苏藏书研究［M］. 合肥：安徽文艺出版社，2000：92.

③ 盛宣怀 . 拟请四省合力试办矿务学堂酌拟章程，1889［A］. 上海图书馆藏盛宣怀档案，档号：003367.

北洋大学图书馆旧照。

同时在与洋人打交道中认识了西方文明的先进。他惊羡于丰富广博的西学新书，也感叹西方大学图书馆的精良和卓越。

因为盛宣怀对藏书和藏书楼的重视，所以北洋西学学堂、南洋公学在筹办时便将藏书楼建设写入办学章程或纲领之中。北洋西学学堂的年度经费中，明确有书籍仪器费用，以此保证藏书逐年都有增长。盛宣怀在向光绪皇帝呈交的奏折中提出，二等学堂每年的办学经费是白银一万五千余两，书籍、纸张、笔墨的经费是一千二百两；而头等学堂（即大学本科）每年的办学经费是四万余两，书籍、纸张、笔墨的经费是二千两。[①] 同时，办学章程规定校园规划中，建“书楼”一座，这在二等学堂总办蔡绍基 1899 年 12 月 8 日写给盛宣怀的一封信中说得很清楚：“堂中所设书楼，今古图书略为购备，学生每于正课余暇相互讨论，不无裨益。”

南洋公学的办学规划中也有建设图书院、购置中西书籍的条文。由盛宣怀等人共同拟定的《南洋公学纲领》第十条专门规定了藏书范围和种类：“各学应用之书，以及应用浏览参考之书，除中国官私载籍均宜搜采外，凡东西洋各国各学书籍、各种图册，亦须广为购置，各国著名报馆日报、月报、新闻纸，一体够备，分庋图书院，以供师

① 任继愈 . 中国藏书楼［M］. 沈阳：辽宁人民出版社，2001：1560.

生观览。”对于图书院的管理人员，不但盛宣怀要求“图书院应有专司之人，拟即以备教习者充之”，而且《纲领》第十五条特别规定“管图书院备充教习二名”。另外，《南洋公学章程》更在图书院设立、管理人员配置、藏书译书等方面进行了详细规定。1897 年 4 月，南洋公学正式开学，尽管校舍临时租借徐家汇通合公司丝厂空闲厂房，但仍然辟出一处作为藏书之所（又称“书楼”或“藏书处”）。

北洋西学学堂、南洋公学本就属于现代意义的大学，办学宗旨与中国传统封建社会的太学、国子监、郡学、县学、书院已有所区别，不再以培养封建官吏为唯一责任，而兼具造就民族工业实用人才的新功能。书楼（藏书处）的性质随之改变，北洋西学学堂在保存中国传统典籍之余，也开始关注对西方自然科学、科学技术方面书刊的收集。南洋公学开学后，“遍征各省官书局书籍”，除了经史子集等中文书外，也采购了一些西文书以供教员参考之用。在管理上，北洋西学学堂的先进性体现在一是聘用美国人主持工作，二是采用美国国会图书馆协会的编目方法和杜威（M.Dewey）“十进分类法”。南洋公学书楼专设管理员一名，负责收发书籍；其所订“藏书”与“取书”规则也相当细致：藏书工作包括书籍分类与编目，书籍保管、摊晒、修补，书室通风、灭鼠防虫等；取书工作包括读者借阅程序、还书手续、损坏污染图书赔偿等。

尽管在馆舍、藏书量、人员、组织等方面，两所大学书楼显得经验不足、管理水平不高，但与传统藏书楼相比，已有很大进步，现代图书馆的面貌已隐约可见。

2. 梁启超、李端棻、孙家鼐、张百熙与京师大学堂藏书楼

从办学背景上说，京师大学堂和北洋西学学堂、南洋公学一样，都是在清末社会急剧变革时，维新派力主学习西方、维新变法中应运而生。与“北洋”“南洋”由私人实业家倡议创办不同，京师大学堂从一开始就具有官学性质，它不但是中国第一所官办大学，也“一度

上海南洋公学（今上海交通大学）图书馆。

是全国的最高教育行政机关”[①]。促成京师大学堂建立的有三个重要人物：刑部左侍郎李端棻——1896年6月，他向光绪皇帝建议在京师建立大学堂；吏部尚书、大学士孙家鼐——他不但支持李端棻的提议，而且在上奏清廷时提出了具体的分学科、请教习等建议，更在1898年学堂正式开学时出任首任管理学务大臣；戊戌变法领袖之一、维新派代表人物梁启超——草拟了《京师大学堂章程》。

也是他们三人，直接推动了京师大学堂藏书楼的成立。李端棻在《请推广学校折》中除了力主开办包括京师大学堂在内的新型学堂外，还主张在全国范围内普遍设立藏书楼，尤其强调在学堂内设立藏书楼。因为在他看来，藏书楼乃“与学校之益相须成者”。不但如此，他还就藏书楼的馆藏建设、管理制度等提出了具体意见，足见他的图书馆

① 吴晞．北京大学图书馆九十年记略［M］．北京：北京大学出版社，1992：1.

思想已相当先进。由于《请推广学校折》实则出自梁启超之手，故也可看作是他的图书馆思想的体现。事实上，由梁启超拟就的《京师大学堂章程》特别强调藏书楼的设立。在第一章第六节中，关于藏书楼，这样表述："学者应读之书甚多，一人之力，必不能尽购。……京师大学堂为各省表率，体制尤当崇闳。今拟设一大藏书楼，广集中西要籍，以供士林流览而广天下风气。"[①] 孙家鼐也将藏书楼置于与学校、新闻报馆同等重要的地位，1896 年他在《官书局奏开设缘由》中说："泰西[②]教育人才之道，计有三事：曰学校，曰新闻报馆，曰书籍馆。"[③] 他开创性地将京师大学堂的学科细分为天、地、道、政、文、武、农、工、商、医十科。这样的分类直接影响了京师大学堂藏书楼的馆藏建设。

尽管筹办京师大学堂时，李端棻、梁启超、孙家鼐三人都没有忽略藏书楼的建设，甚至将设立藏书楼当作创办京师大学堂一个不可或缺的重要组成部分——从这个方面说，京师大学堂藏书楼随学堂成立而建立的说法并非毫无根据。但事实上，由于学堂在创办当年便遭遇戊戌变法，随后又历经义和团运动、八国联军侵占北京等变故，而不得不停办长达两年之久。作为一个专业机构，藏书楼真正意义上的创立则是在学堂正式开办 4 年以后，即 1902 年。然而，这并不意味着京师大学堂开门办学的 4 年间，无一藏书可供师生使用。也就是说，京师大学堂藏书楼并非凭空建造，它是建立在其他藏书楼的基础之上的。换句话说，京师大学堂藏书楼的最早藏品，来自强学会书楼与京师同文馆书阁。

成立于 1862 年的同文馆设在总理衙门内，馆舍原是首席军机大臣赛尚阿的房产。他的儿子崇绮及孙女阿鲁特氏（同治帝皇后）都在

---

① 总理衙门奏拟京师大学堂章程［G］// 北京大学校史研究室 . 北京大学史料 . 第 1 卷 . 北京：北京大学出版社，1993：81.

② 泰西：西方各国。

③ 夏东元 . 郑观应集（上）［M］. 上海：上海人民出版社，1982：247.

这里出生。赛尚阿因指挥镇压太平天国军事失利被皇帝革职查办，房产充公。同文馆被认为是“我国官方自行创办新式学校的开始”[①]。“新式”体现在一是课程设置——以外文为主，基本不学四书五经等传统科目，最初只设英文、法文、俄文三个班，后增加了日、法、德文专业。1866年增设科学馆后，学科扩大至算学、天文、化学、物理、万国公法、医学、生理等；二是学制安排——初定3年毕业，1876年后由学科的不同而分5年、8年毕业；三是教习聘用——除汉文外，其他课程大多由外国人担任教习。美国传教士丁韪良（W.A.P.Marti）1869年秋被聘为总教习（校长），恭亲王奕䜣对他非常客气，还给他取了个“冠西”的别号；四是翻译实践——馆内附设印书处、翻译处，先后编译、出版自然科学及国际法、经济学书籍二十余种；五是注重藏书建设，特别是来自西方的“新”书。

同文馆既为“新式”，同文馆书阁与传统书院的藏书楼自然有所不同，体现在一是藏书种类——不再仅限于经书典籍，而为配合新课程的需要，增加了外文类书籍。二是藏书来源——提议设立同文馆的恭亲王奕䜣在1860年《奏请创设京师同文馆疏》中就建议“饬广东、上海各督抚等分派通解外国语言文字之人，携带各国书籍来京”，即商讨和募集。这些被“携带来京”的“各国书籍”便是同文馆书阁，也就是京师大学堂藏书楼，或者说是北京大学图书馆较早的一批藏书，即图书馆的基础之一。随后，以“交换”的方式获得外文图书被广泛运用。同文馆曾经与美国大使劳文罗、法国大使热福里交换过图书。其中，热福里代表法国文学苑赠送同文馆一箱图书，包括“化学、医学、格物、算学、地理、农田、兵法等事以及该国字典、诗史等书”，计188册，由同文馆总教习丁韪良收下。奕䜣随即命人“购备中国书籍，计《康熙字典》6套，《御选唐诗》4套，《钦定词谱》4套，《皇

① 吴晞．北京大学图书馆九十年记略［M］．北京：北京大学出版社，1992：5.

清经解》40套，《十三经》20套，《昭明文选》2套，《朱子全书》6套，《古文渊鉴》6套，《渊鉴类函》20套，《唐宋八家帖》2套”，丁韪良又加上一部《圣谕广训》，一同作为回礼①。三是开放使用性——《同文馆题名录》中《书阁藏书》一节有这样的记载：“存储汉洋书籍，用资查考，并有学生应用各种功课之书，以备随时分给各馆用资查考之计。”②四是管理先进性——从《同文馆题名录》中可以看出，书阁当时已经开始对图书进行“注册存记”的管理。这些都显示出书阁往近代图书馆去的迹象。

1895年成立的强学会，创始人康有为、梁启超，孙家鼐是该会会员，由此可以推断，强学会藏书楼（时名“书藏”）与京师大学堂藏书楼多少存在关联。强学会的创办宗旨，康有为认为在于“群天下之图书器物，群天下之通人学士”③。故而强学会甫一成立便着手“广收图书”以办图书馆和报馆。在从维新派人士募集来万两白银，从英美大使那里得来捐赠的外文书刊后，强学会书藏在北京琉璃厂挂牌成立。若论其先进性，“开放”无疑是有别于古代藏书楼的最大特点。如梁启超所回忆，强学会当时“备置图书仪器，邀人来观”，其中有一幅费尽周折从上海购得的世界地图，“会中人视同拱璧，日出求人来观，偶得一人来观，即欣喜无量”④。书藏在此已不再以收藏为目的，而是为了传播知识，开启民智。

可惜的是，只维持了四个月，强学会便被查封。而承继强学会部分使命的是成立于1896年的官书局，孙家鼐出任督办。“开放”也

---

① 总理各国事务奕䜣等片［G］// 朱有瓛．中国近代学制史料．第一辑（上册）．上海：华东师范大学出版社，1983：155—156.

② 续同文馆题名录［N］．万国公报，1880（586）：317.

③ 康有为．上海强学会序［N］．强学报，1895（1）：5.

④ 梁启超．莅北京大学校欢迎会演说辞［M］ // 张品兴．梁启超全集．第四册．北京：北京出版社，1999：2527.

是官书局所追求的，但与强学会书藏过于看重传播不同，官书局设立藏书院，四处搜求图书，既以新学为主，也不拒绝旧学，尤其注重经世致用书籍。从这些方面说，它也具备一定的近代图书馆的性质。京师大学堂成立时，官书局和官书局藏书院并入其中，所有藏书成为京师大学堂藏书楼（北京大学图书馆）最早的一批图书。1902 年同文馆书阁文献又加入其中，丰富了馆藏。

可以说，同文馆书阁、强学会书藏（官书局藏书院）均已具近代大学图书馆和公共图书馆的雏形。如果说京师大学堂藏书楼是较早地具备近代图书馆性质的大学图书馆的话，那么，可视同其前身的同文馆书阁、强学会书藏（官书局藏书院）则可谓奠定了其基础的重要组成部分。换言之，京师大学堂藏书楼的先进性建立在同文馆书阁、强学会书藏（官书局藏书院）的开拓性和创造性之上。

京师大学堂藏书楼的先进性，体现在章程、人员、管理、名称、藏书、制度等方方面面。从章程制定上看，《京师大学堂章程》不但对教学进行了总体规划，也为藏书楼建设做了种种规定，因此被认为“是中国近代高等教育史上最早、影响也最大的正式文献，同时也是中国近代图书馆史上、尤其是大学图书馆史上最早、最完备的建馆章程”①。与京师大学堂藏书楼有关的另一个重要人物是清末大臣、教育家张百熙，他于 1902 年京师大学堂复校后出任管学大臣。而由他主持拟定的《钦定京师大学堂章程》继承了《京师大学堂章程》的办学精神，更把藏书楼建设列为重点关注的项目。两个章程的不同在于，前者关于藏书楼的规定因为时局动荡而大多停留在纸面上，而后者则大多付诸实践，特别是作为建筑形态的藏书楼终于选定——京师大学堂所在的地安门内马神庙前的和嘉公主旧宅（俗称“四公主府”）中心大殿

① 郭明蓉 . 中国高等教育发展进程中的高校图书馆研究［M］. 成都：四川人民出版社，2009：168.

后方的一座楼房（人称“和嘉公主梳妆楼”）。这也是何以将京师大学堂藏书楼诞生时间确定在1902年而不是1898年的主要原因之一。

综合两个《章程》，藏书楼设提调（即负责人）一名，由詹事府左香坊左庶子李昭炜担任（1902年，京师大学堂复校后，藏书楼提调是梅光羲）；设供事（即办事员）10人；1903年，改藏书楼为图书馆；1904年，改提调为经理官（首任经理官是王诵熙）；同文馆书阁并入后，专设译学馆，这是北京大学图书馆设立的第一个专业分馆；馆藏来源除了同文馆书阁、官书局藏书院的书籍以外，还运用“调用”——调用国子监的藏书、“征调”——征调各省官书局的藏书、“购买”——有偿收购各种书刊、“接受”——接受官方和私人的收藏、“访求”——采访、搜求散落民间的珍藏等各种方式；书籍种类不但不限旧学经典、古籍善本，更重视新学、西学书刊，这使藏书楼的藏书量

北京马神庙四公主府里的和嘉公主梳妆楼，即北京大学图书馆的原址，时称京师大学堂藏书楼。

增加迅猛，到1909年前，中文与日文图书已达八千余种[①]，居全国大学图书馆领先地位；在规范管理方面，一系列规章制度——包括经理官和供事的职责范围、工作日和节假日的开放时间、借阅书刊的手续、借阅方式（闭架）、违规处理方法等——显示京师大学堂藏书楼在管理理念和方法上与传统藏书楼已经有很大不同，此藏书楼已非彼藏书楼。

二、书院——大学、藏书楼——图书馆

（一）大学多由传统书院发展而来

民国时期，相当数量的大学由传统书院发展而来，或者说，建立在书院基础之上。这也就意味着书院藏书楼是大学图书馆的前身。以公立大学为例，最早的公立大学之一的山西大学，前身是晋阳书院和令德堂书院；清代山东最大的书院泺源书院，1901年时由山东巡抚袁世凯奏准改为官立山东大学堂，即后来的山东大学；四川大学的源头一是锦江书院，二是尊经书院；浙江大学的前身是求是书院。教会大学尤其如此，从表1可以发现，在14所基督教大学中，一半与书院有关联。

无论是教会设立的书院，还是官办书院，在鸦片战争之后受西风东渐的影响，已不同于中国古代传统书院，不再仅是讲学、考课、藏书、供祭之地，而更多了近代学校的功能。藏书本即书院的重要内容和特征，书院藏书因此成为中国古代藏书中的一种重要类型，与官府藏书、私人藏书、寺院藏书一起，并称为中国古代藏书事业的四大支柱。因此书院在向大学转变的过程中，其藏书楼的藏书很自然地成为大学

① 王诵熙.京师大学堂汉文图书草目［G］.1910.北京大学图书馆藏.

表 1　从书院到大学的演变

书　　院	创 办 者	大　学
存养书院（1871）→ 博习书院（苏州，1879）； 中西书院（上海，1882）	[美]基督教监理会	东吴大学 （1900）
圣约翰书院（1879）{培雅书院（1865）、度恩书院（1866）}	[美]圣公会上海主教施约瑟	圣约翰大学 （1906）
汇文书院（1888）； 宏育书院（1906）{基督书院（1891）、益智书院（1894）}	[美]美以美会	金陵大学 （1910）
育英书院（1897）{崇信义塾（1845）→育英义塾（1867）}	[美]基督教长老会麦卡第等	之江大学 （1914）
英华书院（福州，1881）； 格致书院（1858）；三一书院； 英华书院（闽南）；寻源书院	[美]美以美会； [美]美部会摩嘉立牧师	福建协和大学 （1915）
贝满女塾（1864） →华北协和女子大学； 潞河书院（1867） →华北协和大学； 汇文书院（1888）→汇文大学	[美]贝满夫人； [美]戴江； [美]美以美会	燕京大学 （1916）
格致书院（1888）	[美]香便文牧师	岭南大学 （1918）
文华书院（武昌，1871）； 博文书院（武昌，1885）； 博学书院（汉口，1899）	[美]圣公会主教文惠廉； [英]循道会； [英]伦敦会牧师杨格非	华中大学 （1924）

图书馆的藏书基础。在书院的性质发生变化——引进西学而开设西学课程、聘请外籍教师等——以后，其藏书楼随之调整以适应环境需要，体现在藏书内容多元化——在经书典籍善本之外，增加了数学、地理、

矿务、铁路、天文、化学、植物等；藏书文种的丰富性——不再几乎全是汉文，而多了日文、英文、德文等；文献类型的多样性——除了图书外，也开始收藏报纸和杂志；服务对象的扩大化——以师生为主，兼及社会人士。

以位于上海的格致书院为例。它之所以被作为“近代第一所研究和传播西方近代科技的新型书院”[①]，与其办学宗旨，按照徐寿所拟格致书院章程，即“欲中国士商深悉西国之事”[②]有关。徐寿（号雪村）是清末科学家、中国近代化学启蒙者，格致书院发起人之一。另一个发起人是英国传教士傅兰雅（John.Fryer），而倡议设立者是英国驻上海领事麦华佗（W.H.Medhurst）。从1874年提议，到1876年开院，其间的准备工作花费了两年，不仅购置土地、规划书院、房舍建筑费时耗力，更因为谋划与传统书院完全不同的新课程——天文、历法、算学、制造、舆图、化学、地质（实则开设了矿务、电务、测绘、工程、汽机、制造“六学”），以及聘请中西教员而速成不得。正式开院后的书院果然与众不同，它分三个部分：一是“知新堂”，内有各种天文、气象、通讯等模型与仪器，化学器皿，工艺与日常用品；二是讲论学问之堂，作为中外“院师”为学生授课之所；三是书房，即藏书室，“存售各种译成华文之格致书”[③]。

书院本身兼具的藏书性质使得格致书院在筹备时便注重藏书建设，书院章程中明确规定：“院中陈列旧译泰西格致书，各种史志，上海制造局新译诸书，各处旧有及续印新报，西国文字，各种格致机器新旧之书，格致机器新报，机器新式图形……又备中国经史子集，以期考古证今，开心益智，广见博闻。”[④]

---

① 任继愈．中国藏书楼［M］．沈阳：辽宁人民出版社，2001：1848.

② 徐雪村先生为上海设格致书院上李爵相禀并条陈［N］．万国公报，1874，314：196.

③ 傅兰雅．上海格致书院开院［G］// 格致汇编．第一年．1876，6：11.

④ 徐雪村先生为上海设格致书院上李爵相禀并条陈［N］．万国公报，1874，314：196.

作为建筑形态的藏书楼于书院开院五年后建成，分上下两层，楼上藏书，楼下藏报刊。该藏书楼的特别之处在于，一是据书院 1907 年编的《上海格致书院藏书楼书目》所记，其全部藏书分为经、史、子、集、丛书、东西学书目六类，其中“东西学”书籍高达四百多种。其大多为江南制造局翻译的科技书籍，远多于前五类的“经史子集丛书”，这在当时极为少见。二是将书报进行分藏，而且开辟阅报室——《藏书楼观书约》第八条规定：“无论日报、月报、教报……在楼下阅看，楼上不备。”为我国近代书报分藏之始。三是尽管书院发起人之一的傅兰雅是英国传教士，但藏书楼并不收藏传教书籍。四是规章制定——《藏书楼观书约》共十条，对藏书类别、借阅细则、阅览手续、阅览室纪律、阅览时间等做了一些规定①，颇为细致。

以格致书院为样板，其他各地竞相效仿，一方面改造旧式书院，另一方面新建新式书院。其中承担着高等教育之责、后来成为大学前身的典型代表，公立书院有尊经书院（四川大学）、求是书院（浙江大学）；教会书院有文华书院（华中大学）、圣约翰书院（圣约翰大学）等。

尊经书院于 1874 年由洋务派人士张之洞提议创办。他亲手制定了尊经书院章程十八条，撰写了《四川省城尊经书院记》，论及“书院所储之书”种种，包括掌书者（书籍管理者）的任职条件、职责范围，借阅者遗失书籍的处罚，甚至提到重要典籍的复本问题。

求是书院于 1897 年由浙江巡抚廖寿丰、杭州知府林启发起创办。虽名为“书院”，实则为一所新式高等学堂。廖寿丰在 1897 年 8 月补呈光绪帝“请专设书院兼课中西实学”的奏折中，禀明请求办理求是书院种种，虽未言及书院拟设何种藏书形态，但从奏折中涉及的只言片语中，可略窥其藏书建设的打算，如“延一西人为正教习，教授

① 任继愈 . 中国藏书楼［M］，沈阳：辽宁人民出版社，2001：1848—1849.

武昌公书林。（照片来源：1931 年第 3 卷第 3 期《武昌文华图书科季刊》）

在教会大学中，最早建立图书馆的是上海圣约翰大学。

奠基于 1915 年，建成于次年的上海圣约翰大学图书馆，也就是现在的上海华东政法大学 5 号楼，长期以来一直被师生称为老图书馆。

各种西学……一面购置仪器图籍”。使学生“每日肄业之暇，令泛览经史、国朝掌故及中外报纸”，还要“另选翻译之人译述各种有用之书，为振兴学校之助”① 等等。

文华书院 1871 年创办初始便具有大学性质，所开课程除了四五书经和神学外，还有天文、地理、西洋历史、数学、物理、化学、体育等，学制为 9 年，分预科 6 年和本科 3 年。从图书馆角度说，中国最早开办的公共图书馆“文华公书林”诞生在由文华书院改建的文华大学。而文华大学是较早开设图书科的大学，此图书科后来发展成为中国第一所图书馆专科学校，即武昌文华图书馆学专科学校。

在教会大学中，最早建立图书馆的是圣约翰大学，它的前身是美国圣公会上海主教施约瑟（B.Schereschewsky）1879 年在上海合并培雅书院和度恩书院而创办的圣约翰书院。1888 年，施约瑟将数十部私人中文藏书，汇入圣公会另一位主教布恩（B.Boone）私宅内的一所圣公会英文藏书室而使其初具图书馆雏形，1900 年后对藏书进行了编目。②

虽然清末时具有高等教育性质的书院属性已有些许改变，逐渐朝近代大学迈进，但由于传统的封建教育思想根深蒂固，保守势力的坚持与顽固，特别是科举制度依然占据统治地位，因此彻底改书院为大学之路不可能一帆风顺。即使在轰轰烈烈的维新运动中，由清政府颁布命令，要求“现有之大小书院，一律改为兼习中学西学之学校”③，光绪皇帝更诏令废除八股，但仍难以完全改变学校现状。直到 1904 年，清政府颁布中国近代第一个旨在全国推行新学制的教育法令《奏定学堂章程》（又称《癸卯学制》），进一步对学校教育进行了初等、中

① 章奏汇编［N］. 实学报，1897（1—14）：14—15.

② 黄维廉 . 约翰大学图书馆［J］. 新教育，1923，7（1）：47.

③ 清帝谕各省府厅州县改书院设学校［M］// 中国史学会 . 戊戌变法 . 第二册 . 神州国光社，1953：34.

上海圣约翰大学图书馆大门口。

等、高等几个阶段的划分，延续了千年的书院制度才逐渐淡出。科举制度于次年被废止，更加速了书院的没落。承担着高等教育功能的书院纷纷关闭的同时，新型高等学堂纷纷建立。教育变革中，旧式书院的藏书大多没有完整地保留下来，残存部分由公共图书馆和学堂承继，成为学校的基础藏书。

（二）大学藏书楼略具近代图书馆性质

尽管“图书馆”一词在19世纪末便由日本传入中国，并见诸报刊，而且清政府于1903年颁布的全国高等教育条例《奏定大堂章程》中规定全国大学堂的藏书机构统称为图书馆。1904年时，已有两所公共图书馆，即湖南省图书馆、湖北省图书馆正式使用了这个外来名称，但大学图书馆还是在相当长的时期里仍然沿用“藏书楼”（或“图书室”）之名。其中原因，一是很多大学由书院发展而来，书楼，或藏书楼是书院延续了数百年对藏书之处的习惯命名；二是大学初建时，往往规模小、设施简陋，藏书少，尚没有建立起完备的借阅规则，藏书之功能大于流通之属性，因此，“藏书楼”之名似乎更符合实际。

大学图书馆发展初期使用“藏书楼”名称的有很多：教会大学中有沪江大学、福建协和大学等；公立大学中有北京大学、北洋大学、山西大学、交通大学、湖南大学、山东大学、浙江大学等。以“图书室”命名的有河南大学、清华大学、武汉大学、浙江大学、南开大学、燕京大学等。其余名称，圣约翰大学在圣约翰书院时期、齐鲁大学在登州文会馆时期称“藏书室”；河南大学在留学欧美预科学校时期称“仪器室”；岭南大学在岭南学堂时期称“教员阅书参考室”；复旦大学最早的图书馆是由学生自发组织的“戊午阅书社”；厦门大学图书馆成立时称“图书课”；北京大学继京师大学堂藏书楼后曾一度称图书馆为“图书部”。

无论是书楼，还是藏书楼，此“楼”并不具有建筑学意义，与古代藏书用的山洞、石室、仓库、地窖、经堂，以及近代的厅堂、轩阁、殿宇、小楼、书院等性质相同，只是“处所”——准确地说，是藏书之地的意思。不管是书楼、藏书楼、图书室、图书部、参考室、阅书社等，作为初创时的大学图书馆，占地面积狭小、藏书量稀少是它们的共同特征。

比如，北洋大学早期的图书馆，说是“书楼”，其实只是一间房间而已，及至 20 世纪 20 年代，藏书室也不过扩大到四五大间；山西大学图书馆初创时，连固定的馆舍都没有；清华大学清华学校时期的图书室只不过有大房一间、小房两间；沪江大学在浸会大学堂时期，所谓图书馆，不过两只装书的箱子而已，而且其中的一箱还没有装满，后在新建的思晏堂二楼勉强获得一间房子作为阅览室，直到 1919 年，才扩为四间；燕京大学图书室最初几年，也曾有过“一间、两间、三五间……”的渐扩过程；金陵女子大学在绣花巷临时校舍时，图书馆只有一大间；金陵大学图书馆 1910 年首创时，只能栖身于中学青年会楼上的两间小屋里；而福建协和大学、华南女子大学，其图书馆初创时因无固定校舍而不得不租借毗邻中学的教室作为阅览室。即使起步较晚的几所私立大学，复旦大学、南开大学、厦门大学等图书馆，也无不如此。复旦大学图书馆由“戊午阅书社”起步时，管理人员由学生轮流担任，一年后被学校接管后，经费一度来源于每位学生交付的两元钱；南开大学 1919 年成立时，图书馆只设在一间教室里；尽管厦门大学 1921 年创立时早已是民国，但其图书馆也并非一开始就以图书馆之名示人，初称图书课，隶属于教务部，栖身于两个宽不及丈的小屋。

至于藏书，也大多少得可怜。像圣约翰大学、沪江大学、福建协和大学、华南女子大学等，最初的藏书由创办者、首任校长、退休传教士的个人捐赠作为基础。其他教会大学大多以数十或数百册起步。

如金陵女子大学开学时，图书馆的藏书不过四十余册；燕京大学二百余册、厦门大学五百余册。相对好一些的公立大学，北京大学，清华大学不过两千余册；东南大学 1918 年时的统计，“库房书架有 8 具，书刊数千册”[①]。

早期的大学图书馆，特别是由书院发展而来的大学藏书楼，尽管馆舍逼仄、藏书量严重不足，传统藏书楼的封闭特质仍然存在，但向近代图书馆转变的姿态已经显露。

从开放性来说，大学图书馆自创立起始便已注重对外开放，尤其是文华大学图书馆，开放使得它既是大学图书馆，也是近代第一所公共图书馆。从制度建设和机构设置来说，有些大学，比如几所私立大学，南开大学、大厦大学、厦门大学等在图书馆建立之初便制定图书馆规章、设立图书委员会（或图书馆委员会）。从藏书内容和类别上说，购书早已不限于善本古籍，而更注重中西兼备、文理并重，又广开搜书渠道，先后采用先进的目录体系和分类方法。藏书楼因为重藏轻用，注定如何利用藏书不会在藏书楼时代作为一个问题提出来。而在图书馆时代，如何利用馆藏，是横亘在每个读者面前的突出问题。对于大学图书馆来说，如何利用图书馆，更成为学生所应受教育与训练的一个方面，而南开大学当时对此就已经意识到了。

教会大学虽然一半以上来自于书院，但西方宗教的背景使得它们比公立大学和国人自办的私立大学更早地运用近代图书馆的管理方法。体现在藏书上，西文书更被重视，而在编目和分类等管理技术方面，也走在前列，起到了引领作用。

总之，在从书院藏书楼到大学图书馆的发展进程中，鸦片战争后的西风东渐、清末维新派的维新运动起到了强有力的推动作用。大学

---

① 张厚生．东南大学图书馆志要［M］// 东南大学图书馆．书林望道．南京：东南大学出版社，2008：2.

图书馆在接受书院遗留的大量古籍经典同时，一方面逐渐摒弃藏书楼重藏轻用的弊端，一方面也扬弃地承继了书院以数百年的经验积累下来的搜书方法和管理模式——比如，南洋公学沿袭了明清书院藏书、刻书传统，当然更重要的是以西方先进图书馆为追求目标，并朝着这个目标进行种种努力。

第二章　沉浮：民国大事件中的大学图书馆

大学图书馆与大学的关系犹如毛之于皮。直白而言，大学图书馆随着大学的建立而设立、发展而发展，总之荣衰与共。而大学的产生又往往应运于社会的变化，或者说，大学的发展状况又与社会历史的进步与倒退紧密相连。民国社会恰是一个急剧动荡的社会，一个又一个重大事件或联袂或接踵而至，不能不影响到作为社会一部分的大学。而大学在社会大事件的汹涌波涛中，或乘势弄潮，或被动沉浮，呈现出波诡云谲的命运之象。

维新运动促使藏书楼逐渐向近代图书馆转变；辛亥革命后，大学图书馆进入新的发展阶段；新文化运动中，新旧思想在图书馆交锋，图书馆承载了启蒙的教化作用；非基督教运动和收回教育权运动迫使教会大学图书馆顺应潮流而在馆藏、人员、功能、服务等各个方面做相应调整；抗日战争给图书馆造成致命性打击；解放战争时，图书馆成为没有硝烟的另一个战场。

一、辛亥革命

无疑，辛亥革命是民国第一大事件，对中国现代历史的发展影响巨大而深远。在封建帝国轰然崩塌的灰飞烟灭与“中华民国”破土崛起的过程中，社会方方面面都在发生变革，高等教育不可能依然故我。大学的快速扩张必然带动大学图书馆建设的加快，而大学名称、学制、法规的变化也必然使大学图书馆的性质、功能、作用渐趋完善。如果说，维新运动是古代藏书楼向图书室、甚至近代图书馆转变的润滑剂的话，那么辛亥革命则是完成、确认这种转变的助推器。大学图书馆由此步入新的发展时期。但改朝换代带来的动荡及造成的混乱，往往会在某一时段或某些方面阻碍大学图书馆的发展。因此，从总体上说，辛亥革命促进了大学图书馆的发展，但发展是艰难的，也是迟缓的。

（一）三所公立大学图书馆的进步与落后

在辛亥革命之前，公立大学仅有三所，分别是北洋大学堂、京师大学堂、山西大学堂。也就是说，公立大学的图书馆，只有北洋大学堂藏书室、京师大学堂藏书楼、山西大学堂藏书楼。民国后，在首任教育总长蔡元培的推动下，高等教育进行了一系列改革，而这些改革的政策依据是区别于清末“癸卯学制”的“壬子学制”。在新的学制统领下，有关教育，特别是有关高等教育的法令先后颁布：《普通教育暂行办法》《教育宗旨令》《学校系统令》《大学令》《专门学校令》《师范教育令》《大学教育规程》等。根据这些法规，大学以“教授高深学术，养成硕学闳才，应国家需要”为目标，明确高等教育由大学、大学预科、专门学校、大学院、高等师范学校等几种形式构成，将大学“分为文科、理科、法科、商科、医科、农科、工科”（《大学令》）。同时规定，“学堂”一律改称“学校”；“监督”改称“校长”。在这样的背景下，1912 年 4 月，北洋大学堂改称北洋大学校（次年改称国立北洋大学）；同年5月，京师大学堂改称北京大学，并旋即冠以“国立”；同年，山西大学堂改称山西大学校（1931年改称山西大学）。

作为大学里的“第二课堂”，人们愈来愈认识到图书馆的重要性。从“学校教育成全的要素”“无舌的教师”“大学的命脉”[①]这些形容或表述中可略见一二。伴随着高等教育的变革，从大学堂到大学，从师范学堂到高等师范学校，大学图书馆的发展得到切实地推动。事实上，教育总长蔡元培在积极推行教育改革中，屡将改革目光落实到具体的大学图书馆建设上，甚至认为革新要自图书馆开始。因此，在确立了高等教育的改革方向后，针对图书馆的法律法规也相继发布，1915年就有了《通俗图书馆规程》《图书馆规程》。

按照《规程》里的“公立、私立各学校……得设立图书馆”“图书馆得设馆长一人，馆员若干人”“图书馆馆长及馆员……具报于主管公署，并报教育部”“图书馆之经费，列入主管学校工场预算之内”等规定，北洋大学、北京大学、山西大学校三所公立大学都在图书馆和馆长、馆员名称、图书馆行政职能、规章制度、馆舍和馆藏建设等方面做出相应调整。

北洋大学在校长下设图书主任。图书主任负责学校图书的整理和保存、购置书籍和杂志、编订书目、征集新出版书籍目录、管理阅览室等。也就是说，自此，北洋大学图书馆有了专职的图书馆负责人，由校长直接管辖，不再“由校中文案兼任管理员”，职名也由“通判衔兼图书馆经理官”改为“图书主任”。

在规章制度方面，北洋大学图书馆的管理，遵循的是民国初年制定的《国立北洋大学校办事总纲》，以及据此制定的《国立北洋大学校学事通则》。《国立北洋大学校学事通则》列第十二章为《图书馆

① 王植．中国近代高校图书馆事业发展述略［J］．河南图书馆学刊，1986（2）：12.

北洋大学现存的一幢老楼，已经损毁的图书馆的建筑风格与此相仿。

借书规则》，共十一条，从通常的图书馆开放时间，到借阅范围、册数、期限，以及违约违规的处罚方式与程度等都有规定，颇为详尽，甚至还有图书续借与预借（预约）制度，可谓相当先进。赵天麟任北洋大学校长期间（1914—1920），对图书馆建设较为重视，“注意不断充实图书馆的藏书，使当时北洋大学图书馆内藏有中西书籍一万多册，中西版刊物一二百种……校内图书馆拥有图书量在全国高校中名列前茅”①。

尽管北京大学是最早冠名“国立”的公立大学，发展却举步维

① 北洋大学—天津大学校史编辑室．北洋大学—天津大学校史．第一卷．（1895 年 10 月—1949 年 1 月）［M］．天津：天津大学出版社，1990：93—94.

北京大学红楼，始建于 1918 年。图书馆曾设于一层。

艰，甚至在 1912 年和 1913 年两次被教育部下令停办，只是因学校师生和社会各界强烈反对才得以维持。可即便办学经费紧张、房舍拥挤、设备陈旧、校内封建思想和官僚习气依然浓厚等一系列不利因素存在，京师大学堂藏书楼更名为北京大学图书馆后还是顽强地扩充了馆舍——在藏书楼旧址[①]旁，新建了一座西文阅览室，原址用作中文阅览室。后来一段时期，北大人在口头上即称旧址为中文藏书楼，新址为西文藏书楼。同时，还在法科建立了一座小型分馆。馆舍扩大，藏书量也随之稍有增长，除以经费购置图书外，也接受团体和私人的捐赠。

① 京师大学堂位于地安门内马神庙（今景山东街）前的和嘉公主宅邸（即四公主府）。原来的公主梳妆楼便是藏书楼所在地，位于宅邸中心一座大殿的后面。

与北洋大学图书馆一样，北京大学图书馆的负责人名称也有所改变，由“图书馆经理官”改为“主任”。首任图书馆主任是清末举人、毕业于山西大学的徐鸿宝。他甫一上任，即“对馆藏图书进行了一次全面的清查整理，编出了供读者查阅的中文书出借草目和西文书分类目录”。在他于1917年卸任之前，图书馆的工作相比藏书楼时期的纷杂和无序有了不少的改善：馆舍扩大、藏书增加之外，读者工作也有一定程度的开展，规定了每天早八晚五的开馆时间，还开创性地制定了图书馆规章，如《图书馆阅览室规则》《图书馆借书规则》[①]等。

山西大学不像北京大学那样从藏书楼直接过渡到图书馆，而是在更改学校名称同时，将藏书楼改为图书室。尽管从字面上看，“室”不如“馆”气象宏大，似乎不具有真正意义上的图书馆的完备功能，其实山西大学图书室在组织机构、规章制度等方面并不逊色于北京大学图书馆。根据教育部的《大学令》，民国初年，山西大学便制定了《山西大学校学则》114条及附录规则59条，其中对图书、图书室的管理工作进行了规范。翌年又组织机构进行改革以适应新学制，如在校长下设学监、庶务二处，将图书室纳入庶务处管辖范围；图书馆工作人员改称“事务员”，负责人由“主任”替代了“掌书”[②]。

显然，辛亥革命后，随着学校由“学堂”转变为“大学”，由“藏书楼”转变为“图书室（馆）”，在图书馆管理方面，特别是人员、职能、机构、馆舍、馆藏、读者服务、规章制度等，能够看出三所大学图书馆努力求进的痕迹，虽则离读者的要求还相差甚远。

当时北大师生对本校图书馆的负面评价颇多，如指其“藏置无多，而办理无方，难餍自修者之望”[③]。具体地说，管理混乱——馆内没有科学

① 吴晞．北京大学图书馆九十年记略［M］．北京：北京大学出版社，1992：26—27.
② 李嘉琳．山西大学图书馆史［M］．太原：三晋出版社，2012：9—10.
③ 周君南．本校图书馆改良刍议［N］．北京大学日刊，1918—3—23⑥.

合理的章程，工作随意变动；经费无着落也不平衡——时有时无、大起大落；读者服务水平低下——开馆时间短、有时连按时开馆都无法保证；图书馆员业务水平欠佳——管理员大多是前清时代的留用人员，不懂外文，不懂编目；还有，规章制度不健全、旧馆舍简陋陈旧、人才匮乏等。

从藏书建设方面来说，山西大学由藏书楼更名图书室后，并没有明显进展。甚至到1917年，其“藏书与清末相比并没有太大变化”[①]；即便到了1922年，馆藏也不过千余部，而此时的在校学生已达874人，人均一册多一点，显然比例失衡。尽管其馆藏不乏特色——注重收集与教学相关的参考书，图书室藏有“当时中国新出版的最好的教学参考书”，以及新出版的中英文杂志报纸，还有西方文学精品丛书以及山西大学堂的创始人、英国传教士李提摩太“赠予的一部分英文图书”[②]。馆藏量过少是因为图书经费无法得到保证。至于馆舍建筑，图书室一直沿用的是藏书楼时期于1904年建成的一排只有11间房屋的排房。1917年，学校修建工科教学大楼，还将当年藏书楼房顶中部的标志性钟塔拆下，移至新的工科教学大楼的顶层。

有关图书馆种种不尽如人意的状况与辛亥革命的不彻底而造成的社会混乱不无关系。尽管新时代促使高等教育进行改革，但在“大学”的概念渐趋清晰的早期，一切尚在摸索之中。况且图书馆的概念本身就是由西方而来，由封闭的藏书楼走向开放的图书馆，不可能一蹴而就。

（二）六大高等师范学校图书馆的升级改造

辛亥革命后的一个显著特点是对教育的重视，大力兴办各级学校，便是“重视”的体现。教育的核心在于人才的培养，优质人才的培养又离不开高素质的教师。师范教育的重要性显而易见。孙中山刚刚就

---

① 郭明蓉．中国高等教育发展进程中的高校图书馆研究［M］．成都：四川人民出版社，2009：194—195.

② 李嘉琳．山西大学图书馆史［M］．太原：三晋出版社，2012：7.

任临时大总统，就用不同方式表达了对师范教育的重视：“欲兴办中小学校，非养成多数教员不可。欲养成多数中小学教员，非多设初级优级师范学校不可。”①“欲四万万人皆得受教育，必倚重师范。”②

大师范区的划分、高等师范学校的建立、将高等师范学校的性质确立为“国立”，是蔡元培就师范教育而勾画的美好蓝图，是辛亥革命后师范教育的三大创新。但因各种原因，大师范区在首任教育总长蔡元培及后继者范源濂、汤化龙任期都未能实现。范源濂的贡献是将大师范区具体化，他在 1914 年 3 月上书大总统袁世凯的《教育总长具呈大总统拟暂设高等师范六校为统一教育办法》中将大师范区划分为直隶区、东三省区、湖北区、四川区、广东区、江苏区六个区，建议每个区在相应的城市——北京、沈阳、武昌、成都、广州、南京——设一所高等师范学校。六个大师范区的计划虽然流产，但六个高等师范学校相继成立，而且全部确立为“国立”。

将“学堂”更名“学校”，也是辛亥革命后教育改革的一部分。六个高等师范中除了 1913 年 7 月 10 日创办的武昌高等师范学校、1918 年 12 月 1 日创办的沈阳高等师范学校是新设立的以外，其他四个都是由清末的优级师范学堂演变而来，即：京师优级师范学堂——北京高等师范学校（1912.5.15.）；两广优级师范学堂——广东高等师范学校（1912.12.）；两江优级师范学堂——南京高等师范学校（1914.8.）；四川优级师范学堂——四川高等师范学校（1916 年，四川高等学校与四川高等师范学校合并为成都师范高等学校）。

两个新设的高等师范学校的图书馆随学校的创立而筹建，条件很简陋。以武昌师范学校图书馆为例，因为校舍紧张，图书馆直到

---

① 孙中山．令教育部通造各省初级优级师范开学文［M］// 孙中山全集．第 2 卷．北京：中华书局，1982：253.

② 孙中山．广东女子师范第二校的演说［M］// 孙中山全集．第 2 卷．北京：中华书局，1982：358.

1917年正式开馆时也没有独立馆舍，只“租用学校校舍东邻楼房中的一所”[①]。虽然以先进的“图书馆”之名示人，但在管理上与真正意义上的图书馆无法相提并论。如，学校不设专门的馆长，而是“由校长视情况随时委派人员经营管理”。如此随意、松散的管理显然无益于图书馆的正常发展。

四个在师范学堂基础上建立的高等师范学校，因为原有的藏书楼（或图书室）已经存在，所以面临的便是图书馆的升级改造，包括行政隶属、新建馆舍、增加藏书、规范人员等。

北京高等师范学校图书馆最初由几个图书室组成。按照教育部颁布的《高等师范学校规程》，学校首先改变学制，由原京师优级师范学堂时期的“公共科”“分类科”“加习科”改为“预科”“本科”“研究科”，再将学科由“类”改为“部”，即英语部、物理化学部、博物部、历史地理部、国文部、数学理化部。每个部都设一个图书室，但图书室并不直接受部的管辖，而是由教务课统一管理。这样的行政隶属关系，与京师优级师范学堂时相仿。那时，学堂的图书室由教务长负责管理。尽管各图书室并不分散管理，但书籍分散放置毕竟不利于图书的使用。1917年，学校对图书室进行改组，成立正式的图书馆，第一届图书馆主任名刘宝廉。次年，又成立了图书馆调查委员会，校长通过这个委员会对图书馆进行管理。

北高师正式的图书馆最早“始就本校居中楼房”[②]。具体地说，坐落于学校东北、西北两幢楼之间，是一座二层小楼，“其规模之小，装书之少，可以想见”。因为面积不大，图书馆只能满足“楼上装书，

① 董乃强．中国高等师范图书馆史［M］．北京：人民教育出版社，2002：49.

② 陈宝泉．北京高等师范学校报告．1918年［G］// 朱有瓛．中国近代学制史料．第三辑．下册．上海：华东师范大学出版社，1992：587.

下设阅览室”[①]的单一功能。1921年9月，代理校长邓萃英筹措来三万元经费，北高师图书馆馆舍得以开工建设。主持设计的是刚刚留美归国的图书馆学者、清华大学图书馆主任戴志骞，参与图纸设计的是来自德国、美国、丹麦的四位建筑师、电器设计师。应该说，在国立大学中，北高师图书馆建筑不但建设早，而且很专业——既有专业的图书馆学专家，也有建筑学专门人才。独立馆舍的建成，意味着功能的完备、藏书的增加。

学校规模，包括教师、学生人数仅次于北京高等师范学校的是成都高等师范学校。与北高师一样，成高师图书馆也设主任一人；与北高师不一样，成高师图书馆并不隶属于教务处，主任直接“商承校长办理馆务”。

广东高等师范学校继承了两广优级师范学堂的校舍和藏书楼。应该说，该校学堂期间便建有独立的藏书楼颇不常见。只不过藏书楼面积不大，因此只有藏书、阅览两个功能。收藏的图书主要是古籍，管理员只有一人。成立师范学校后，图书馆接收了广东方言学堂、广东高等实业学堂的藏书，才使得藏书量有了一定的扩充。

因为地处古都南京，两江优级师范学堂受到辛亥革命的影响最大，以至于在1911年战事最激烈时不得不停办。尽管学堂监督李瑞清竭力周旋而保住了校舍，但无力阻止军队在学校内驻扎，结果是所有的藏书或毁损或下落不明。而在清末优级师范学堂期间，两江优级师范学堂藏书楼的藏书最为丰富，在东南各省学堂中数一数二。1915年秋，南京高等师范学校成立，在“口”字形房的东楼下辟有一间图书室，所藏中西图书只有数千册，“书架八具尚觉休休有容”[②]。

① 李希章．北高生活片断［G］// 学府丛刊编辑组．学府丛刊．第一辑．北京：北京师范大学出版社，1985：137.

② 教育部．第一次中国教育年鉴［G］．上海：开明书店，1934：866.

很明显，六大高等师范学校的成立得益于辛亥革命，标志着高等师范教育从此步入一个新阶段。它不仅仅体现在“学堂”和“学校”及“藏书楼”和“图书馆（室）”名称的变化上，也在馆舍、馆藏、制度等方面有别于传统，奠定了向先进图书馆迈进的基础。

（三）辛亥革命后停办的大学和图书馆

辛亥革命后，高等教育改革促进了中国大学的发展。一系列有关图书馆章程、法规的颁布又推动了大学图书馆的发展。1912 年 10 月，清华学堂改称清华学校，随即建立图书室。这是清华大学图书馆最早的源头。由于一些教会大学成立于辛亥革命之前，相应地，图书馆（室）的设立也早于大部分的公立或私立大学。如，1904 年，圣约翰大学图书室；1905 年，岭南大学图书室；1909 年，沪江大学藏书楼和华西协合大学图书室；1910 年，华中大学图书室。带有西方血统的教会大学似乎没有直接受到辛亥革命的影响，而且也在辛亥革命后的教育变革中依然故我地保持发展。金陵大学、金陵女子大学、之江大学、福州华南女子文理学院、燕京大学、齐鲁大学、福建协和大学的图书馆先后成立，同时带来了先进的西方图书馆理念。

然而，一方面，大学和大学图书馆因为辛亥革命的成功而蓬勃发展；另一方面，辛亥革命的不彻底性使得社会陷入动荡：孙中山的大总统之位旁落袁世凯、各地军阀混战、社会政治一片纷乱。这样的局势和环境必然影响到教育，甚至直接关系到学校的存废。而学校的办与不办又决定了图书馆的开和闭。事实上那个时期，不少学校因此停办，图书馆随之关门。

上海暨南大学的前身是南京暨南学堂。1907 年春天在南京薛家巷的妙相庵正式开学的暨南学堂是国内第一所华侨学校，最初学生只有 21 人，后来从爪哇、新加坡相继又送来九十多名学生[①]，学生人数终于破百。不久，该学堂改制为暨南完全中学，内设小学、中学课程。由于南洋华侨受康有为、梁启超、孙中山的影响，暨南学堂中本就不多的学生中居然有不少人参加了革命党，更投身于武装起义。学堂因此停办。虽然民国成立后，暨南学堂首任校长郑洪年频频交涉，以期复校，但遭到袁世凯的强力拒绝，理由是担心学校里还隐藏着革命党人。直到 1916 年，袁世凯离世后，复校工作才得以进行。

暨南大学的藏书历史随暨南学堂的开办而开始，图书馆最早可以追溯到学堂时的图书室。学堂停办，图书室随即关门，所有图书资料就地封存。这是暨南大学历史上第一次停办，也是暨南大学图书馆历史上第一次闭馆。尽管暨南学堂于 1918 年便已正式复校，但直到 1927 年才正式升格为暨南大学，成为中国第一所华侨大学，真正意义上的图书馆因此设立。

像暨南大学一样直接受累于辛亥革命而停办，在当时尚属个例，更多的则是在民国成立后的教育改革中，在新制度的调整下不得不停办，最典型的是山东大学的前身山东高等学校、浙江大学的前身浙江高等学校。

与暨南大学由中学性质的暨南学堂（学校）升级而来不同，山东大学从一开始就是大学，它最早是 1901 年在济南设立的官立山东大学堂。之后，是 1904 年的山东高等学堂、1911 年的山东高等学校。山东大学图书馆的历史可以追溯到官立山东大学堂的藏书楼。山东高等学校停办、图书馆关闭由辛亥革命后的大学区制造成。按照大学区制，各学区中心城市设大学，各省设专门学校。山东所在的大区中心城市是北京，山东高等学校因此裁撤。因为等候正科两班结业，学校其实直到 1914 年才正式关闭。其师生分别转入法政、工业、农业、

① 赵子云 . 历史尘封的暨南学堂和南京美专［J］. 江苏地方志，2011（4）：55.

齐鲁大学图书馆在1922年独立馆舍奥古斯丁图书馆建成之前，最早设于柏尔根楼（或称柏根楼）（Bergen Hall），后设于狄考文楼（或称考文楼）（Calvin Mateer Hall）。此为柏尔根楼（今山东大学医学院教学三楼）。

狄考文楼（今山东大学医学院教学五楼）。

商业四个专门学校。其校舍由法政专门学校使用①，藏书楼所藏图书也分别由各专门学校接手。

与山东高等学校停办原因一样，浙江高等学校也是因为大学区制而于 1914 年停办。这是浙江大学的前身。而浙江高等学校的前身又是 1897 年创建的求是书院。1902 年，求是书院更名浙江大学堂。之后，又改浙江高等学堂。浙江高等学校也是在 1911 年辛亥革命后正式定名的。浙江大学最早的图书馆，可以追溯到求是书院时期的藏书楼。学校停办，藏书楼自然随之关闭。

尽管有些学校在辛亥革命中、民国成立后因各种原因而停办，藏书楼（图书馆）因此关闭，但总的来说，辛亥革命对高等教育的发展，以及大学图书馆由藏书楼向近代图书馆转变的促进作用是显而易见的。它催生了一系列高等教育法规政策，也促使一系列图书馆规程、章程的颁布。依托法律规章，大学教育得以发展，大学图书馆也呈兴起之势。

二、新文化运动和新图书馆运动

由一批有着西方文化教育背景的知识分子发起的新文化运动对当时中华民族的政治、思想、文化、教育等领域产生了极大影响。在民主与科学的旗帜下，新文化运动推崇西方文化，积极宣扬西方文明和科学技术。在这样的背景下，从国外学成归来的图书馆学人才用其所学，投身于改造传统藏书楼，广泛宣传以先进的西方图书馆理念建造新型图书馆，掀起了一场全国范围内的新图书馆运动。可以说，新文化运动催生了新图书馆运动。在轰轰烈烈的新文化运动中，

① 山东大学校史编写组．山东大学校史．1901—1966［M］．济南：山东大学出版社，1986：6—7.

新图书馆运动发挥了沟通中西文化、输入西方文明和先进科学技术的功效。

（一）北京大学图书馆：新文化运动中传播“主义”的场所

虽然从具体时间上说，以标志性的《新青年》杂志问世算起，新文化运动起始于 1915 年；以标志性的图书馆学专门人才沈祖荣、胡庆生等巡回演讲宣传西方图书馆理念算起，新图书馆运动起始于 1917 年，显然新图书馆运动晚于新文化运动。但早在 19 世纪 60 年代，就有人对封建藏书楼的弊端提出过质疑、呼吁过改革，他就是维新思想理论家郑观应。

藏书楼最大的弊端是封闭，表现在重收藏而轻利用。郑观应认为，

北京大学红楼，现在是新文化运动纪念馆。

如果不用于造福大众的话，图书收藏是没有用的。[①] 而新图书馆运动的一个重要内容就是要消除藏书楼的弊端，引进西方图书馆的管理方法和技术。从这个角度说，新图书馆运动发轫于新文化运动之前。郑观应先知先觉的超前主张，以及后来以梁启超、康有为为代表的维新派对藏书楼建设的思想之所以没有形成一股潮流、一场运动，很大程度上在于清末社会环境的影响。前已述及，尽管辛亥革命助推了大学图书馆的发展，但那发展颇为滞重迟缓。大学的数量固然增加迅速，大学图书馆随之也有较大增数，然而质量差强人意。拿北京大学图书馆来说，无论硬件、软件，都尚未彻底摆脱传统藏书楼的痕迹，特别是在思想观念上，更是如此。

蔡元培（照片来源：1927年第14期《良友》）

李大钊（照片来源：1917年《国立北京大学廿周年纪念册》）

图书馆后来有了实质性的改变，得益于新文化运动，得益于运动中的弄潮者。新文化运动中的1917年，蔡元培执掌北京大学。北京

① 姚晓锋．新文化运动和北大图书馆的改革［J］．图书馆，2011（1）：10.

大学图书馆的焕然一新有赖于蔡元培的先进图书馆思想，以及李大钊的先进图书馆实践。作为新文化运动的主将之一，李大钊的加盟，注定北京大学图书馆的改革领先于其他大学图书馆。而他对图书馆的改革，使他赢得“中国现代图书馆之父”[①]的赞誉。

任教育总长时，蔡元培就有要将图书馆作为革新思想的起点。就任北京大学校长后，他将“添购书籍”与“改良讲义”并列作为改革北大的两个重点工程。他力排众议，执意聘请非图书馆专业出身的李大钊出任图书馆主任，正是他重视图书馆工作、对图书馆工作有独特观点的体现。在他俩一个出任北大校长，一个出任北大图书馆主任的1917年，正是以沈祖荣全国巡回演讲宣传西方图书馆先进理念为标志掀起新图书馆运动的时候。开放、服务是新图书馆运动的内容之一，而蔡元培、李大钊对北大图书馆的改革也集中于此。蔡元培“要求图书馆人员纠正以往忽视用户服务的错误，要求他们必须密切关注学校教学科目的变化，要让老师和学生都有权利使用图书馆”[②]。李大钊从便利读者着手，增加图书馆开放时间。当时图书馆每天开放9小时，李大钊先延长了半小时，后又延长了两个小时，这当然也反映了李大钊的图书馆读者服务意识。

在新图书馆运动的首倡者沈祖荣意图竭力扭转藏书楼重藏不重用观念的同时，李大钊不仅认为“图书馆已经不再是藏书的地方”，更主张图书馆“是教育的机关，所以和教授法有着密切的联系”，故而“教授法若是变更，那么图书馆也不能不变。”[③]他对图书馆进行的一系列改革，所围绕的就是图书馆应当承担辅助教学责任这一观念。相对于沈祖荣侧重于图书馆理念的宣传和推广，李大钊更注重图书馆

---

① 范铮．评世界图书馆与情报服务百科全书［J］．图书情报工作，1983（6）：43.

② 姚晓锋．新文化运动和北大图书馆的改革［J］．图书馆，2011（1）：12.

③ 李大钊．在北京女子高等师范学校的演讲［M］// 李大钊全集．第3卷．北京：人民出版社，2006：418.

改革实践。他的改革实践不仅体现在提高服务意识方面，也包含馆舍建筑、馆藏建设等。

尽管李大钊并非图书馆专业出身，更没有像沈祖荣那样有西方图书馆学的学历背景，但新文化运动所引进的西方先进文化的思想，使他自觉地汲取国外有关图书馆的先进理念，不断向日本、英国、美国图书馆界的朋友请教图书馆管理经验，并结合北大图书馆的实际情况将经验转化为改革实践。

在管理方面，他制定规章制度和工作条例，如《修正图书馆借书规则》和《北京大学总务处图书部试行条例》。他将管理细节落实到规定借书期限、征收“违约金”、在《北大日刊》上公布逾期不还者名单等；在服务方面，他要求图书馆工作人员重新界定自己的身份：不仅是书籍的监护者、保存者，更是信息提供者[①]；在馆舍方面，他促成图书馆由马神庙的公主梳妆楼迁址北大红楼。在馆舍面积增加的同时，他完善图书馆的功能划分，设6个阅览室（分别是中文杂志、报纸、西文杂志、日文杂志、中外书籍、教员）和21个书库；在馆藏方面，他大量购置外文图书和印刷品，鼓励教授们捐赠私人藏书。为配合学校新增的国学、外国文学、社会科学、自然科学四个研究所的学术研究，他还致力于搜集国学书籍、西方人文社科学术著作等；在机构设置方面，他一改管理、阅览、理书、书目编订四个室为购置、登录、编目、典藏四课。1919年，在他的倡议下，北大成立图书委员会，委员由各系知名学者担任。1920年，校评议会又决定“图书部主任改为教授”。这一切都显示了对图书馆工作的重视。一系列具体细致的改革奠定了北京大学图书馆在大学图书馆中的领军地位。

《新青年》和北京大学是新文化运动的两大主战场。如果将新文化运动做一个内容划分的话，可以分为科学与民主启蒙思想的宣传和

---

① 李希泌．中国古代藏书与近代图书馆史料［G］．北京：中华书局，1982：169—171.

灌输、马克思主义思想的引进和宣传两个部分。作为中国最早的马克思主义者，中国共产党的先驱之一，李大钊一方面将北京大学图书馆作为沟通中西文化、输入西方文明的重要场所，也在管理上对图书馆进行改革；另一方面他将它作为宣扬新文化运动，特别是马克思主义思想的主要阵地。

身为图书馆主任，李大钊有足够的便利帮助学生们出版《新潮》《国民》等宣传新思想的刊物。胡适（1891—1962）晚年时还曾说："《新潮》杂志，在内容和见解两方面，都比他们的先生们办的《新青年》还成熟得多。"①《新潮》杂志编辑部就设在北大图书馆。同时，他也有足够的便利引进他所看重或偏好的书籍和刊物。据《北京大学日刊》报道，1918 年至 1921 年间，北京大学图书馆订购的国内外刊物有《新青年》《劳动者》《先驱》和 *Soviet Russia*（《苏维埃俄国》）、*The New Russia*（《新俄国》）、*The Communist*（《共产主义者》）等十余种；有关马克思主义及介绍俄国十月革命的书籍四十余种，如西文版的《共产党宣言》《政治经济学批判》，日文版的《资本论》《资本主义大纲》《马克思传》，以及英文版的《布尔什维克的胜利》《列宁和他的工作》《无产阶级的伟大革命》《俄国布尔什维克》等。在当时，有关马克思主义和俄国革命的书籍被视为异端邪说，北大却"是当时中国各大学中拥有进步书籍比较多的地方"②，利用书讯加以推荐、开设时事报刊阅览室和介绍苏联革命经验的专题阅览室也成为宣传这些书籍和刊物的便捷方式，包括毛泽东在内的一批青年在这里接受了马克思主义思想的熏陶，而这一切，都与李大钊有关。

新文化运动健将们有一个很重要的认识，那就是，中国落后、中

① 胡适．中国文艺复兴运动［M］// 胡适作品集（24）．胡适演讲集（一）．台北．远流出版事业股份有限公司，1986：179.

② 罗章龙．椿园载记［M］．北京：生活·读书·新知三联书店，1984：90.

北京大学红楼里的图书馆主任（李大钊）办公室。

国人愚昧的根子在于受教育程度太低。“创造新时代，教育基本也”是1919年创办的《新教育》杂志发出的呐喊。学校是实施教育的场所，学校图书馆则是实施教育的重要媒介。李大钊用他个人政治倾向对馆藏的影响宣传“革命”，开设专题阅览室介绍“主义”，这是他把图书馆视为教育机关的表现。当他成为真正的马克思主义者后，由他主导的北大图书馆顺理成章地成为“学习、传播马克思主义的一个中心”①，担负起了政治教育的重责大任。

（二）上海交通大学图书馆：新图书馆运动第一站

新图书馆运动开始时，上海交通大学尚称“交通部上海工业专门学校”，它的前身依次是南洋公学、商部上海高等实业学堂、邮传部上海高等实业学堂、南洋大学堂。由“学堂”到“学校”，是在辛亥革命以后。上海交通大学的名称始于1921年。相应地，图书馆的名

① 肖超然．北京大学与“五四”前后马克思列宁主义在中国的传播［J］．北京大学学报（哲学社会科学版），1979（3）：4.

称也在不断变化，由最早的图书院到书楼、藏书处、藏书楼，改称图书馆是在独立馆舍1919年10月10日落成、1920年3月13日正式开馆以后。其实早在1916年年底，即学校20周年校庆前，在校长唐文治的努力下，图书馆馆舍便已经开始筹建了。“筹建”的主要方式是募捐。次年4月下旬，借校庆之际，学校更将募捐事宜广为扩散。

从时间上看，交通大学筹建图书馆并非受新图书馆运动的启发，两者交集在校庆纪念日的第二天，即1917年4月28日这天，沈祖荣被邀请前来演讲，内容是宣传图书馆先进理念。也就是说，这一天对于双方来说都意义重大。从学校的角度说，邀请被南洋公学校长唐文治称作“于图书馆最有经验”的沈祖荣来说明图书馆在大学教育中不可或缺的功用、介绍美国图书馆的先进管理模式、比较中外图书馆的现状和发展趋势，很重要的一个目的是为募捐添柴增势。事实是，沈

南洋公学图书馆由该校1916届毕业生发起捐款建设，1918年2月动工，历时一年多，于次年10月竣工。

祖荣持续两个小时的演讲吸引了社会各界人士，引发了他们对于图书馆事业的兴趣与思考。虽然不能说之后捐款大增完全是沈祖荣演讲的作用，但演讲之功不可没。而对于沈祖荣，这是他全国巡回演讲宣传图书馆理念的第一站，而新图书馆运动也由此拉开序幕。

沈祖荣毕业于武昌文华大学。该大学图书馆由美国图书馆学家、基督徒韦棣华（M. E. Wood，1862—1931）于1903年创办，被称为“文华公书林”。这是中国近代第一座公共图书馆。沈祖荣毕业后进入文华公书林作韦棣华助手，后被韦棣华派赴美国哥伦比亚大学专攻图书馆学，其学成归国后，与韦棣华、余日章以及后来加入的胡庆生等人旨在批判旧藏书楼、宣传新图书馆的全国巡回演讲，成为新图书馆运动的标志性事件。韦棣华也因她为中国图书馆走向现代化所做的贡献，被民国大总统黎元洪赞为“中国图书馆运动之皇后”①。

新图书馆运动发起时，正值辛亥革命后、新文化运动背景下，近代图书馆建设刚刚兴起之时。运动很自然地起到了宣传普及图书馆知识、宣扬新图书馆理念、唤醒各界人士重视图书馆事业的积极作用。虽然运动着眼于公共图书馆，建设和发展各类型的图书馆、摒弃藏书楼闭塞积弊而呼吁对公众开放是其主要内容，但引进西方图书馆先进管理方法手段和技术、开设图书馆学教育以培养更多的图书馆学专门人才、制定图书馆规章制度、创办图书馆学专业刊物等，同样适用于大学图书馆。换句话说，大学图书馆并未被排斥在新图书馆运动之外，而大学图书馆自身也在运动中以西方图书馆为标准，积极引进先进管理模式，努力自求发展。

如国立北京高等师范学校图书馆，1917年12月正式成立后，一直采取闭架阅览，图书除教员用作参考外一般不外借，学生有特殊需要借书还得经教务长特准。心理学教授程时煃1919年9月任图书馆

① 沈祖荣．韦女士为中国图书馆运动之皇后［J］．文华图书科季刊，1931，3（3）：8.

主任后，即“采取书架公开制，发借书证”[①]。

由闭架到开架，由通常拒借到发借书证，看似不过是读者服务的一小步，在当时却是图书馆观念改变乃至图书馆发展的一大步。开架阅览，也是这年在李大钊的推动下在北京大学图书馆施行。至1921年，越来越多的大学图书馆，如山西大学图书馆等相继采用开架式管理。

受新图书馆运动的影响，上海交通大学图书馆于独立馆舍尚在建设中，便着手在图书馆机构设置和人员编制等方面以先进的管理模式进行改革。1918年4月，图书馆董事会成立。董事会由校长聘请的七位董事组成，均为当时学校（包括所属中学和小学）、科系的主要负责人，其中电机科教员胡端行被聘任为第一任图书馆馆长，直接向校长负责。1923年，图书馆董事会改为图书馆委员会，是学校教务会议制度管辖下的四个委员会之一。这样的变化不仅体现在机构名称的改变、行政所属的差异，也表现在成员的不同构成：之前的董事会成员由大学部、中学部、小学部负责人组成；之后的委员会全部由大学教员兼任，显示出对图书馆的重视[②]。

沈祖荣与韦棣华等人携带与图书馆有关的各种用品，走遍湖北、湖南、江西、江苏、浙江、河南、山西、直隶等各地，竭力宣传西方图书馆的先进理念及运行模式[③]，似乎要全盘西化，实则不然。他们只是将“新式图书馆学术事业，自外国介绍入我国，得以实施试办”作为我国图书馆起步的第一阶段，而接着要进入的图书馆发展的第二阶段，是要办“中国式的图书馆”。他给“中国式的图书馆”下的定义是：“纯粹的中国色彩，合乎中国人的性情。”而对于国外的学习和借鉴，只是“取用人家科学的方法，但是在实质上要变为中国化的

---

① 冯陈祖怡．北京高师图书馆沿革纪略及新图书馆［J］．教育丛刊，1923，3（6）：3.

② 陈进．思源籍府 书香致远：上海交通大学图书馆馆史：1896—2012［M］．上海：上海交通大学出版社，2013：28—29.

③ 沈祖荣．韦棣华女士略传［J］．武昌文华图书科季刊，1931，3（3）：284.

表 2　中国人编制的图书分类法

分类法名称	编制者	发表年份
仿杜威书目十类法	沈祖荣　胡庆生	1917
世界图书分类法	杜定友	1922
图书分类法	洪有丰	1926
中外图书统一分类法	王云五	1928
中国图书分类法	刘国钧	1929
中国十进分类法	皮高品	1934
中国图书十进分类法	何日章　袁湧	1934
分类大全	桂质柏	1935

图书馆，如分类、编目、图书设备等等，都能代表中国的文化”①。

沈祖荣在这样的思想指导下，鉴于当时国内尚无一种适合我国现代图书馆的图书分类法、古代的“七略”“四库”分类法早已不合时宜、国内图书馆只能采用西方通行的由美国学者 M. 杜威根据 17 世纪英国哲学家培根关于知识分类思想编制的《杜威十进分类法》进行书目分类的现状，采取拿来主义，与胡庆生合编了《仿杜威书目十类法》。可以说，这是由新图书馆运动结下的一个硕果。

《仿杜威书目十类法》虽脱胎于《杜威十进分类法》，而有自己的创新，特点是“依书立类”，具有一般图书馆都适用的广泛性。更重要的是它成为我国现代“第一个为中文图书而编的新型分类法”②。在此之后，就像受了沈祖荣的启发，中国图书馆学人自己编制、各有

① 沈祖荣 . 我国图书馆事业之改进［J］. 武昌文华图书科季刊，1933，5（3 / 4）：264.

② 杜定友 . 图书分类法史略［J］. 图书馆工作，1957（8 / 9）：16—17.

特点的图书分类法相继问世，竟多达三十多部。[①]

由此，大学图书馆的书目分类除却《杜威十进分类法》别无选择的局面不复存在。图书分类法的“繁荣”既是图书馆发展到一定程度的反映，反之又对图书馆的发展有促进作用。

北京大学图书馆馆长李大钊在1921年秋天于北京大学三院创办了中国第一个专门收藏与宣传马克思主义书刊的专门图书馆——康敏尼特图书馆，并尝试用《仿杜威书目十类法》对该馆的藏书进行分类且按此排架。湖南大学图书馆则两种分类法并用，外文图书采用《杜威十进分类法》，中文图书采用《仿杜威书目十类法》。

摒弃封建传统藏书楼陋习、建设新型开放图书馆的理念在图书馆界逐渐得到认同后，新图书馆运动进入新阶段。这一阶段的显著标志是图书馆学专业协会的成立、图书馆学术刊物的创办、图书馆学专业教育的产生。[②]1918年12月24日，由私立北京汇文大学图书馆馆长高罗题发起，北京地区21个图书馆的代表在国立北京大学图书馆集会，成立了北京图书馆协会。这是中国最早的图书馆学术组织和地区协作组织。[③]

当图书馆欲谋发展或是发展到一定阶段时，人才问题往往就凸显出来了。国内早期的图书馆专业人才多由国外培养，而随着国内图书馆事业发展的增速，再完全依赖国外，即不免有远水难解近渴之虞。另一方面，外国的树木还有与中国的水土是否以及如何适应的问题。所以由国内机构培养适合国情的图书馆专业人才，就成了当务之急。而能担此重任的，当然非学校莫属，尤其是大学。事实上，担负起此

① 白国应．中国近代文献分类法的里程碑——纪念沈祖荣、胡庆生合编的《仿杜威书目十类法》出版80周年［J］．图书情报论坛，1997（3）：2.

② 李彬彬，文庭孝．20世纪初新图书馆运动研究综述［J］．高校图书馆工作，2012（6）：27.

③ 董乃强．中国高等师范图书馆史［M］．北京：人民教育出版社，2002：59.

责任的，有武昌文华大学、南京金陵大学、北京高等师范学校等。而同时，中国的图书馆学科也由此诞生。

国内最早系统实施图书馆学教育的是金陵大学。由美国图书馆学家，曾任美国普林斯顿大学图书馆参考部主任、弗吉尼亚大学图书馆馆长，时为金陵大学英语教授的克乃文（W. H. Clemons）自1913年开始，给该校文科专业的学生开设图书馆学课程。

文华大学是我国近现代大学中首设图书馆学专业的学校。1920年，韦棣华依照纽约公共图书馆学校制度，在中华教育改进社和美国圣公会湘鄂区主教孟良佐的支持下，特别是在沈祖荣、胡庆生的协助下，于武昌文华大学内创办图书科。这是我国图书馆学科的肇始。1929年，图书科独立为武昌文华图书馆专科学校，由此诞生了中国第一所专门的图书馆学校。

金陵大学的图书馆课程向学生传授的专业知识当然取自近代美国图书馆学；文华大学图书科的教学安排、课程设置也都参考的是美国图书馆学校模式，如采用学分制等，两所学校所用课本和工具书均从美国购买。尽管如此，图书馆学的教学毕竟是在中国的土地上，相较于西方本土施教环境，更难以回避中国的现实，不可避免地要顾及中国图书馆的发展状况。而克乃文后又出任了金陵大学图书馆馆长，于图书馆的实际管理工作中，更免不了遭遇中国因素，文华大学也如是。故而两所学校都培养出了中国图书馆界的栋梁之才。

图书馆学教育除了全日制的课程学习，短期培训也是方式之一。如北京高等师范学校接受李大钊的建议，于1920年暑期在琉璃厂南新华街北高师校内开办图书馆讲习会。该会为此专门制定了《简章》，宣称其以讲习图书馆学、谋图书馆事业的发展为宗旨，邀请了武昌文华大学图书馆馆长沈祖荣、清华学校图书馆馆长戴超（字志骞）、北京大学图书馆主任李大钊、北京高等师范学校图书馆原主任李贻燕及现任主任程时煃为“讲演员”；以整个七月份为报名日期，而于八月初开始以三个星期的时间完成讲习；听讲名额以一百人为限；规定了讲习的内容为：①图书馆教育；②图书馆组织法及管理法；③图书馆编目及分类法；④课外实习；⑤临时讲演；⑥参观及调查。《简章》还对听讲者设置了门槛——须具备两个资格之一：①从事图书馆教育者；②中等学校以上毕业生而有志研究图书馆教育者。[①] 可见此讲习会非同于一般普及知识的系列讲座，也无一般短期培训的散漫与随意，而具有高度的专业性、针对性与实用性，成为培养图书馆专业人才的速成有效途径。

主办方在报名期间，给全国各教育行政部门及教育组织发函，请予通知各校或加以宣传，结果共有来自各地的 78 人参加了讲习会。这是我国第一次较大规模的图书馆教育的高水准的短期专业培训，收效显著，同时也产生了较大的影响。在此之后，各地效仿者不时出现，如南京东南大学分别在 1923 年和 1924 年两次开办了由图书馆学专家洪有丰主讲的暑期图书馆讲习科；1932 年分别由山东及河北教育厅举办了旨在增进院校图书馆服务人员应用技能的暑期讲习会[②]，山东省立民众图书馆为普及民众图书馆之组织、设备、管理知识及技术，于春季举办了为期一个月的图书馆讲习会，报名者近两百人，而女性占一半，讲课教师为留法归来的江苏省立东海师范学校图书馆主任赵波隐，讲课地点设在民教馆大礼堂，还别出心裁地按四角号码图书分类法编排学生座次[③]，总之讲习会反映极好。

可以说，新图书馆运动受惠于新文化运动，新文化运动促成了新图书馆运动的兴起。反过来，新图书馆运动在新文化运动中发挥了摒弃封建传统、沟通中西文化、推动教育普及的作用，从而进一步助推

① 北京高等师范学校图书馆讲习会简章［J］. 浙江教育，1920，3（7）：19—20.

② 冀省教育厅创办暑期社会教育讲习会［J］. 中华图书馆协会会报，1932，8（1／2）：46.

③ 山东省民教会图书馆讲习会［J］. 中华图书馆协会会报，1932，8（1／2）：47.

了新文化运动。在两种“运动”的呼应与互促下，先进的图书馆观念为越来越多的人理解与接受，大学图书馆馆藏建设阻碍减少，而图书馆管理机制、手段、服务意识都得以加强。因为新文化运动使得教育界更清晰地认识到了教育与图书馆的关系，所以图书馆的发展更受重视。教育部在大学立案条件中特别规定：必然配置完备的图书馆。由于大学图书馆是图书馆学人才的聚集地，相对于公共图书馆，它更具有专业优势，发展也远超其他类型图书馆。

（三）齐鲁大学图书馆：国学研究助其增加藏书

尽管齐鲁大学为顺应“整理国故”的思潮而成立国学研究所是在1930年，但“整理国故”的口号是在新文化运动期间的1919年5月，由设立在北京大学图书馆内的《新潮》杂志社率先提出的，主要针对的是国故和国粹研究。随后，胡适在其“多研究些问题，少谈些主义”的基础上，就国学研究而提出“研究问题、输入学理、整理国故、再造文明”① 的口号。1923年，他又在北京大学的《国学季刊》的“发刊宣言”中系统阐述了有关如何对待“旧有学术思想”的三个主张，把“整理国故”当作其中最“积极的”一个部分。对于整理国故的方法与步骤，他提出了四条，而其中“要用科学的方法，作精确的考证”最重要。由此，国学研究思潮在学术界蔚然兴起。继北京大学于1918年草创研究所国学门后，清华大学、厦门大学、中山大学等相继分别成立了研究院国学门、国学研究院、国粹研习班。作为辅助教学与科研的重要机构，同时也是国故国粹载体的存储机构，在国学研究大潮中，图书馆不可能被忽视，其馆藏随着国学研究的开展和深入而起相应变化是必然的，最直接与简单的表现即有关国学书刊的明显增加。

① 胡适．新思潮的意义［J］．新青年，1919，7（1）：5.

虽然齐鲁大学成立国学研究所从时间上说要迟于北京大学等大学，但与其他大多数大学自始至终不曾设立国学研究所这样的机构相比，仍然显得突出。而作为一所教会大学，它将国学研究作为学校的一个专门专业，亦属难能可贵。尽管它当初在确定成立国学研究所时，不免带有一些功利之心。

与其他教会大学一样，齐鲁大学的创办目的不外乎传播基督精神和西方文化，其课程设置以西学为主，而在“基督中国化”的背景下自然也不乏中国文化课程的安排，但占比不大。新文化运动虽然声势不小，但既没有影响到齐鲁大学传道布教的教学宗旨，也不曾对其守旧思想有所触动。学校图书馆的藏书除了大部分的西文书籍、神学宗教刊物外，只剩下古老的中国经书。这是齐鲁大学没有通过北洋政府私立大学注册立案的原因所在。南京政府成立后，齐鲁大学起初仍然没有通过注册立案，除了董事会成员中中国籍人员不足规定的三分之二、文理学院的教师不够资格、国学教育欠缺等，“图书馆不合格”也是原因之一。“不合格”在于总体藏书偏少，仅 24000 册。①

为了获准注册立案，齐鲁大学采取了一系列的改革措施：将文理学院拆开，分文学院和理学院、增加中国人在学校管理机构的名额等。而图书馆的藏书量伴随着国学教育的重视和加强以及国学研究所的成立而快速大幅增加。国学教育的推广、国学研究所的成立，很大程度上有赖于栾调甫的努力。

栾调甫受聘齐鲁大学，是民国又一个既无学历又无教学经验者做大学教授的佳例，也是民国大学不拘一格量才而用的典范。栾调甫醉心中国古代学术，尤其对《墨经》素有研究，1925 年被齐鲁大学文学院（院长李天禄）聘为教授。他在教学中，一改以往学生只读古文诗词而将其引向学术研究，颇受欢迎，并使得文学院的国文系由名称

① 郭查理 . 齐鲁大学［M］. 陶飞亚，鲁娜，译 . 珠海：珠海出版社，1999：165.

到实质变为真正的国学系，这些都成为齐鲁大学后来成立国学研究所的基础。

1929年春，文学院院长林济青得知燕京大学与美国哈佛大学联合成立了哈佛燕京学社，掌管着来自美国的巨额资金，为中国文化研究提供支持，遂商由栾调甫筹备国学研究所，争取获得这个基金的资助以解决研究经费问题。齐鲁大学国学研究所遂于当年秋天成立，并且如愿成为参与哈佛燕京学社国学教育与研究计划的六所教会大学之一，获得15万美元的专项经费。

为组建研究所，栾调甫临时召回齐鲁大学国学系的一些毕业生，加上林济青聘请的一些教研人员，搭起了研究所的架子。① 可见齐鲁大学国学研究所的创办并非建立在一个深厚的国学教研力量基础之上，故而它在草创初期，无论是在基础和条件、人员的构成和思想意识、研究方法的先进性和成果的前沿性等方面于北京大学国学门，均难望其项背。但谁能预料一个婴儿的未来？齐鲁大学国学研究所在知名学者的聘请、国学研究书刊的购藏等方面，竭力推进。从师资上说，早期有舒舍予（笔名老舍）、马彦祥、余天庥等；其后有吕思勉、钱穆、顾颉刚等。特别是顾颉刚出任主任后，国学研究所进入快速发展的时期。

加强国学藏书文献的建设，是国学研究所出于自身发展的需要，客观上也改善了学校图书馆馆藏特别是中文书刊不足的现状。正如当初林济青在筹划创办国学研究所商询栾调甫时，栾调甫就已看出此事的双益："……对研究所和学校都有好处。"实际上，国学研究所是将着力外聘知名学者与搜购图书文献放在同等重要的位置上同时进行的。如1930年林济青赴北京，在洽聘师资的同时，采购文献，

---

① 许慕贤．齐鲁大学国学研究所简介［G］// 中国人民政治协商会议山东省济南市委员会文史资料研究委员会．济南文史资料选辑．第五辑．济南：编者，1984：150—153.

“购进了一大批中国古籍，其中有一些是珍本。他买的书共 2810 种 32400 卷。此后还购进了一些书，所以在这一年里，图书馆的藏书达到 6 万册”[①]，亦即馆藏迅即增加了 2.5 倍。

此后，除了 1934 年，国学研究所几乎每年的经费预算都有图书采购一项，图书文献因此每年都在增长。据《中华基督教年鉴》统计，至 1936 年，齐鲁大学图书馆的藏书即已列居全国第四位，达 11.8 万余册[②]。1937 年学期结束时，藏书量保守估计超过了 12 万册。齐鲁大学图书馆馆藏达到顶峰。因为国学研究所，图书馆的藏书量在国学研究所成立当年即增长了近两倍，迅速达到了政府对私立大学注册立案的要求。国学研究所成立次年，齐鲁大学终于通过了立案申请。国学研究所不仅用建所经费购藏的图书助校通过了政府立案，平时也不将其所采购的图书视为禁脔，而是归入学校图书馆，惠及全校师生。[③]

对于齐鲁大学图书馆而言，藏书量的增长只是图书馆大发展的一个方面，另一个重要方面是馆藏的特色越来越显明，这当然也归功于国学研究所。抗战之前，国学研究所的研究方向主要集中在齐鲁文化方面，山东地方志的收集与保存成为必然。出于比较研究的需要，在着力于山东省内地方志收集的同时，对北方其他省市的地方志也相应收集。广泛收集的结果是，据 1935 年统计，当年收集到的志书达 726 部 9613 卷，丛书达到 22338 种。至 1936 年，该所几乎收集到了山东所有地区的地方志。如此巨量文献的积累，不啻对国学研究所的研究工作提供了丰厚而坚实的基础，也形成了齐鲁大学图书馆馆藏的一大特色。

① 郭查理．齐鲁大学［M］．陶飞亚，鲁娜，译．珠海：珠海出版社，1999：172.

② 马继业．古籍藏书盛宴：齐鲁大学奥古斯丁图书馆寻踪［N］．齐鲁晚报，2013—5—16：A23.

③ 王雪玲．齐鲁大学国学研究所初探［D］．华东师范大学硕士学位论文，2007：15—17.

抗战爆发后，齐鲁大学迁往成都。由顾颉刚、钱穆先后担任主任的国学研究所的研究方向有所变化，偏向古代史、甲骨学、疆域史、中西交通史、断代史、分类史、古籍研究、考古等。特别是在顾颉刚主持所务期间，研究所的主要研究内容是标点二十四史。由于图书馆藏书并未随校南迁，许多研究书刊不得不重新购置。为配合研究所的研究工作，图书馆的购书侧重于中文古籍、珍本等，又形成了这个时期齐鲁大学图书馆馆藏的另一个特色。

虽然不能说齐鲁大学图书馆的发展完全有赖于该校国学研究所的支撑，但图书馆藏书的早期勃发的确与国学研究所的抓住机遇有很大关系。而国内"整理国故"思潮的兴起，国学教育的重视又是新文化运动的产物，从这个角度说，齐鲁大学图书馆馆藏的大幅增加、馆藏特色的形成是受惠于新文化运动的。

（四）沪江大学图书馆：扩充中文图书运动

新文化运动并不仅限于国故的整理、国学的研究，白话文与新文学的宣传与推广也是其中重要的组成部分。这对于大多数以国学课程为主的大学来说是一个很大的挑战，尤其是教会大学。以上海沪江大学为例，它的国学课程占比不低，"约占总课时量的三分之一"，课程内容"以传统经学和古典文学为主"。改革国文课程、赋予其新文学内容，是参与过文学革命活动的商务印书馆编辑朱经农任中文部主任后的首要工作。在任期内，他"对国文教学推陈出新，使之符合新文化的需要"[①]，也即着力培养学生的白话文写作能力，且又信奉曾国藩"看、读、写、作，四者不可缺一"的读书方法，认为多"看"与"读"，是"作"的基础[②]，而若没有丰富的图书馆馆藏，所谓多

① 王细荣．大世界里的丰碑——湛恩纪念图书馆的前生今世．[M] 上海：上海交通大学出版社，2014：51.

② 吕诚之．本校之国文部[J]．沪江年刊，1926，11：30.

看与读就成了空谈。

沪江大学1923年时的藏书状况，校刊有文记道："沪大藏书室，共有四大间，中西各据两大间，西文书籍约有七八千本，中文书籍亦很繁多"，"现在关于宗教教育、社会学等科的书籍，大大的增加。"①而看20年代后期的在校生的感受，却是失望与遗憾溢于言表：

"自称沪大为华东数一数二的最高学府，不知外界人因为不十分明白的原故，也算成认了，可是走进我们所谓图书馆，无非是借用几间课堂为同学读书罢了！看了中文部犹是丧心，因为陈列着算为大学生研究的廿四史，四部丛刊，佩文韵府，及一堆普通教科书与杂志等外，都是没有，试问大学生专门研究学术的使命，何在？"②

"我们沪大……有很大的藏书楼，有很好的校舍，那藏书一节，却是相形见绌。岂不是美中不足的一件大缺憾！我们英文书籍固然缺少，但是中文藏书更形缺绌。"③

显然各人所持标准不同，感受也就迥异。所谓中文图书"繁多"一说，当然近乎美言。如果当时沪江大学的中文藏书哪怕能达到"略够"，大概也就不会有沪江大学的"扩充中文图书运动"了。

"扩充中文图书运动"发动于1925年，当时沪江大学图书馆的中文藏书"数已越万卷，而研究参考之书不敷尚钜"，该校大学四年级学生闻商务印书馆即将发行四库全书缩印本，于是发起倡议，以1925—1926一学年为期，目标为募捐五千元，用来购买四库全书及其他一些新出版的丛书，此倡议得到不少学生的响应，于是学生们组织了全校性的专门组织，从大学到中学每个年级推举两位代表，组成总务委员会，有委员长、秘书、募捐部长、庶务部长及宣传部长，分

---

① 吴燮臣.大学的发展［J］.沪江年刊，1923，8：30.

② 金伯铭.学生图书馆募捐运动的缘起：中文图书馆运动［J］.沪大周刊，1928，2(6)：21.

③ 侯彧华.中文图书运动概要［J］.沪江年刊，1929，14：286.

上海沪江大学，即现在的上海理工大学。

上海沪江大学图书馆大楼，现在是上海理工大学公共服务中心。

工推进运动。

说是“运动”，范围既在一校之内，内容也仅限于为一件事募集资金，不免有些夸张，但也从一个侧面反映出学校图书馆馆藏的窘境，反映出学生对于中文藏书严重不足的焦虑以及盼望其激增的急切心情。尤其是中文藏书的数量还直接影响学校向政府申请注册立案，因此学生们也将这次活动，提高到“爱国爱校”的高度来认识[①]。

沪江大学第一幢独立馆舍的图书馆建造动议于1915年，但直到1928年才在首位华人校长刘湛恩的努力下付诸实施。在图书馆开工建设期间，又一场“运动”被发动了起来。这场被称为“中文图书馆运动”的活动，目的是为竣工后的图书馆添购中文书刊，所以实质上是“扩充中文图书运动”的延续，甚而当时的在校生根本就将这两个“运动”合二为一，统称为“中文图书扩充运动”或简称“中文图书运动”。

虽然开展“中文图书馆运动”时，学生们已从“扩充中文图书运动”中获取了经验，而社会环境也有别于当年而变得有利了：“国学的提倡，已高唱入云；国粹的保存，扬溢耳鼓。”可真正动起手来，事情的进展并不如刀削泥、船破浪，即使运动的组织大纲，也是“经数次的会议，几次的波澜”才通过的。运动初期获得的捐款也很少，但学生们“凭着热心和勇气”，建立了周全的组织如“学生图书馆募捐运动各级代表大会”，还制定了切实有效的行动方案，如分出由干练且有热情的同学组成的15个队，分队募捐。其坚持不懈终于在1928年暑假使运动升温，到暑假后所获捐款接近五千元，基本实现了预定的目标。1929年又在同学的姻亲介绍下，获前清诗人潘少白的家属捐赠价值五千元的一万卷中文图书，给这次运动画上了非常圆满的句号。[②]此时虽距新文化运动兴起已有多年，但其影响显然一直在持续。

① 影．扩充中文图书运动总务委员会［J］．沪江年刊，1926，11：326.

② 侯彧华．中文图书运动概要［J］．沪江年刊．1929，14：286.

（五）中国化：教会大学的新生

中国教会大学真正意义上的中国化起始于非基督教运动(即反对、排斥基督教的运动)。该运动并非孤立地凭空产生，而是由崇尚民主和科学的新文化运动以及旨在反对封建主义、帝国主义的“五四”运动催生的。换句话说，它是新文化运动和“五四”运动的一个重要组成部分。而收回教育权运动则是非基督教运动在教育领域的具体实践，它直接影响了教会学校，特别是教会大学的教育权归属。近代中国的17所教会大学中，大多数（13所）由基督教会创办。非基督教运动延伸出来的教育权的由西而中，不可避免地涉及教会大学的性质以及教学宗旨、目的、方向的转变，客观上促成其逐渐本土化、中国化。作为大学教育的一个补充，教会大学图书馆难以置身事外。为适应形势的需要，图书馆在服务理念、功能、馆藏、人员构成等方面相应做出新的调整是必然的。

1. 注册、立案是教会大学中国化的首要体现

非基督教运动的导火索，长期以来，最普遍的说法是1922年春，基督教以各国大学生为主要对象的国际性组织——世界基督教学生同盟宣布即将在清华大学召开第十一届世界大会，并宣告基督教传教事业由此进入新纪元。此时，“五四”运动虽然已经是三年前的事情，但由其掀起的反帝爱国运动仍在发酵中。在这样的形势下，世界基督教学生同盟仍然如此高调举行会议、发布宣言，在反教人士看来，无疑是一种挑衅而难以容忍。上海社会主义青年团的学生率先做出反应，迅速组织起一个非基督教学生同盟，意在阻止世界基督教大会的召开。他们的机关刊物《先驱》半月刊专门推出了“非基督教学生同盟号”，发表了“非基督教学生同盟宣言”。

其实在此前后，《中华归主》（*The Christian Occupation of China*）一书的出版已经让反教人士心生不满。从内容表面上看，它

只是一份教会在华分布的数据调查，但可以说，正是这份数据为日后的非基运动埋下了伏笔。数据显示，传教士数十年的努力成绩斐然：中国的基督徒已由最初的8万猛增到36万；教堂已由300座增加到1万座。书中还用地图的方式将已经“归主”的省份做了明确标识①。显然，他们的最终目标是“中华归主”。这又体现在书名的直言不讳——英文书名可以直译为“基督教占领中国”，“征服”的意味十分明显，更引起人们，尤其是知识分子的强烈不满。加上世界基督教学生同盟又高调宣布要召开世界大会，这就点燃了反教怒火，非基督教运动由此拉开序幕。

作为对上海非基学生同盟的响应，北京的大学生也组织了非宗教大同盟并举行集会。随后，一批反教、排教的檄文、宣言等相继问世。非宗教大同盟“向全国各报馆、各学校、各团体、各界同胞、各国同志”发出了一份通电，由李石曾、萧子昇、李大钊等社会名流参与签名，公开号召各界抵制世界基督教学生同盟第十一届大会的召开。紧接着，王星拱、蔡元培等学界名流，胡汉民、汪精卫等政界名流也纷纷加入。尽管非基督教学生同盟、非宗教大同盟的种种努力并未阻挡得住世界基督教学生同盟大会的如期举行，但由此掀起的非基运动直接改变了宗教背景的教会大学，以及教会大学图书馆的发展方向。

1924年“收回教育权”的口号因挟带浓烈的民族主义情绪而显得感性，相比而言，蔡元培早在非基运动开始时提出的“教育独立”——教育应独立于政党，独立于宗教——的观点更富于理性的光辉。不但如此，他还就教育与宗教的分离提出了三个具体措施：大学不必设神学科；各学校不得有宣传教义的课程，不得举行祈祷仪式；以传教为事业的人不必参与教育事业。②教会学校在中国的土地上已经存在了

① 陈远．燕京大学1919—1952［M］．杭州：浙江人民出版社，2013：60.

② 蔡元培．教育独立议［J］．少年中国，1922，3（7）：63—64.

数十年，其根茎已深植中华土壤，宗教势力的保守性及其秉持的观念都使它不会将教育权拱手相让。教会大学的宗教本质也不可能仅仅因为一次运动，一个人的主张而迅即发生颠覆性的变化。但在客观上，运动唤醒了意识，主张启发了众智，特别是随后产生的知识界就宗教存废问题的争议，以及由此上升到更高层面的“科玄论战”，都不可避免地撼动了教会大学的宗教根基。

“收回教育权”口号的提出，以广州圣三一学校为代表的教会学校就教会学校对中国学生的歧视和控制而爆发的学潮，为抗议教会学校对中国学生参与爱国运动的阻挠而掀起的学生退学、教师辞职的斗争，使教会大学不能再以沉默应对，而不得不正视本土化、中国化的现实呼声。中华基督教育会因此在 1925 年 4 月发表“自辩”，承认“应向政府注册，遵守政府之规定，采用政府之标准，受政府之监督指导”[①]。北京临时政府教育部在 1925 年 11 月 16 日正式颁布了《外人捐资设立学校请求认可办法》，共有六条：①外人捐资设立各等学校，得向教育行政官厅请求认可；②学校名称应冠以“私立”字样；③校长须为中国人，如校长原系外国人，必须以中国人充任副校长，即为请求认可时之代表人；④中国人应占学校董事会董事名额之过半数；⑤学校不得以传布宗教为宗旨；⑥学校课程须遵照部定标准，不得以宗教科目列入必修科。[②]

两年后，南京国民政府教育部又发布了《修正外人捐资设立学校请求认可办法》[③]，如题所示，对北京临时政府教育部的《办法》做了修正，虽只改动了一些字句，基本精神未变，但规定和要求更具体、更明确、更严格。

---

① 中华基督教育会之自辩［N］. 民国日报，1925—4—10.

② 教育部布告第十六号［A］. 政府公报，1925（3459）：3.

③ 教育部令第一八七号［A］. 政府公报，1927（4160）：4.

显然，注册、立案是收回教育权的基础，是教会大学本土化、中国化最首要的体现。1927年1月11日，私立岭南大学校董会正式成立，宣布学校是由中国人主权的私立大学。紧随其后，金陵大学于1928年向南京国民政府申请注册立案，成为国民政府成立后第一所由中国政府批准立案的私立教会大学。抗战爆发前，除了圣约翰大学，其他的教会大学先后完成了注册立案：1929年，燕京大学、东吴大学、沪江大学；1930年，金陵女子大学；1931年，齐鲁大学、华中大学、福建协和大学、之江大学；1933年，华南女子文理学院；1934年，华西协合大学。圣约翰大学是最后一个注册立案的教会大学，直到1947年，它才在当时的国民政府教育部立案。

2. 人员结构变化是中国化的主要表现

从学校层面上说，由于《办法》中“校长必须是中国人”的规定，教会大学校长人选由中国人取代了外国人，董事会成员中的中西方人员比例逐渐向前者发生倾斜；从图书馆方面来说，馆长或主任更多地开始由中国人担任。图书馆行政管理人员中外籍人员越来越少，挑大梁的中方人员越来越多。客观上，各大学图书馆在注册立案后发展得很快，与一大批具有专业知识与素养的中国图书馆学人成为图书馆的管理者有很大关系。

1927年，就有5所大学校长换上了中国人：钟荣光接替香雅各（J. M. Henry）成为岭南大学校长；陈裕光接替包文（A. J. Bowen）担任金陵大学校长；杨永清接替文乃史出任东吴大学校长；李天禄接替巴慕德（Harold Balme）出任齐鲁大学校长；林景润接替高智（J. Gowdy）出任福建协和大学校长。之后两年内，又有6所大学换上了中国人当校长：刘湛恩接替魏馥兰（F. J. White）出任沪江大学校长；吴贻芳接替德本康夫人（L. Thurston）出任金陵女子大学校长；王世静接替卢爱德女士任华南女子文理学院校长；吴雷川接替司徒雷登（J. L. Stuart）出任燕京大学代理校长；韦卓民接替孟良佐出任华中大学

东吴大学校门。校训由时任校长的杨永清题写。

校长；朱经农接替费佩德（R. F. Fitch）担任之江大学校长。隔了一年又有张凌高接替毕启（J. Beech）出任华西协合大学校长。

以执掌图书馆来说，中国人接替外籍人士，时间开始得还要更早一些。如谭卓垣 1922 年起任燕京大学图书馆馆长；刘国钧 1925 年起任金陵大学图书馆主任；洪业 1928 年起任燕京大学图书馆馆长；金云铭 1934 年起任福建协和大学图书馆主任；金陵女子大学则是在 1932 年之前由钱存训（1910—2015）代理图书馆馆长，后又由吴光清正式任馆长。

也有一些例外的情形，如徐燮元早在 1914 年就担任圣约翰大学的图书馆馆长了。之后周曰庠、吴汉章、黄维廉等接任正副馆长，后因周曰庠生病，黄维廉代理馆长一职。非基督教运动起潮的那一年，虽改由美国人海施女士（F. C. Hays）任馆长，但副手多为中国人。上海沪江大学的图书馆主任在学校向中国政府注册立案后八年里还是由汤姆荪夫人（L. Thomason）担任，但中国化的社会现实挡不住越来越多的中国人，特别是图书馆学专门人才跻身教会大学图书馆行政管理层。20 世纪 30 年代初，在沪江大学华人校长刘湛恩的邀请下，1925 年毕业于武昌华中大学图书科、时任厦门大学图书馆主任的杨希章出任沪江大学图书馆副主任（1937—1941，上海“孤岛”时期，继汤姆荪之后任馆长）[①]。

齐鲁大学图书馆首任馆长是传教士奚尔恩（J. J. Heeren），在独立馆舍奥古斯丁图书馆建成之前，他曾聘中国人王天纲任图书馆主任，办理全馆事务；新馆建成后，馆务更加繁杂，他又聘外籍人士巴达那任图书馆主任。为适应教会大学本土化和中国化的要求，他聘请的图书馆主任从此都是清一色的中国人，如桂质柏、皮高品、陈鸿飞、邢云林、徐亮、胡廷钧等[②]。这些图书馆学专门人才推动了齐鲁大学图书馆于该校注册立案后在中国化的道路上快速发展。

以“收回教育权”为界，之前，东吴大学图书馆主任由美国图书馆专业毕业的朗特女士（R. Longden）担任；之后，文华大学图书科首届毕业生黄星辉先出任副主任，后顶替朗特担任主任，副主任更由中国人（葛受元）担任。岭南大学图书馆的中文图书的急速增长得益于特嘉女士（J. Douglass）特别聘请的陈德芸。这位中籍部主任不但亲赴上海、北平等地进行劝捐活动，从而获得充裕的中文书购书经费，而且还竭力进言特嘉馆长扩充图书馆馆舍。

外籍人员逐渐退出图书馆行政管理岗位，由中国人全面管理教会

① 陈祖怡 . 上海各图书馆概览［M］. 中世界书局，1934：135.

② 张德明 . 西化与改革：齐鲁大学图书馆历史初探［J］. 山东图书馆学刊，2012（2）：41.

大学图书馆，是非基运动和收回教育权运动结出的硕果。

3. 中国化改变了重西轻中的馆藏格局

不仅是岭南大学图书馆的中文图书在非基督教运动和收回教育权运动后大幅度增长，大多数教会大学图书馆的藏书结构都发生了变化。这体现在中文书刊得到重视，数量也逐渐超越了西文书刊。同时，藏书建设的目标越来越转向为“为学术服务”，“特色性”逐渐显露。显然，这与教会大学在“运动”之后的学校性质、发展方向和图书馆的服务对象、功能的转变有很大关系。

传教士在中国传教，把办学作为传教的良策，对于为宗教而办学的目的，显然他们并不觉得是一件见不得人的事，所以并不隐讳，在书刊上直言办学“有欲以为养成牧师、教长之资者；有欲等其为同宗诸校之冠者；有欲尊高等教育灌输于教中儿女者。更有出于通常宗旨，欲以扩充基督教势力范围者……”①。华西协合大学的办学宗旨是“借助教育为手段以促进基督事业”，学校的章程更明确规定：“本大学之目的拟在中国西部于基督教主办之下，以高等教育为手段促进天国的发展。”② 在“服务于宗教”的指导思想下，教会大学的课程安排、图书馆服务等无不围绕这一教学宗旨展开。

从课程安排上说，蔡元培何以在谈到教育应独立于宗教时特别强调大学不应开设神学科、课程中不应含有宣传教义的内容，那便是因为以传教和培养传教士为目的的教会大学在课程设置上，“宗教”课是作为单独的一门学科被排在首位的，也是学生的必修课。当然，各教会大学为各自的需要也开设了文学、理学、教育学、医学等课程，但总的来说，多采用的是西方的科目设置和教学方法。这就决定了图

① 中国基督教教育调查会．中国基督教教育事业［M］．上海：商务印书馆，1972：99.

② The object of the university shall be the advancement of the kingdom of God, by means of higher education in West China under Christian Auspices. 转引自华西医科大学校史编委会．华西医科大学校史［M］．成都：四川教育出版社，1990：5.

书馆的主要功能是为配合服务于宗教的教学宗旨和西化的科目设置及教学方法提供条件和保障。最具体的表现便是藏书结构的重西轻中，故而早期的教会大学图书馆最重视的是西方书籍的收藏，大多数教会大学图书馆馆藏以西文书籍为主。

从宗教课作为必修课来说，神学书籍在图书馆馆藏中占有很大比例。齐鲁大学收藏了大量的宗教文献。毕业于上海圣约翰大学的作家林语堂曾经说："那儿有五千册藏书，大约三分之一是神学书籍[①]。"该大学校长卜舫济（F. L. H. Pott）非常强调英语教学的重要性，他既认为"英语教学为学生提供打开知识之门的钥匙"，也觉得"华人研究英文……可以铲除华人排外之成见……可以增进东西间之情感……并使华人明了基督教事业"[②]。除了圣约翰大学，英语也是其他教会大学的首要教学语言。语言学家周有光曾经就读于圣约翰大学，他回忆："一进学校，有如到了外国，布告都用英文。"[③]在这样的环境下，很多教会大学图书馆西文书籍多于中文书籍是必然的。

圣约翰大学图书馆的藏书，有资料记载的，从 1909 年起到非基督教运动之前的 1921 年，西文藏书一直多于中文藏书。之后，情况有所改变，中文藏书增长迅速。之前一年，即 1920 年，金陵大学的中文藏书是 7583 册，而西文藏书是 8246 册[④]。华南女子文理学院 1925—1926 学年西文书籍则是中文书籍的 3 倍[⑤]；华中大学在教育部注册立案的 1931 年，中文书籍近 15000 册，而西文书籍 24000 余

---

① 林语堂 . 八十自叙［M］. 北京：宝文堂书店，1990：26.

② 1887 年卜舫济致布道部报告 . 转引自徐以骅 . 教育与宗教：作为传教媒介的圣约翰大学［M］. 珠海：珠海出版社，1999：28.

③ 周有光 . 圣约翰大学的依稀杂忆［M］// 周有光 . 周有光文集 . 第十五卷 . 朝闻道集 . 北京：中央编译出版社，2013：188.

④ 刘国钧 . 金陵大学图书馆概况［M］. 金陵大学图书馆，1934.

⑤ 朱峰 . 基督教与近代中国女子高等教育——金陵女大与华南女大比较研究［M］. 福州：福建教育出版社，2002：248.

册[①]，相差9千余册。5年后即非基督教运动发生的1922年，齐鲁大学新馆落成时，英文书增加到13000册，而中文书仍为6000册[②]，前者上升至后者的两倍有余。

虽然从数字上说，有些教会大学的中西文书籍比例接近，但少有中文图书远多于西文图书的情形。如金陵女子大学1935年时的中文书籍是29394册，西文书籍是27556册[③]；沪江大学1917年中文书2715册，英文书2096册。1919年时的中文书3295册，英文书2816册[④]；齐鲁大学1929年时的全部书籍“达到24000多册，中西书籍约各半数”[⑤]。

这种“倾斜”在非基督教运动、收回教育权运动，特别是各大学在中国政府注册立案之后得到普遍改善。也就是说，本土化和中国化进程在使大学教育越来越摆脱宗教的束缚而趋向教育本真的同时，也让所在大学图书馆的藏书结构发生转变。从课程设置上说，各教会大学在注册立案后加强了中国文化的教育，国学课程增多。比如，华西协合大学将宗教课由必修课改为选修课，又“聘请一些前清学士来学校宣讲中国儒家思想、书画艺术、诗词歌赋等”[⑥]，同时增加了汉语、中国历史、中国文学等课程，分别每周达3课时。燕京大学也将宗教课列入选修课行列，并扩大职业技术型课程的范围，不仅将畜牧专业扩展为农学系，又新增了社会学系、新闻系，加强了文史专业的教学

① 私立武昌华中大学．私立武昌华中大学一览［A］，1931：11. 华中大学档案全宗，卷宗号：57.

② 私立齐鲁大学．山东济南齐鲁大学章程［M］．济南：齐鲁大学，1926：18.

③ 孙海英、金陵百屋房——金陵女子大学［M］．石家庄：河北教育出版社，2005：122.

④ 海波士．沪江大学［M］．王立城，译．珠海：珠海出版社，2005：51—52.

⑤ 私立齐鲁大学．山东济南私立齐鲁大学文理两学院一览［M］．济南：齐鲁大学，1931：6.

⑥ 刘洁．华西协合大学的中国化——中国基督教大学演变的个案分析［J］．科教文汇，2008（6）：171.

力量；圣约翰大学加大国文教育力量，不仅聘请国学专家——钱基博任国学教授，孟宪承为国文部主任，还专门成立国文教学研究会。

为适应中国化的需求，也为配合课程改革，教会大学图书馆的中文图书的投入逐渐加大。如上文述及沪江大学在1928年的时候举行过“扩充中文图书运动”；“增购中文书籍”是圣约翰大学的改革措施之一；齐鲁大学在文理学院院长林济青的努力下，在1930、1931两年间，利用燕京哈佛学社经费，大量购买中国古籍善本，1935年时，“又新购中文书2104册，外文书1200册”[①]。除此之外，燕京大学、金陵大学、金陵女子大学、福建协和大学、东吴大学等其他的教会大学图书馆无一例外地在非基运动后，中文图书逐年稳步增长。抗战爆发前，所有教会大学图书馆的中文图书都超越了西文图书。

从种类单一走向丰富也是非基运动后教会大学图书馆藏书结构变化的表现。非基运动之前，教会大学服务于宗教的宗旨使得图书馆的藏书以宗教类为主，辅以与教学课程相关的少量其他中西文书籍。在本土化、中国化的需求下，为配合课程改革，教会大学图书馆在大量添购中文书籍的基础上也注重书籍种类的丰富性。以燕京大学为例，其图书馆藏书除了教会大学常见的经学、宗教类外，还有哲学、历史、地理、社会科学、语言文学、美术、自然科学、农林科学等。金陵大学的中西文藏书涵盖了农林、生物、理化、文学、社会学、历史、地方志和丛书等各个方面。

而在种类丰富的基础上，各教会大学图书馆又在本校特色教学的基础上注重特色馆藏的收集。燕京大学、齐鲁大学、岭南大学等注重国学研究，相继成立国学研究所、国学研究院、中籍部，因此，中文珍善本、古籍等成为他们的特色收藏。燕京大学收藏的善本书以明、

① 来新夏．中国藏书文化漫谈［M］// 黄建国，高跃新．中国古代藏书楼研究．北京：中华书局，1999：163.

清刻本及抄本居多，也有宋、元版本和石刻草目、善本方志题记、《崔东壁知非集》等。岭南大学内除了文理学院，还特别设有农学院，农学书籍是图书馆收藏重点之一。金陵大学的科系设置中，农业科占有重要地位，图书馆因此特别增设农业图书馆研究部，把它作为图书馆收藏的一个特别部门，主要负责"①征集古今关于农业、荒政，及各种地理图籍；②编纂《先农集成》；③编纂《农业索引》"等[①]，其目的"在于搜集并整理我国的农业文献，编纂《先农集成》为'旧者结账'，编纂《农业索引》为'新者记者'"[②]。和齐鲁大学一样，金陵大学也把地方志作为特色馆藏。东吴大学以法学见长，图书馆馆藏以法学为特色。这一切，一方面显示了教会大学图书馆一改服务于宗教而转为服务于学术，体现了图书馆功能的转变，另一方面也标志着它们在非基运动和收回教育权运动后，沿着本土化、中国化道路越走越顺，越走越远。

4. 哈佛燕京学社：教会大学图书馆新的经费来源

虽然从实质上说，哈佛燕京学社的成立并非非基运动和收回教育权运动的直接产物，但机缘巧合，它确实是在"运动"之后教会大学纷纷迈向本土化和中国化的进程中应运而生的。而且，它成立的目的是为了汉学研究，推而广之对中国文化进行深度探求。具体地说，就是"通过哈佛大学与燕京大学以及中国研究机构的合作，保证为学术研究提供便利，资助出版那些经学社董事会赞同的在中国文化领域以及中国学的其他方面的研究成果"[③]。这其实正好符合"中国化"的时代要求。简单地说，英文全称为 Harvard—Yenching Institute 的哈

---

① 金陵大学图书馆农业部[J]. 中华图书馆协会会报，1930，6（2）：13.

② 李杰. 近代教会大学图书馆功能之演变——以燕京、金陵、圣约翰三所大学为例[D]. 浙江师范大学硕士学位论文，2011：60.

③ 张玮瑛，王百强，钱辛波. 燕京大学史稿 1919—1952[M]. 北京：人民中国出版社，1999：392.

东吴大学图书馆所在地：孙堂。

佛燕京学社是由美国人发起并资助，哈佛大学与燕京大学联合组成的汉学研究机构，本部设于哈佛大学，燕京大学设北平办事处。以此说来，哈佛燕京学社是在非基运动和收回教育权运动的影响下创设的说法并不为过。

在哈佛燕京学社于1928年成立前，教会大学图书馆的经费均来自以下几个方面：①学校拨款；②社会捐赠；③个人捐款；④机构解囊。亦即维持大学正常运行的经费来源不外乎这四项。但在学校下拨的款项中，又包含了几个方面，即，学生学费、教会拨款、政府资助。

从学生学费方面说，民间对教会大学的一般认识是“贵族学校”，这主要是因为在与国立大学和普通私立大学相比，教会大学的学费最为昂贵。在注册立案之前，学校甚至更多地依赖于学生学费。事实上，在很多时候，特别是抗战期间，学生学费远多于差会拨款。以圣约翰大学文理学院和土木工程学院 1940—1941 年账目为例，当时，它们的收入分布是这样的：差会拨款 4220 元，美国特募款 25000 元，杂项收入 118000 元，学生学费 344800 元。[①] 显然，学生学费成为学校收入支柱，图书馆的运营经费自然很多来源于此。但也有一些教会大学，如金陵大学，早期不收学生学费，甚至给予津贴补助，而完全依赖于差会拨款。后来，因为学生增多，学校才开始对部分学生收取学费。

教会大学注册立案前后经费来源最大的区别不在于学生学费的多少，而是差会拨款的逐渐减少和政府开始给予补助。

教育权被收回之前，教会大学主要经费由相应的合作差会、联合托事会、欧美国家的中国基督教联合会等宗教机构拨款。大学图书馆的维持费用要么也由创办该校的合作差会承担，要么由某一差会独自负责。比如，福建协和大学的经费来源于美以美差会和美国公理会差会；圣约翰大学的经费来源于美国圣公会布道部。齐鲁大学奥古斯丁图书馆是由加拿大危尼培革之奥古斯丁长老支会创办的，其后的维持经费也由它独自承担。华中大学是由五个差会（美国圣公会、美国复初会、美国雅礼协会、英国伦敦会、英国循道会）合作创办，但图书馆则只由美国圣公会出资维持。

除了宗教性质以外，教会大学受制于差会，很大原因在于经济上的依赖。这种依赖在本土化和中国化之后有了较明显的改善，也就是说，在教会大学纷纷注册立案后，经费来源更加广泛，差会独力承担的状况有所改变。其中最主要的是国民政府参与了资金投入。理论上说，教会大学注册立案后身份由“教会”转向了“私立”，政府便有责任和义务给予资助。资料显示，1934—1935 年间，国民政府

① 徐以骅，韩信昌．海上梵王渡：圣约翰大学［M］．石家庄：河北教育出版社，2003：67.

拨给私立大学的经费中，教会大学占了一半。教育部还特别设立“私立专科以上学校补助费”，专门补助那些已经立案的优质私立学校。福建协和大学 1934 年获得过该项补助，拿到了 12000 元的科学设备费。抗战爆发前三年，燕京大学也曾得到国民政府每年 6 万元的经费资助。[①]1936 年，金陵大学新图书馆也是在政府拨款 30 万元后得以开工建设的。抗战期间，金陵女子大学、之江大学、华西协合大学等教会大学都曾得到过政府的资助。

大学图书馆经费的另一个重要来源，即哈佛燕京学社所提供的丰厚资金。这笔资金来自美国铝业大王霍尔（C. M. Hall）的巨额遗产。一个连亚洲也没有到过的美国人，为何要指定遗产用于中国的文化研究？这一直是个谜，因而也猜测纷纭。一个说法是霍尔求学的奥柏林学院（Oberlin College），有一大批传教士在 1900 年的义和团运动中被杀害。霍尔接受了这样的思想，即那场事变源于中国人因缺少教育而造成的野蛮和愚昧，所以希望给中国人提供受教育的机会[②]。

另一个说法是霍尔在大学期间，因迷上制铝，致功课落下考试不及格被勒令退学，当他凄然离校的时候，除了两个中国留学生满怀情意地为他饯别送行，没有一个同学理睬他，所以他一旦富贵了便想回报中国人[③]。

其实霍尔在遗嘱中并未点明中国，只是提到亚洲大陆，也没有提及研究中国文化。他在因肾衰竭去世之前一个月立下的这份遗嘱中，将遗产分为三份，嘱须全部用于教会教育事业，其中一份建立以他的名字命名的教育基金，用于日本、亚洲大陆、土耳其及欧洲巴尔干

① 孟雪梅．近代中国教会大学图书馆研究［M］．北京：国家图书馆出版社，2009：163—164.

② 樊书华．美国铝业大王查尔斯·马丁·霍尔与哈佛—燕京学社的缘起［J］．世界历史，1999（2）：78.

③ 珊．哈佛燕京学社（上）［J］．燕大双周刊，1946，（20/21）：196.

半岛地区教育机构的创建、发展与维持，且主要用于这些地区英美教会机构的教育事业。①

哈佛大学先是为本校建立化学实验室及艺术博物馆申请霍尔基金受阻，拟转以建立哈佛大学东方研究所项目再行申请，又获霍尔基金委托人提示，意为若与东方大学合作，则项目较易获得批准。哈佛大学于是先与北京大学接洽合作事宜，一面派了该校艺术系的瓦尔纳（L. Warner）与杰恩（H. Jayne）前往敦煌考古。谁知这两位为人师者一到千佛洞，即变作鸡鸣狗盗之徒，剥取了几十方壁画，引起了地方民众的极大反感。一年多以后的1925年春，他们竟又重来，为安全计寻护身符，遂在教育家、中国政府顾问、收藏家福开森（J. C. Ferguson）的介绍下，由北京大学研究所国学门指派校医陈万里偕同前往。瓦尔纳临时害怕，未敢再下手，而杰恩则在甘肃泾川县石窟寺乱剥石佛泥皮又犯众怒。北京政府得知此事后，给美国使馆发去一个照会，将二人驱逐出境。此事使哈佛蒙羞，哈佛迁怒于北大，而北大则受时局影响，一时无心与哈佛再议合作②，这就给了一直在努力争取这笔基金的燕京大学机会，它与哈佛协商后，于1925年9月达成临时协议，决定成立哈佛北京中国研究学社，后改为哈佛燕京学社。

哈佛燕京学社成立后，又在合作大学“必须是至少三个教会一同合办的基督教大学”的原则下，挑选了包括燕京大学在内的六所教会大学作为基金的受益者，它们是金陵大学、华西协合大学、福建协和大学、齐鲁大学、岭南大学。其中的岭南大学比较特殊，它虽然不符合“三个教会一同合办”的条件，但一方面，它不属于任何教派，另一方面，它向来重视中国问题研究，“中籍部”是其最具特色的研究

① 樊书华．美国铝业大王查尔斯·马丁·霍尔与哈佛—燕京学社的缘起［J］．世界历史，1999（2）：77.

② 珊．哈佛燕京学社（上）［J］．燕大双周刊．1946，（20 / 21）：196.

部门，因此受益。圣约翰大学等其他教会大学未能分到一杯羹。由于规模、名声、学术地位等差别，最初6所大学所获得的具体捐助数目并不等同：燕京大学自然最多，100万美元；岭南大学70万美元；金陵大学30万美元；华西协合大学20万美元；齐鲁大学15万美元；福建协和大学5万美元①。

哈佛燕京学社是基于“汉学研究”而组建的，其所获得的霍尔基金自然也被要求用于中国文化研究。6所教会大学在国学、中国问题等方面的研究突飞猛进、图书馆中国文化类藏书增长迅速、关于图书馆的研究成果不断问世，不用说，很大程度上得益于基金支持。1930年，学社为华西协合大学发展东方文化而捐助30万美元，规定“每年所入息金指定一部分购买图书馆设备之用”②。福建协和大学图书馆馆长金云铭在研究开发《金氏分类法》时曾经得到哈佛燕京学社特别款项的资助。齐鲁大学文学院长林济青利用学社的捐助在北京一次性购得大批古籍善本，为该校的国学研究提供了强有力的资料支持。

具体从藏书量上说，齐鲁大学的国学研究所在1930年成立这年，利用哈佛燕京学社的经费添购的图书使其图书馆的藏书量一下子增加了近两倍③。据《图书馆学季刊》1936年12月第14卷的《调查中国之图书馆事业》介绍，“抗战”爆发前，岭南大学图书馆的藏书总量位居全国大学图书馆第五位。

在特色馆藏方面，出于国学和中国问题研究的需要，6所大学图书馆无一例外地特别注重古籍善本的收藏。岭南大学图书馆里除了大

① 孟雪梅．近代中国教会大学图书馆研究［M］．北京：国家图书馆出版社．2009：165.

② 私立华西协合大学一览（规程与概况）．1941—1942：89—90. 来源：高等学校中英文图书数字化国际合作计划（China—Us Million Book Digital Library Project）．转引自孟雪梅．近代中国教会大学图书馆研究［M］．北京：国家图书馆出版社，2009：167—168.

③ 王雪玲．齐鲁大学国学研究所初探［D］．华东师范大学硕士学位论文，2007：16.

量中文古籍善本外，还搜集了很多“中国问题研究”的西文出版物。“中国问题研究”，不仅是区别于“国学研究”而为岭南大学所独有的提法。在研究方向上，岭南大学也与其他五所致力于国学研究的教会大学有所不同，它更倾向于“清代以来中国的历史、文化与社会”，而后者的关注点更集中于古典主义和“传统中国的人文、历史、诗词、文学、宗教和艺术”①。在岭南大学的中国问题研究中，尤其关注岭南地区文化的研究。因此，图书馆收藏中不乏岭南特色。同样具有地方特色的还有齐鲁大学。它的国学研究所的研究范围集中在齐鲁文化方面，因此，图书馆特别注重山东地方志的搜集和保存。

显然，燕京大学是哈佛燕京学社的最大受益者，图书馆藏书量爆发式增长基本依赖于学社的资金。哈佛燕京学社对于图书馆的贡献，一则在于在哈佛大学设立“哈佛燕京学社汉和图书馆”，主要搜集和收藏中日文书籍，侧重汉学方面的书籍资料。20 世纪 50 年代起，开始收集韩文书籍，并逐渐扩展到满、蒙、藏文书籍以及越南文书刊，也包括研究汉学的西文书。1965 年，更名为“哈佛燕京图书馆”，1976 年，并入哈佛大学图书馆系统。目前，它是“西方世界规模最大的大学东亚图书馆”②。一则在于从 1928 年起，燕京学社每年给燕京大学图书馆下拨购书款，“少则三四千，多则万余元。收藏对象主要为线装古籍，亦有部分日文和西文东方学书刊，全部入藏燕京大学图书馆”③。

燕京大学图书馆 1919 年于盔甲厂旧址初创时，只有一间房屋一个书架，藏书仅有在华北从事教育工作的美国人谢菲尔德（D.Z.Sheffield）遗赠的几百本书。其后，因为经费有限，图书馆“只

① 周旖．近代中国教会大学图书馆史研究——以岭南大学图书馆史研究为中心［M］// 曹树金，张靖．资讯管理研究进展．广州：中山大学出版社，2010：295.

② 张凤．哈佛燕京图书馆［J］．法律文献信息与研究，2005（4）：61.

③ 彭小云．哈佛大学［M］．北京：军事谊文出版社，2007：37.

燕京大学图书馆，现在是北京大学档案馆。

能购买开课所需图书”，虽然藏书量逐年增长，但速度缓慢。至燕大1926年搬到海淀新址时，中文图书15300册，西文图书12024册[①]。由于哈佛燕京学社充足的经费支持，1929年的时候，燕京大学图书馆藏书已达14万余册[②]。也就是说，短短两三年，藏书量增长了五倍。据1930年统计，在大学图书馆中，燕京大学图书馆馆藏仅次于国立中山大学图书馆、国立北京大学图书馆，位居第三位。[③]“1933年中

① 张玮瑛，王百强，钱辛波．燕京大学史稿1919—1952［M］．北京：人民中国出版社，1999：415.

② 林帆．长青未老是笔头：老马咏叹调续调［M］．上海：上海社会科学院出版社，2004：69.

③ 张玮瑛，王百强，钱辛波．燕京大学史稿1919—1952［M］．北京：人民中国出版社，1999：420.

外藏书达22万册……1950年还不惜以惊人的高价购进明弘治善本《西厢记》。”① 由于燕大图书馆在购置中、日等图书时，也为哈佛燕京图书馆购置一套复本，从而在燕大图书馆馆藏急速增长同时，哈佛燕京图书馆的汉学文化藏书也一并得到增加。

拨款购书是一个方面，哈佛燕京学社对燕大图书馆的另一个贡献是自己成立“引得”（即“索引”）编纂处，利用霍尔基金出版文史哲工具书，分正刊和特刊两种。据统计，“在近二十年的时间里，先后出版了64种、81本中国古籍‘引得’，内容涉及《十三经》《庄子》《墨子》《荀子》《佛藏》《道藏》《宋诗》《元诗》《辽金元传记》《容斋随笔》等中国古代名著，也包含了各代历史书籍和小说‘引得’”②。其中，《洪煨莲先生与引得编纂处》（洪业号煨莲）是国内较早运用科学方法编纂的中国古典文献的工具书。这些“引得”至今仍然作为汉学研究不可或缺的工具书。除此之外，学社还出版极富学术价值的古籍期刊，古籍有“未经刊布的前人撰著抄本，如明张萱辑的《西园闻见录》，所辑多为佚书，以及清蔡上翔编的《王荆公年谱考略》等”③；期刊有《燕京学报》《史学年报》《哈佛亚洲研究学报》等。这一切都使得燕京大学在国学研究方面走在全国大学前列，而且极大丰富了燕京大学图书馆馆藏，也让“中国特色”愈加明显。

三、抗日战争

开始于20世纪30年代的日本侵华战争，给中华民族造成了长久

① 林帆．长青未老是笔头：老马咏叹调续调［M］．上海：上海社会科学院出版社，2004：69.

② 陈远．燕京大学1919—1952［M］．杭州：浙江人民出版社，2013：95.

③ 张玮瑛，王百强，钱辛波．燕京大学史稿1919—1952［M］．北京：人民中国出版社，1999：409.

的、全方位的深重灾难，其间流离失所成了人们生活的常态。侵略者在用武力掠夺中国物质资源的同时，肆意毁坏汉民族文化、截断中华文明。为了躲避战火与硝烟，保留人才、保存文脉，执着于教育是救国的途径之一的信念，许多大学不畏路途迢迢，汇入大规模内迁的巨流。大学图书馆也由此开始了一段发展史上最为艰苦卓绝、奇险独特的历程。一方面，因限于时间、人力、财力，图书馆不可能整体搬迁，只能将部分图书运走，致大量馆藏落入日伪之手而被糟蹋；继而仓促登上迁徙之路，途中颠沛辗转，环境恶劣，时时处在日机的反复轰炸中，图书毁损遗失严重，而战时物资匮乏、生产停滞、经费困难，图书很难收集补充重购，图书馆不要说发展，连生存都危机重重；另一方面，退避后方的大学图书馆精神不失，在泥淖里顽强地生存，在石缝里求发展，恢复规章、重建机构、联合开馆、资源共享，在重续为学术服务宗旨的同时，也为抗战提供文献资源，教会大学图书馆更在基督精神指引下积极参与社会服务。

（一）轰炸、偷盗、掠夺、内迁是图书大量毁损的主要原因

有人统计，在战前我国共计 108 所高等学校中，有 91 所遭到严重破坏，“其中全部受敌人破坏者计十校……有二十五校事实上不得不因战事而暂行停顿……截至本年（1938）8 月底，我国高等教育机关之损失，就其可知者而言，已达三千三百六十余万元之钜数”[①]。对于一所大学来说，除了教学办公的建筑本身、一般办公用品、实验用的仪器设备，物性最强的便是图书馆，其中大量的珍贵古籍、图书资料文献经济价值、文化价值难以估量。正因为如此，大学一旦遭遇侵害，图书馆往往损失最大。据 1939 年时的不完全统计，抗战以来

① 顾毓琇．抗战以来我国教育文化之损失［J］．时事月报，1938，19（5）：34—35.

南开大学木斋图书馆，抗战时被炸毁。（照片来源：1931 年第 27 期《天津市政府公报》）

蔡泽奉设计的湖南大学图书馆。当时的校刊称该馆所费建筑费十余万元，设备之完美，藏书之丰富为本省之冠。（照片来源：1932 年第 7 期《湖南大学期刊》）

大学图书馆图书损失约280万册，而战前图书总量大约六百万册。[①]也就是说，短短几年，损失近一半。

抗战期间，大学图书馆的损失主要来自于轰炸、掠夺、内迁。最先在轰炸中销声匿迹的是南开大学木斋图书馆。1937年7月底，木斋图书馆在轰炸、火烧中瞬间变成残垣断壁，损失图书224000册[②]。1938年4月，在27架飞机的定点轰炸下，湖南大学欧洲哥特式建筑风格的图书馆轰然倒下，仅留下四根古罗马爱奥尼柱式花岗岩石柱，馆藏54091册图书化为灰烬[③]。在暨南大学的校史中，有这样一段记载："1937年8月19日上午9时起即有敌机数架，在本校上空飞翔侦查，10时左右开始投弹……"炸弹落下，包括科学馆、大礼堂、图书馆在内的建筑被损毁。厦门大学图书馆因受炮火的轰炸需花费24500元来修理，损失中西文图书11000多册[④]，很多全套卷册残缺不堪。

内迁后的大学图书馆的图书仍然逃不脱劫难。1938年8月，日军出动36架飞机对四川乐山进行大轰炸，逃难至此的武汉大学图书损失达7483册[⑤]。1939年9月，内迁湘西辰溪的湖南大学辰溪垅头垴校区的图书馆再次遭遇轰炸，好不容易抢运出来的图书又损失了不少。1940年6月，储藏在重庆北碚的清华大学图书馆遭到日军飞机轰炸焚毁，12764册古籍仅抢救出2300余册[⑥]。浙江大学图书馆虽未

---

① 严文郁．中国图书馆发展史：自清末至抗战胜利［M］．台北：中国图书馆学会，1983：141.

② 何建中．民国时期我国私立大学图书馆发展史略［J］．图书与情报，2004（5）：78.

③ 沈小丁．民国时期湖南大学图书馆发展演变［J］．高校图书馆工作，2011（3）：21.

④ 母校迁汀后之图书馆［J］．厦大通讯，1940，2（3/4）.

⑤ 武汉大学校史编辑研究室．武汉大学校史简编［M］．武汉：武汉大学出版社，1983：85.

⑥ 百年清华图书馆编写委员会．百年清华图书馆［M］．北京：清华大学出版社，2012：64.

遭到敌机轰炸，却在日军进驻校园后被拆毁了，以至于抗战结束师生返杭后无阅读之所。1944 年 5 月 15 日，日军扫荡了河南大学所在地河南嵩县潭头镇。没有来得及逃走的河大学生有 6 人被敌人机枪扫射而死，几名女生不甘受辱投河而死，掌管着图书馆钥匙因此最后离开的馆员石如灿和其他师生二十多人被俘，罚做苦力。占据了图书馆后，日军施行了疯狂的破坏，纵火焚烧了理学院图书馆，“不但全部原版科学和工程参考的图书、杂志付之一炬……二十多年来惨淡经营的理学院的设备竟被日寇破坏无余”[①]。位于大后方成都的华西协合大学图书馆侥幸躲过一劫。在 1939 年 6 月的一次轰炸中，该校及借居在此的几所大学的师生多人死伤，其中金陵大学校长陈裕光一家也被炸伤。日军投掷的炸弹有几颗是哑弹，其中一颗距离图书馆仅 30 米，图书馆幸免于难。[②]

对于大部分大学图书馆来说，它们的图书损失多在于来不及抢运和藏匿而遗落在原地，在日本军队进入后被肆意毁损、抢掠，甚至偷盗。

其实，抢运、藏匿图书在战火刚刚燃起时就已经开始了，甚至更早。以清华大学图书馆为例，早在 1935 年 11 月的时候，就在馆长朱自清的主持下，将一批馆藏古籍，包括全部宋元版本以及明清两代的众多古籍，共 12764 册，装箱秘密运至湖北汉口，藏于上海银行第一仓库。[③]“七七事变”后，清华大学图书馆将本馆及各系预装的图书仪器五十余箱，及馆中目录卡片和文件等，想方设法运往北平城内存放。[④]广州沦陷前，中山大学图书馆将图书化整为零，分藏各院地下室，

① 李燕亭．日寇对河南大学的浩劫［N］．河南日报，1951—3—7 ④．

② 黄思礼．华西协合大学［M］．秦和平，何启浩，译．珠海：珠海出版社，1999：99.

③ 刘蔷．清华大学图书馆馆藏焚余古籍的整理与研究［J］．清华大学学报（哲社版），2001，16（6）：88.

④ 百年清华图书馆编写委员会．百年清华图书馆［M］．北京：清华大学出版社，2012：53.

美国建筑设计师墨菲设计的清华大学图书馆，现在仍然是清华大学的标志性建筑。

中山大学图书馆总馆。（照片来源：1928 年第 2 卷第 2 期《中山大学图书馆周刊》）

特别是学校新建的牢固的工程馆地下室。华北风云起始，上海交通大学将重要图书藏匿于贝当路715号及福履理路747号汽车间，后又将大量图书迁至海格路911号储藏，再迁社会科学类、自然科学类、应用技术类书籍至震旦大学新厦东西两五楼①。1937年8月13日清晨，上海沪江大学校长刘湛恩接到时任虬江码头建造工程总指挥凌宪扬的电话，告诉他日军可能马上有行动。时值暑假，刘湛恩赶紧组织留校人员对图书、实验设备等进行封存，一边亲自与一胡姓工人花了一上午时间，将图书馆约2.5万册书籍，藏入图书馆铁质楼梯下面的一堵假墙后面。②武汉大学将近15万册藏书装了476箱，其中283箱紧急运往宜昌暂存，169箱转移至汉口怡和洋行，另外24箱封存于图书馆地下室。③东吴大学法学院避难租界时，“原图书馆所藏大量各国法律书籍被分别寄藏于盛振为院长及校友艾国藩（律师、瑞士驻沪总领事署秘书）家中”。④

随着战事的变化，藏匿的图书不得不辗转迁移。上海沦陷后，交通大学藏于海格路、福履理路的图书又先后迁至震旦旧址第三号房间和中华学艺社，而贝当路的藏书也迁至震旦旧址第三号房间，大部分报纸收藏在震旦博物院书库。中山大学将藏匿于地下室的全部善本书、志书两万余册，碑帖三万余张共装了199箱，移存于香港九龙的货仓。⑤

像清华大学、中山大学一样，因为时间紧迫，大学图书馆最先抢

---

① 图书馆年报 1937—1938［G］// 交通大学校史撰写组．交通大学校史资料选编 1927—1949. 第二卷．西安：西安交通大学出版社，1986：321—322.

② Wiley E E. Three Pairs of Hands［M］. Nashville of Tennesses：Broadman Press，1948：89—90. 转引自王细荣．大世界里的丰碑——湛恩纪念图书馆的前生今世［M］. 上海：上海交通大学出版社，2014：55—56.

③ 邓珞华，林生．励精图治，屡厄屡兴——1893—1949年间的武汉大学图书馆［J］．武汉大学学报，2005（11）：876.

④ 王国平．东吴大学简史［M］．苏州：苏州大学出版社 2009：138.

⑤ 黎洁华．抗日战争时期中山大学图书馆遭劫记［J］.2006（6）：47.

运和藏匿的往往是图书馆里的珍稀善本、古籍等。随着大规模内迁开始，在逃难情形下，图书馆紧急搬迁的也以必需的教学参考书、古籍善本、珍贵图书为主，而无奈地将大量图书资料留在了原馆。也就是说，大多数大学，像清华大学、山西大学、浙江大学、湖南大学等，随同内迁的图书只是图书馆里的一部分，而有的甚至占比很小。比如，中山大学除了早年藏匿在香港货仓的 25000 册珍善本，以及决定内迁时抢运出来的 5 万图书外，尚余图书近 14 万册，杂志 9 万余册，总计近 23 万册。[①] 华南女子大学仅运走最新的、比较有价值的英文书，占藏书的四分之一。[②] 拥有 10 万册藏书的华中大学仅带走 1 万册。[③] 金陵大学根据教学需要选择了 17000 册图书，装了 139 箱，但实际运走的只有 103 箱，只占总藏书量的十分之一。[④] 厦门大学图书馆内迁时只带走一半的馆藏[⑤]。

遗留在原地的图书大多数面临的是被损毁、掠夺、偷盗的命运，损失惨重。中山大学图书馆馆长曾经请求校方拨款 3000 元购买水泥木石，将留存的图书打包封存在地下室，但遭到拒绝。尽管撤离前，图书馆被“加封下锁”，但中大校园被日军用作指挥部后，20 多万图书资料“或被抢掠，或四处失散，或遭焚毁，荡然无存”[⑥]。北平沦陷后，日军进入清华园，图书悉数落入敌手。太原沦陷后，山西大学奉省政府命令停办，将没有带走的图书交当地政府保管。晋南各县

① 黎洁华 . 抗日战争时期中山大学图书馆遭劫记［J］. 2006（6）：47.

② 华惠德 . 华南女子大学［M］. 朱峰，王爱菊，译 . 珠海 . 珠海出版社，2005：119.

③ 教育部教育年鉴编纂委员会 . 第二次中国教育年鉴［G］. 上海：商务印书馆，1948：665—666.

④ 刘国钧 . 金陵大学图书馆迁蓉经过及工作状况［J］. 中华图书馆协会会报，1942，16（3/4）：11.

⑤ 陈艳芬 . 抗战时期的福建私立大学图书馆（1937—1945）［J］. 农业图书情报学刊，2010，22（10）：278.

⑥ 黎洁华 . 抗日战争时期中山大学图书馆遭劫记［J］. 广东党史，2006（6）：47.

沦陷后，这些图书散失殆尽。[①]北洋大学除了事先抢运出来寄存在英租界兴华公司的两百箱资料、仪器、实验药品外，其余图书、设施均被破坏。[②]诸如此类，尚有很多，国民政府也承认："当时平津京沪各地之机关学校均以变起仓促，不及准备，其能将图书仪器设备择要运内地者仅属少数，其余大部随校舍毁于炮火，损失之重，实难估计"[③]。

教会大学图书馆并不因为大学有宗教背景而比公立或私立大学损失小。燕京大学战后统计，图书馆藏书共丢失了 31907 册，占总量的十分之一，最令人痛心的是其中的西文东方学书籍不知所踪。[④]日军进驻上海沪江大学后，抢掠了遗存在图书馆的全部书籍和仪器。福建协和大学图书馆遗留的图书、仪器、标本、校具以及一切固定设备等尽数被抢掠，其中包括珍贵的夏商周以来的瓷器、铜器、陶器、石斧等文物 3600 余件，中西文图书直接损失合计 10204 册，中西文期刊 13142 册[⑤]。华南女子大学内迁后，图书馆在战火中被焚毁，大量图书有的被烧为灰烬，有的被日军掠走，看情形是"拿去当柴烧"[⑥]。被称为"远东最好的图书馆之一"的之江大学图书馆虽然建筑物只碎了几块窗玻璃其余基本完好外，家具、书架等去向不明[⑦]，除了内迁时抢运出来 1500 余册西文书外，其余 28000 多册悉数被掠毁[⑧]。东吴

① 李嘉琳．山西大学图书馆史［M］．太原：三晋出版社，2012：23.

② 北洋大学—天津大学校史编辑室．北洋大学—天津大学校史．第一卷．(1895 年 10 月—1949 年 1 月)［M］．天津：天津大学出版社，1990：233.

③ 教育部教育年鉴编纂委员会．第二次中国教育年鉴［G］．上海：商务印书馆，1948：10.

④ 张玮瑛，王百强，钱辛波．燕京大学史稿 1919—1952［M］．北京：人民中国出版社，1999：421.

⑤ 协大概况［J］．协大校刊，1948，30（2）.

⑥ 华惠德．华南女子大学［M］，朱峰，王爱菊，译．珠海：珠海出版社，2005：120.

⑦ 队克勋．之江大学［M］，刘家峰，译．珠海：珠海出版社，1999：106.

⑧ 之江大学图书馆概况（A）．浙江省档案馆，卷宗号：C052—1—1—101.

大学“所有有价值的科学书籍，所有百科全书、词典以及其他现代参考书籍、装订成册的期刊等等都已被日本人抢走了”①。金陵大学图书馆特藏的美国国会图书馆所印卡片式目录、珍藏的价值连城的殷墟甲骨250片和有关殷墟文字的书籍全部遗失。图书被掠毁得最严重的是金陵女子大学图书馆。太平洋战争后，学校成为日军司令部，校舍成了马厩。战后，除了建筑尚存，其他的一切包括图书在内，星点皮毛也不剩，空留一座校园。被掠去的其中10万册图书很快出现在市面上，叫价伪币1500元。后来虽然追回了5万册，但其中“不少价值无限之珍藏，与全部之百科全书”②遗失殆尽。

战乱中偷盗大学图书馆图书和文物的不仅有日本人——北洋大学图书馆的一批珍贵图书资料被日军驻津长官甲第1800部队澄山队陆军中尉甲斐隆敏窃取并运回了日本③，也有监守自盗的美国人——福建协和大学留守的沙惠隆将偷盗的古文物，包括福建县志、古铜器、瓷器、陶器等装了二十几箱运回了美国④。尽管太平洋战争前，上海交通大学图书馆因为在租界内而暂时没有遭到骚扰，但馆藏一直被日本人觊觎着。他们想方设法据为己有，先后两次在《大陆新报》《新申报》登载消息，声称交通大学将出卖图书，欲以此造成既定事实，从而以购买的方式转移图书的所有权。

千山万水长途跋涉的内迁过程因为受到环境、气候、运输的影响，所造成的图书毁损流失也很严重。厦门大学图书馆迁往长汀时，途经

① President’s Report for 1942. 耶鲁大学图书馆 . Achives of the UBCHE. 1942，123：430. 转引自王国平 . 博习天赐庄：东吴大学［M］. 石家庄：河北教育出版社，2003：128.

② 金陵女子学院图书被敌盗卖［J］. 中华图书馆协会会报，1945，19（4 / 5 / 6）：9.

③ 北洋大学—天津大学校史编辑室 . 北洋大学—天津大学校史 . 第一卷 . 1895年10月—1949年1月［M］. 天津：天津大学出版社，1990：335.

④ 郑贞文 . 在福建教育厅任职的回忆［G］// 中国人民政治协商会议福建省委员会文史资料研究委员会 . 福建文史资料 . 第12辑 . 1986：32.

之江大学图书馆。

汀江，遭遇洪水，53箱图书不幸被冲走。[1]武汉大学图书馆在西迁途中，停泊于宜昌长江江面的船只被炸毁，140余箱7400余册珍贵图书资料和精密仪器毁于战火，另有97箱图书落水受潮后发霉腐烂。[2]金陵大学图书馆历时3个月，行程4000余里抵达成都，长途运输，图书难免受损，不是长霉就是破损。

高校的大规模内迁，虽然会有损失，但面临毁灭性破坏的侵略，仍不失为保存中国文化、保护知识分子、延续中华教育的最好办法，也是抗日救亡的迂回方式。而此悲壮举措的实施，出自国民政府“战时须作平时看”的教育方针，也是基于“一切仍以维持正常教育为其主旨”的教育为上的基本认识。蒋介石也因此在1939年3月4日第三届全国教育会议上这样说：“总而言之，我们切不可忘记战时应作平时看，切勿为应急之故而就丢却了基本。我们这一战争，一方面是争取民族生存，一方面就要于此时期中改造我们的民族，复兴我们的

① 冯志．抗战时期我国的图书及图书馆事业［J］．四川图书馆学报，2006（2）：58.

② 邓珞华，林生．励精图治，屡厄屡兴——1893—1949年间的武汉大学图书馆［J］．武汉大学学报（哲学社会科学版），2005，58（6）：876.

之江大学图书馆介绍。

国家。所以我们教育上的着眼点，不仅在战时，还应当看到战后。”①

除了位于沈阳的东北大学早在“九一八事变”后即迁往北平外，抗战时期的大学内迁主要分为两个阶段：一是1937年7月“七七事变”，全面抗战开始；二是1941年年底“珍珠港事件”，太平洋战争爆发。前者主要涉及平津沪宁杭，以及武汉、长沙、广州、福州等地区的公立和私立大学；后者主要涉及有英美背景的教会大学。内迁方向分为南迁和西迁。对于大多数东部地区的大学来说，西迁是它们的唯一选择。在教育部的统一安排下，同样地处京津地区的大学，北京大学、清华大学、南开大学组成联合大学南迁长沙；北洋工学院（前身是北洋大学）、北平师范大学、北平大学组成联合大学西迁西安。它们是最早的一批内迁的大学。其后，中央大学、金陵大学、金陵女子大学、复旦大学、武汉大学、齐鲁大学等西迁四川，岭南大学南迁香港，厦门大学、福建协和大学、华南女子大学等内迁福建山区；华中大学内迁中缅边境。

① 蒋介石．第三届全国教育会议开会训词．抗战建国论［M］．上海：现代文化出版社，1939：92.

太平洋战争后，美日全面开战，所有教会大学原来因为有美国背景而保持了四年的相对安宁被打破。自抗战爆发后在校长司徒雷登的紧急处置下，一直悬挂美国国旗而暂时安全，教学得以维持的燕京大学也不得不仓促西迁成都；在上海，没有了租界保护，暨南大学不得不南迁福建北部；从杭州迁来的之江大学二次迁移；沪江大学、东吴大学先停办，再西迁重庆；香港沦陷，已经迁来此地的岭南大学又走上了逃亡之路，回迁广东韶关。

也有一些大学比较特殊，像山东大学，它先迁川东万县，后解散。而华西协合大学和圣约翰大学自始至终没有离开过原地：前者因为地处偏僻西部的成都，不但没有搬迁过，反而接待容纳了另外几所逃难来的大学；后者是唯一一所在整个抗战时期完全在沦陷区继续开门办学的教会大学。

作为大学不可或缺的教学科研辅助单位，图书馆随所在大学南移西迁颠沛流离是自然的。甚至于如同部队开拔的“兵马未动，粮草先行”，图书馆的图书仪器搬迁往往作为学校迁徙的首要考虑。比如，河南大学在决议迁往豫南后，图书馆馆长李燕亭率先前往镇平挑选馆址。对于大多数大学来说，随着战事的不断变化而不得不辗转迁徙，图书馆也一再搬迁。如河南大学图书馆的部分图书先迁豫南鸡公山，豫南被日寇侵犯，它只得又迁汉口，政府政策有变，再迁镇平，然后是豫西嵩县，豫西淅川，陕西宝鸡；浙江大学图书馆历经浙西建德，赣中吉安，赣南泰和，桂北宜山，黔北遵义等地；中山大学图书馆先后在粤西罗定，云南澄江，粤北坪石镇，粤北连县，粤北仁化，粤东兴宁，粤东梅县落脚；“七七事变”后，东北大学图书馆在北平也无法立足了，先是迁往开封，后迁西安，最后停留在川北三台。同济大学图书馆先迁上海市区，接着辗转金华、赣州、昆明、川南宜宾和南溪。

重庆、成都、昆明是抗战时期大学和大学图书馆的三个主要集中地。中央大学、复旦大学、交通大学、沪江大学、之江大学落脚重庆。燕京大学、金陵大学、金陵女子大学、齐鲁大学、北京协和医学院、东吴大学、华西协合大学在成都。北京大学、清华大学、南开大学在昆明组成著名的西南联合大学。也在昆明办学的还有中法大学。除了华西协合大学，无一例外的，它们在分别抵达重庆、成都、昆明之前，都经历了辗转迁徙的过程。以之江大学和东吴大学为例，前者历经建德、屯溪、邵武、贵阳；后者则先后在湖州、屯溪、上海、金华、邵武、南平、曲江、桂林停留。

仓促逃难，往往难以对校址和馆址进行选择。在困境中，有些大学不得不分散迁徙，甚至于一图书馆的图书有时也不得不拆分搬迁。比如，1937 年 8 月全面抗战爆发初期，山西大学将文学院迁往运城，法学院迁往平遥，校部和理工学院迁往临汾，图书馆的藏书按文学、法学、理学分为三个部分随三个学院迁移[①]；河南大学在 1937 年 12 月底将校本部和文学院、理学院、法学院迁往豫南的鸡公山，将医学院、农学院迁往豫西南的镇平，图书馆的藏书分装打包后，分别运往两个地方。为便于保管，运至鸡公山的图书又不得不分为两部分，一

在抗战中被炸毁的上海同济大学图书馆。

① 李嘉琳 . 山西大学图书馆史［M］. 太原：三晋出版社，2012：23.

部分运到山上，一部分放在山下农村。豫南战事吃紧时，鸡公山的藏书又随文、理、法学院迁往镇平，与镇平的医、农学院藏书合并。镇平所在的南阳沦陷后，河南大学再迁嵩县。除医学院留在县城外，文、理、农三个学院继续前行至潭头镇。图书馆的总馆设在潭头镇的上神庙，另设四个分馆，即医学院分馆、理学院分馆、农学院分馆、文学院分馆（在总馆内）。[①]

炮火连天下的辗转迁徙、分散搬迁也是图书损失的一个重要原因。但即便如此，就像大多数大学从未放弃过教学一样，大学图书馆始终坚持开馆为教学服务。一旦脚跟稍稳，图书馆即刻开门迎接读者。而师生们此时对于图书馆，并未因生命朝夕受威胁而无法安心就座，反倒争先恐后，因为在民族的大难面前，个人对于未来的责任感都更加真切分明，而同时人生的飘忽、命运的无常、生命的脆弱等伤感与瘢痕累累的心灵创痛，也可以在领受先哲智慧中找到慰藉，即使在昏暗的光线下、烟熏火燎的气息中，水渍漫漶的纸张上。

（二）大学图书馆在颠沛流离中的生存和发展

1. 联合办学、资源共享是战时大学图书馆谋求生存和发展的方式之一

在艰苦卓绝的抗战过程中，中国的大学不但没有被摧毁，反而顽强地生存了下来，而且还有所壮大；大学图书馆一样不但没有被毁灭，反而有所发展。在战时经费奇缺，无论是馆舍还是图书仪器设备都难以得到保证的情形下，大学图书馆人凭借坚强的信念、不屈不挠的意志，在尽可能维持图书馆的正常运转基础上积极谋求发展，这不能不说是一个奇迹。在此过程中，政府和教育主管部门的努力起了重要作用。如将单个大学组成联合大学，创造了在战争的特殊时期教育不中断的有效方式，同时在极其恶劣的环境下，通过教育资源的集中利用，

① 李景文．河南大学图书馆史［M］．郑州：河南大学出版社，2012：21.

使资源共享达到最大化，而联合大学，这一大学的综合体，也成为那个年代一道壮观的景象。

（1）长沙临时大学图书馆——西南联合大学图书馆

最先组成联合大学的是北京大学、清华大学、南开大学。1937年8月中旬，在国民政府教育部的统一安排下，三所大学迁往长沙，在那里组成长沙临时大学。之前，南开大学遭到狂轰滥炸，木斋图书馆损坏严重，藏书几乎尽毁；匆忙南下，北京大学只抢运出一部分图书；清华大学早在1935年的时候秘密南运了一批珍贵的图书资料至汉口的上海银行第一仓库，战事突然，交通不便，这批书一时无法运到长沙。长沙临时大学图书馆的组建若仅靠三所大学抢运出来的极小一部分图书是无法满足师生需求的，它不得不与也迁至此的北平图书馆合作。馆长由北平图书馆馆长袁同礼兼任。双方各出开办费1万元，馆址和办公费由临大解决——总馆馆址设在长沙韭菜园原圣经学校临大本部，阅览室初时由两间教室改建，后将大礼堂也改为阅览室；第二阅览室设在湖南国货陈列馆的图书室。其他方面：职员薪金由原机关发给；各自的书籍和期刊共同使用；在购书方面，临大图书馆侧重于教学应用的参考书和教科书，北平图书馆侧重一般参考书和西文专门期刊，所购图书分别登录，各立财产簿。①

首都南京失陷后，教育部又安排长沙临时大学迁往云南。1938年4月，长沙临时大学更名国立西南联合大学，大学本部设在昆明，分部设在蒙自。长沙临时大学图书馆相应改为国立西南联合大学图书馆，总馆初时设在原昆华中学图书馆，在拓东路设立了工学院分馆，另一个分馆设在蒙自文法学院。②随着联大临时校舍设于云南省立农

---

① 韦庆媛，邓景康．清华大学图书馆百年图史［M］．北京：清华大学出版社，2013：142.

② 百年清华图书馆编写委员会．百年清华图书馆［M］．北京：清华大学出版社，2012：55.

位于云南师范大学内的原西南联大旧址。

业职业学院内，农校大礼堂便是图书馆总馆所在地。新校舍建成后，联大图书馆有了独立馆舍。抗战结束，西南联大完成了联合办学的使命，而联大图书馆便成为抗战时期存续时间最长的联合大学图书馆。

（2）西安临时大学图书馆——西北联合大学图书馆

长沙临时大学组成同时，按教育部第 16696 号令，国立北平大学、国立北平师范大学、国立北洋工学院等合组西安临时大学。西安临时大学图书馆相继成立，设总馆于西安城隍庙后街临时大学本部，同时为便利教职员及学生阅览，又设分馆于城外东北大学本校第二院，理工方面的图书均藏于此。1938 年 3 月 16 日，临时大学迁往陕南汉中一带，图书馆随校由西安移于南郑，次月又移城固。也就在这时，西

抗战爆发后，国立北平大学、国立北平师范大学、国立北洋工学院迁至西安，组成西安临时大学，后迁往城固，改称国立西北联合大学。现在西安的西北大学内，立有西北联合大学的纪念碑。此为西北大学校园内的一幢老建筑。

安临时大学更名国立西北联合大学。尽管临时大学由三所国立大学，还有北平研究院等单位合组，但图书馆只有区区三千余藏书。因为珍贵，所以无论是图书馆管理人员还是师生均视若宝物，倍加爱惜。虽然辗转迁徙，“经行千里，历时兼旬，冒山雨重雾，而图书文件，毫无霉湿损坏”[①]。西北联合大学只维持了三个月，当年7月，改组为西北大学、西北工学院、西北师范学院、西北医学院。图书馆随之拆分。

（3）私立复旦大夏联合大学图书馆

1937年6月1日，私立上海大夏大学被命名为“黄浦烈士图书馆”

① 何日章．国立西北联合大学图书馆周年工作概况［J］．中华图书馆协会会报，1938，13（2）：5.

的新图书馆破土动工。[①] 动工典礼上校长的致辞声、师生们高唱的校歌声、噼里啪啦的鞭炮声还未消退，“七七事变”爆发，接着是“八一三”淞沪战争。教育部原拟将上海的四所私立大学，复旦大学、大夏大学、光华大学、大同大学合组为联合大学内迁。迫于经费压力，光华大学和大同大学不得已退出了联合。复旦大学和大夏大学筹划联合同时，着手搬运图书仪器。按照联合协议，联合大学分为两部，第一部迁至江西萍乡（或赣县），第二部迁至贵州贵阳。这就意味着，双方抢运出来的藏书既要合并又要分散：合并供联合大学共同使用；分散供给江西一部和贵州二部。

事实上，联合大学一部最后停留在庐山牯岭。无论是庐山的一部，还是贵阳的二部，都临时租赁楼房作为校舍，单独设立图书馆显然不太可能。庐山的一部租旅馆和私人公寓作为宿舍，租医院作为教室和办公室。贵州的二部，由省政府出面拨讲武堂使用。这并非长久之计，于是一部拟在九江县莲花洞附近觅一千亩之地作长久校址，申请也得到了教育部的批准。如果计划真的能够得以实施，图书馆建成指日可待。但战事又变，芜湖沦陷，南京告急，庐山也非安全之地。一部再次转移，原拟到贵州与二部合并，但行至重庆时放弃继续西行，遂在重庆北碚东阳镇下坝（后改为“夏坝”）征地建校。

两校联合后，难以协调的矛盾一直无法得到解决，除了人事安排、经费分配、校产的独立与混同、行政人员的分配与调借、学生的感情认同——复旦、大夏、联合大学学生各成一派——等方面存在分歧外，图书仪器的保管与使用也是冲突的焦点。[②] 因此，联合大学只维持了半年，1938 年 2 月，联大行政委员会决议两校分立：在重庆北碚的一部恢复为复旦大学；在贵州讲武堂的二部恢复为大夏大学。严格说

① 十三周年纪念志盛［N］. 大夏周报，1937，13（27）：631—633.

② 欧元怀. 大夏大学的西迁与复员［J］. 中华教育界. 复刊 1947，1（12）：47—49.

来，复旦大夏联合大学图书馆并未真正行使战时联合的使命。

（4）华东基督教联合大学图书馆

早在 1928 年至 1929 年间，基督教会就曾有意将上海的圣约翰大学、东吴大学、沪江大学和南京的金陵大学、金陵女子大学，以及杭州的之江大学联合起来组建一所华东地区的基督教联合大学，但这一议案由于各校意见分歧被搁置，却因为抗战的爆发而意外地得以实施。

最先搬迁至上海公共租界的是圣约翰大学，具体地点在南京路的大陆商场（后称“慈淑大楼”）。东吴大学在逃难浙江湖州一段时间后回到上海，文理学院也租借慈淑大楼内的一部分房间作为教室。之江大学被迫撤离杭州，先到建德，再到屯溪，后返回上海，在公共租界内博物院路 128 号的广学会大楼复课。沪江大学离开杨树浦地区原校址后，把位于公共租界内真光大楼的城中区商学院（简称“城商”）作为临时校舍，城商原来的图书馆作为战时沪江大学的图书馆。尽管四所大学暂时都有了栖身之地，但匆忙撤离，又几番逃难，图书资料、设备仪器等无法满足教学需要。这样的情形下，联合起来、资源共享是解决困境的不二选择。这可以从华东基督教联合大学联合章程中的“宗旨”——“在此联合起来以便办联合图书馆、联合实验室及其他此后它们所同意的事业”[①]——可以看得出来。

华东基督教联合大学图书馆的馆址设在慈淑大楼四楼，由三大间房间合并而成，一次可容纳二百多师生阅览。事实上，联合大学图书馆建立在圣约翰大学图书馆的基础之上。联合初期，另三所大学的图书占比很小，圣约翰大学图书馆因为从原校区运回了大部分的馆藏，使它得以撑起联合大学图书馆的大半江山，也实际承担了更多的资源共享的责任。因此，准确地说，联合大学图书馆的全称是圣约翰大学罗氏图书室华东教会大学联合阅览室，由圣约翰图书馆管理，其他三

① 海波士．沪江大学［M］．王立诚，译．珠海：珠海出版社，2005：142.

所大学每年向联合图书馆支付一百元并转交学生的图书费。①

显然，圣约翰大学图书馆的馆藏不足以应对四个大学师生的教学需求。在日本当局的准许下，之江大学把在杭州的科学仪器和图书运回了上海。②随后，也是经日本军方同意，沪江大学派人运出藏在校内图书馆楼梯下的将近两万册的图书。③如此一来，匮乏的馆藏稍稍得到缓解。就像之江大学图书馆馆员潘甫澄所说，除了由各个大学“贡献”出自己的馆藏供联合大学图书馆所用外，在上海的四年里，各自又购置了中西文图书，这使得“拿来做研究和参考的工具也不觉得感到缺乏”④。

华东基督教联合大学从“七七事变”到“太平洋战争”，存续了四年。在这期间，四所大学师生课程互通、自由选修，更共同使用实验室和图书馆，成为战时资源共享的典范之一。公共租界不再存在后，联合大学解体，联合大学图书馆随之解散。

（5）邵武基督教联合大学图书馆

从迁址的选择上，可见福建协和大学的远见卓识。早在 1938 年 5 月，学校便把闽北偏僻山区的一座由城墙围合起来的小型城镇邵武作为战时校舍的新址。“躲进小楼成一统”，既远离了敌机的轰炸，又避免了辗转迁徙，这就使学校保持了长时间的稳定而得以发展，以至于后来其“教学设备、图书资源、师资、学生都堪与西南联大相提并论”⑤。

太平洋战争爆发后，失去了租界保护，之江大学、东吴大学不得

① 王细荣．大世界里的丰碑——湛恩纪念图书馆的前生今世［M］．上海：上海交通大学出版社，2014：37.
② 队克勋．之江大学［M］．刘家峰，译．珠海：珠海出版社，1999：86.
③ 海波士．沪江大学［M］．王立诚，译．珠海：珠海出版社，2005：139.
④ 潘甫澄．图书馆概况［N］．之江校报，1946—10—25③．
⑤ 袁勇麟．百年协和［M］．福州：福建人民出版社，2013：21.

不撤出上海，也来到了邵武。三所大学的代表合议设立“联合大学行政委员会”，由福建协和大学林景润校长担任主席，之江大学校长李培恩为司库，东吴大学代校长沈体兰为秘书长。院系调整为福建协和大学主办文学院、理学院、农学院；之江大学和东吴大学共同主办法学院、商学院、理工学院。显然，无论从哪个方面说，福建协和大学的办学条件都要好于东吴和之江，它有教学楼、科学馆，甚至还新建了一座高智楼，那是图书馆所在地。如果联合大学顺利组建成功的话，它们必然以福建协和大学的基础设施为依托，以弥补颠沛流离的东吴和之江教学设备不足的缺憾。但由于各种原因，东吴大学分离了出去，只有福建协和大学和之江大学组成了邵武基督教联合大学。正如之江大学校长李培恩所描述的那样，两校联合后，之江大学“男女学生都住在福建协和大学的宿舍里”，双方“交换课程设备”，“参考图书和仪器设备我们都依赖福建协和，为此我们付他们一些费用”。[1]

条件不对等的联合往往会带来很多问题。在福建协和大学自身生存与发展尚能维持的时候，它与之江大学的联合自然对资源缺乏的之江大学帮助甚大，但一旦它因太多的学生涌入而面临资源危机时，本能求自保的结果是联合的根基发生动摇。1943 年秋季，也就是联合大学仅仅联合了一年后，福建协和大学不但不再允许之江大学的学生借用宿舍和教室，“也不再允许之大学生晚上借用图书馆”[2]。自此，联合大学无法再联合下去了。

（6）东吴大学与岭南大学的联合大学图书馆

太平洋战争后的东吴大学先是预备在邵武与福建协和大学（还有之江大学）联合办学，因故未能如愿。敌军迫近闽北边境，邵武危在旦夕时，东吴大学退避南平，又欲与也流亡至此的华南女子大学合作，

① 队克勋 . 之江大学［M］. 刘家峰，译 . 珠海：珠海出版社，1999：96.
② 队克勋 . 之江大学［M］. 刘家峰，译 . 珠海：珠海出版社，1999：97.

仍未成。不得不将文理学院和法学院拆分成两部分，分别再度西迁，文理学院抵达广东曲江，终于与之前由香港逃难来的岭南大学达成了联合办学的协议："由岭大主办文科……理科……东吴负主要责任。"①

从图书馆的角度说，两所学校存在相似之处：都经过反复迁徙，都有馆藏遗落在原地的历史——岭南大学借用香港大学的教室和图书馆复课后，将自己从广州南迁过来的所有藏书寄存在冯平山图书馆。香港沦陷，岭南大学又内迁曲江，匆忙间根本来不及抢运全部藏书；东吴大学辗转数地，更难以携带全部图书。两校联合办学，充分利用彼此图书资源，的确有利于双方共同发展。东吴大学在借助岭南大学的校舍维持教学同时，自己也盖了三幢教学楼，但图书馆仍然仰仗岭大。就像东吴大学代校长沈体兰所说，他们"与岭大建立了一种真诚的友谊关系"②。

只可惜，1944 年春夏，豫湘桂战役打响，5 月底，日军逼近广东。在曲江不保的危机下，广东省境内的大学奉令再迁。岭南大学、东吴大学仓促撤往桂林，联合大学大部分来不及运走的图书资料等仍然存放在曲江岭大校内。随后，前往贵阳办学的东吴大学因为拖欠贷款太多一时无力偿还，无奈在停办文理学院同时将位于曲江的校产，包括校舍、仪器，还有图书等作价 150 万元国币卖给岭南大学。双方的联合至此终结。

（7）重庆东吴沪江联合法商学院图书馆

东吴大学文理学院迁往曲江与岭南大学合作同时，法学院西迁重庆。太平洋战争爆发后，沪江大学在短暂停课后，也西迁重庆。1943 年春，教育部批准东吴大学和沪江大学联合办学。两校随即在位于磁

① 王国平 . 东吴大学简史［M］. 苏州：苏州大学出版社，2009：148.

② 东吴大学代理校长报告 . 1943.3.10. 苏州大学档案馆藏档，3 永 39. 转引自王国平 . 东吴大学简史［M］. 苏州：苏州大学出版社，2009：148.

器街特十五号的重庆卫理公会社交会堂原址废墟上修建了几幢校舍，分别借各自法学和商学的优势，联合成立“东吴沪江联合法商学院”。1945 年 8 月，之江大学工学院加入法商学院，联合大学因此改称“东吴沪江之江联合法商工学院”。

之江大学工学院加盟之前，联合法商学院法学院由东吴大学负责；商学院方面以沪江大学为主。既然是“联合”，那么，尽管法学院院长由东吴大学的盛振为担任，商学院院长由沪江大学的凌宪扬担任，但校务委员会则是由两校校长、教务长和校董代表共同组成，而统一教务处下设一个图书管理组负责图书室相关事宜。联合法商学院组建后最大的困境是没有一座像样的图书馆。日后，图书馆的建设有赖于资金募集，而募集的方式则是学生公演话剧《还乡记》。为此，联合法商学院特别组建了演出委员会，成员除了院长、知名教授外，还有鼎鼎大名的冯玉祥、孔祥熙。而著名戏剧家焦菊隐则被邀请来担当话剧导演①。如此强大阵容保证了资金募集的号召力，目标很快完成，图书馆因此建成。

（8）华东大学图书馆

太平洋战争爆发后，东吴大学实则被拆分成了几个部分，文理学院的一部分师生迁徙曲江，法学院的一小部分师生在盛振为院长的带领下撤离至重庆，而文理学院一部分师生、法学院大部分师生则留在了上海。为避人耳目，法学院以“中国比较法学院”之新校名，借用南洋路爱国女子中学校舍，以“补习班”的名义顽强复课。文理学院的有些班级纷纷效仿，也另觅地点秘密复课。

1943 年 6 月，东吴大学留在上海的文理学院与滞留上海的之江大学部分师生联合开办华东大学。这一联合既“结束了两校留沪师生

① 王细荣．大世界里的丰碑——湛恩纪念图书馆的前生今世［M］．上海：上海交通大学出版社，2014：39—40.

分散的局面”[①]，也在客观上整合了零散的资源。学校不设校长，由一个联合委员会具体管理日常事务，训育委员会、学生部、总务处、辅助委员会等共同构成联合大学的行政机构，而图书馆则属于总务处管辖。

（9）成都华西坝五大校联合图书馆

西南联合大学固然以其“内树学术自由，外筑民主堡垒”之美誉至今为人传诵。但抗战时期，教育文化界，不只有一个西南联大。论那时“全国文化最大的堡垒”[②]，非华西莫属。四川得天独厚的自然条件使得它理所当然地成为抗战时期大学内迁的主选之地，其中重庆、成都接待学校最多。而先后在成都复课的内迁大学共有 8 所，南京来的金陵大学、金陵女子大学；山东来的齐鲁大学；太平洋战争爆发后来的燕京大学，连同原本就在成都的华西协合大学合组成了名噪一时的“五大学”。

五大学联合办学，主要依托的是华西协合大学的教学资源。从图书馆这个角度说，华西协合大学未曾遭到敌机轰炸，保存完好。首先，馆舍齐备，既有位于校内的总馆，也有化学室的理化院图书馆分馆、新医院的医牙图书馆分馆、位于成都市城内四圣祠街联合医院的图书馆分馆、位于陕西街存仁医院的图书馆分馆。其次，购书经费充足。联合之前，它先得到文化基金委员会补助美金 3000 元，后得到补助国币 18600 元，均作为医牙学院购置图书之用。[③]联合后，除了由金陵大学、金陵女子大学提供的一部分图书外，其余都由华西协合大学图书馆提供给联合大学学生借阅。

---

① 王国平．东吴大学简史［M］．苏州：苏州大学出版社，2009：154.

② 张丽萍．中西合冶：华西协合大学［M］．成都：四川出版集团巴蜀书社，2013：430.

③ 郭明蓉．中国高等教育发展进程中的高校图书馆研究［M］．成都：四川人民出版社，2009：238.

西南联大的图书馆已荡然无存，这是一幢幸存下来的教室。

华西协合大学以其宽厚的胸怀接纳了内迁来的大学，并为他们提供极大的帮助。金陵大学最先抵达成都，图书馆职员很快被安排进华西协合大学图书馆。“他们将剩下的书籍装入自己的行李箱内，把箱盖打开，然后把它们置于一个相当黑暗的楼梯过道处和一个狭窄的地下室小巷里。在这个狭小的隔离空间里，我们能够把书籍进行归类。金陵的职工们已经收藏了金陵大学的 11199 册中文书籍和 3577 册西文书籍，还有数量为 2109 册的几种文字的手册和期刊，他们已经成功地把这些书籍放在随时都能够找到位置的地方。甚至在这拥挤的情况之下也没有发生过一次小小的失误。”[①] 华西协合大学图书馆敞开

① 黄思礼．华西协合大学［M］．秦和平，何启浩，译．珠海：珠海出版社，1999：132.

馆门，五大校馆际互借、资源共享，一定程度缓解了内迁来的四所大学的借阅压力。《燕京大学》一书记载：“华西坝校园内有一座五所大学共同使用的理科图书馆。”①

战时大学图书馆的资源共享不同于当代大学图书馆的馆际合作，甚至不局限于互通有无、馆藏互补、提高藏书利用率，而是求生存谋发展的一种不得已的方式。在民族危亡的非常时期，被迫流亡的大学图书馆如果不借助于彼此合作与联合，生存都是一个问题。尽管各种形式的联合大学在联合时面临许多困难和挑战，也出现过矛盾和分歧，但不可否认，“联合”有助于它们的生存，甚至发展。联合大学图书馆利用馆际互借弥补了各自馆藏不足的缺陷，从而维持了教学的持续进行，有效阻止了中华民族教育的中断，其意义非同一般。

2. 新建馆舍，增加藏书，重立规章：大学图书馆困境中谋求发展

炮火中流亡逃难，南迁西移，大学图书馆无不伤痕累累。无论是一次迁徙的武汉大学、厦门大学、福建协和大学等，还是多次辗转的东吴大学、之江大学、浙江大学等，不管落脚大后方的重庆成都昆明，还是在人迹罕至的偏僻山村停留，每个大学都面临经费拮据、校舍不敷使用、图书馆因此难觅馆舍、藏书不足的现实困难。环境恶劣、条件艰苦是内迁后大学图书馆的普遍状况。但劣境中的顽强坚持，也是大学图书馆的普遍生态。

（1）经费

尽管西南联大图书馆1938年每月购书预算为4300元，但实际只得到1868元；1939年每月购书预算为5966元，实际只得到2982元。②迁渝后的中央大学图书馆一样面临经费奇缺的困境，“据1945年年

① 艾德敷．燕京大学［M］．刘天路，译．珠海：珠海出版社，2005：315.

② 韦庆媛，邓景康．清华大学图书馆百年图史［M］．北京：清华大学出版社，2013：136.

度校内预算分配草案表记载，用于图书馆的经费共 55000 元，占全校总经费尚不到 2%”[①]。交通大学图书馆在 1938—1939 年间，只有国币 754.34 元可供购买图书，“较之战前岁费国币三万元之谱相差何啻霄壤”[②]。河南大学因为图书经费锐减，以至于无力偿付在国外订购图书的款项。一笔 275 马克 10 分的书款拖延到 1940 年，德国壁恒书店忍无可忍，上诉到大使馆，大使馆出面致函中国政府教育部催款。[③]燕京大学“按各系学分、学生比例分配购书经费”[④]。为节省费用，四个学生共用一册教科书；报刊订阅严格限定在两份，一份供阅览，一份保存。岭南大学南迁香港后，校长李应林在一次电台演讲时，直言大学最大的困难在于“经济”：“本年度预算不敷港币九万余元。由于经济的支绌，教职员甚至几折支薪。”[⑤]

内迁后的大学图书馆办馆经费主要依赖于中央政府拨款。以交通大学图书馆为例，迁址重庆后，“图书经费主要来自于教育部拨发的专门经费”。位于小龙坎的交通大学分校在 1941 年第二学期第一次教务会议上明确决议：学校指定图书经费每月两千元内不得移作他用[⑥]。其实严格说来，政府下拨的款项并非直接划拨到图书馆的账上，而是由学校按一定的比例发放。山西大学“每年也拨有一笔专款购买

---

① 张厚生．东南大学图书馆志要［M］// 东南大学图书馆．书林望道．南京：东南大学出版社，2008：5.

② 图书馆年报 1938—1939［G］// 交通大学校史撰写组．交通大学校史资料选编 1927—1949. 第二卷．西安：西安交通大学出版社，1986：323.

③ 李景文．河南大学图书馆史［M］．郑州：河南大学出版社，2012：28—29.

④ 张玮瑛，王百强，钱辛波．燕京大学史稿 1919—1952［M］．北京：人民中国出版社，1999：423.

⑤ 李应林．抗战中的基督教大学——4 月 25 日在香港播音台讲词．岭南大学校报．私立岭南大学编印，1940—4—29（港刊 62，同学特刊 5）：422. 转引自孟雪梅．近代中国教会大学图书馆研究［M］．北京：国家图书馆出版社，2009：59.

⑥ 陈进．思源籍府 书香致远：上海交通大学图书馆馆史［M］：1896—2012. 上海：上海交通大学出版社，2013：105.

图书设备"[①]。图书馆自身也广开财路，积极争取补助。厦门大学迁往长汀后，利用中英庚款委员会4万元的补助购置图书、订阅刊物，使馆藏在1939年底时突破了8万余册；1941年，又向中英庚款委员会和教育部申请到一批补助，购置了相当于国币46万元的仪器和图书。[②]对于教会大学来说，利用差会补助资金的一部分，也可以部分填补购书经费的缺口。沪江大学就曾经从美国南浸礼会所补助的资金中拨出一万美元用来购买图书。

积极筹措经费是战时大多数大学图书馆的不二选择，而募集是最普遍使用的筹集资金的方式。募集包括直接和间接两种。直接方式既有以宣传、号召的手段动员师生、校友、社会人士捐款，也不拒绝外援和资助。交通大学图书馆有募捐建设图书馆的传统，战时内迁重庆后，为解决购书经费紧张，又发起过几次募捐活动：1943年，校友袁家鼎在致校图书仪器募集委员会函中表示对母校发起募集基金活动，"自应各尽绵薄以襄盛举"[③]。1945年5月，资源委员会驻美技术团、交大留美同学会会长陈良辅致函吴保丰校长，函述"为母校献金活动"两年间，募得共2000美元，拟用一半在美购实用之工程手册等图书。在此过程中，私人名义的捐赠占比也不小。比如，中国兴业公司程东臧捐赠国币5万元、吴蕴初捐赠10万元等[④]。上海华东基督教联合大学成立后，联合图书馆获得美国校董联合会15000美元的

① 李嘉琳．山西大学图书馆史［M］．太原：三晋出版社，2012：25.

② 洪永宏．厦门大学校史：1921—1949第一卷［M］．厦门：厦门大学出版社，1990：205.

③ 校友袁家鼎等致校图书仪器募集委员会函［G］．交通大学校史撰写组．交通大学校史资料选编1927—1949第二卷．西安：西安交通大学出版社，1986：419.

④ 陈进．思源籍府 书香致远：上海交通大学图书馆馆史：1896—2012［M］．上海：上海交通大学出版社，2013：106.

拨款支持[①]。基督教会在海外的募捐对中国教会大学也有不小的帮助，之江大学曾经受益。[②]重庆东吴沪江联合法商学院对外公演话剧《还乡记》以筹集资金用于建设图书馆便是间接募集方式的典型。总之，政府拨款、差会资助、团体补助，以及募集、捐赠等共同支撑了大学图书馆战时的生存与发展。

（2）馆舍

离开故土，抛下原校舍，辗转迁徙，逃难来到大后方，起初，大学图书馆普遍遭遇没有独立馆舍，或者阅览室狭小逼仄的窘境。即便像圣约翰大学那样只搬迁到公共租界，也难逃狼狈。租住大陆商场，它只租用了16间房，一间小小的阅览室只能容纳50人，图书馆的目录、参考书、油印机和文具等只能存放在教工办公室。[③]无论是金陵大学、金陵女子大学、齐鲁大学，还是燕京大学，初到成都都没有自己的独立馆舍：金陵女子大学图书馆不得不栖身于华西协合大学图书馆总馆一角；燕京大学借华英女中校舍复课，图书馆只有房舍一间。[④]华南女子大学迁到南平后，先是租借当地教会和私立剑津中学的房屋作为校舍，后来向美以美会借地添建一座楼房。这仅有的一座楼房聚集了礼堂、办公室、教室，还有图书馆。说是“图书馆”，实则一间房间。该校英文系教授爱以利（Reik）曾报告说：“图书馆极小，除了书架外，最多只容得下图书馆馆员和三位学生。”[⑤]福建协和大学迁到邵武后，借用当地公理会的教育设施，汉美楼二层的一个房间便是图书馆所在

---

① 王细荣．大世界里的丰碑——湛恩纪念图书馆的前生今世［M］．上海：上海交通大学出版社，2014：37.

② 队克勋．之江大学［M］．刘家峰，译．珠海：珠海出版社，1999. 87.

③ 赉玛丽．圣约翰大学［M］．王东波，译．珠海：珠海出版社，2005：181—182.

④ 张玮瑛，王百强，钱辛波．燕京大学史稿 1919—1952［M］．北京：人民中国出版社，1999：423.

⑤ 华惠德．华南女子大学［M］．朱峰，王爱菊，译．珠海：珠海出版社，2005：74.

地，一排书架作为隔断，一半是书库，一半是只能容纳80人的阅览室。不只是教会大学，公立和私立大学也一样在内迁初期面临没有图书馆馆舍的尴尬。北洋工学院、北平大学、北平师范大学组成临时大学，匆忙内迁西安，每个学校都“囊中一贫如洗”“图书资料绝少带出”“一时间临大校舍、设备、图书等全面告急”“教舍分散，狭小，没有图书馆”①。在交通大学图书馆1938—1939年年报中，直言经费和馆舍是两大困难，因为“缺乏房屋”，所以分别存放在震旦大学新厦西五楼、震旦大学东校第三号房间的图书和杂志“均无法迁移”。②

将废弃教堂、庙宇、藏书楼、祠堂、会馆、窑洞等充当图书馆馆舍是当时不少大学图书馆采用的临时救急办法。由西北联合大学拆分出来的西北工学院落脚陕西城固县古路坝后，将当地一座天主教堂作为校舍，其中一间小教堂用作图书馆，阅览室兼有会议室的功能。③河南大学辗转迁移到河南西部的嵩县潭头镇，图书馆的总馆就设在镇上的上神庙的大殿里，装书的木箱一层层摞起来便成了书架。④武汉大学迁往四川乐山后，校总部设在城内文庙，图书馆总馆则安在文庙内的大成殿。在江西泰和时，浙江大学在城西2.5公里的上田村安营扎寨，上田村有新村和老村之分，图书馆设在新村趣园内的遐观楼。这是当地萧氏宗族的藏书楼。泰和不保时，浙江大学又迁宜山，图书馆设在宜山文庙；再迁贵州遵义和湄潭，图书馆总馆设在遵义新城何家巷的江公祠，湄潭分馆设在文庙，永兴分馆设在九皇阁。⑤厦门大

① 北洋大学—天津大学校史编辑室．北洋大学—天津大学校史．第一卷（1895年10月—1949年1月）［M］．天津：天津大学出版社，1990：235.

② 图书馆年报1938—1939［G］// 交通大学校史撰写组．交通大学校史资料选编1927—1949第二卷．西安：西安交通大学出版社，1986：324.

③ 同①.

④ 李景文．河南大学图书馆史［M］．郑州：河南大学出版社，2012：21.

⑤ 缪家鼎，夏勇，竺海康．浙江大学图书馆百年发展历程——为浙大百年校庆而作［J］．浙江高校图书情报工作，1997（1）：2.

学迁长汀后，校址在北山（又称“龙山”）文庙、万寿宫（即“江西会馆”）一带，而图书馆先设在校舍内，后因为学生人数激增，馆舍不敷使用而“移至校舍后方龙山山麓之万寿宫”[①]。山西大学关闭两年后，于 1939 年 12 月在陕西三原复课，随即迁宜川秋林镇虎啸沟，两孔窑洞便是图书馆所在地，一孔作为书库，一孔作为办公阅览室。

馆舍面积的局促严重限制了学生对图书馆的利用。迁往乐山的武汉大学图书馆不能满足学生需要，于是城墙上、茶馆里随处可见读外语、读书自习的学生。暂避公共租界的交通大学图书馆由于图书、杂志分置各处，师生查阅十分不便，有的只能由馆员代为查找，确需自己查找的还得由馆员在侧陪同，以免翻乱或遗失。有时，馆员为查找一本书不得不花上一天时间[②]。迁至南平的华南女子大学学生不得不在考试前借“走廊、楼梯、餐厅、任何可以念书的地方”[③]复习功课。

馆舍对于图书馆来说是必备的硬件，一旦环境允许、条件具备、经费到位，大学图书馆最先解决的便是馆舍的建设问题。事实上，在熬过了抗战初期南迁西移的混乱和狼狈后，无论是在相对安全的大后方复课，还是在偏远的深山林区重新教与学，逐渐稳定下来的大学图书馆先后进入建设和发展的轨道。从馆舍建设方面说，有的图书馆增加馆舍面积，有的图书馆直接新建馆舍。比如，迁往南平的华南女子大学图书馆 1938 年时只“在一间小课室中”，1943 年时，藏书空间得到很大提升，容纳了中文藏书四万余册、英文藏书三万六千余册；阅览室扩充为两大间，分别供新生、二年级学生和三四年级学生使

---

① 母校迁汀后之图书馆［J］. 厦大通讯，1940，2（3/4）.

② 陈进 . 思源籍府 书香致远：上海交通大学图书馆馆史：1896—2012［M］. 上海：上海交通大学出版社，2013：100.

③ 华惠德 . 华南女子大学［M］. 朱峰，王爱菊，译 . 珠海：珠海出版社，2005：74.

用。[①] 长汀的厦门大学将馆址迁到万寿宫后，“面积大前数倍”[②]。

而西南联合大学、武汉大学、复旦大学、山西大学、福建协和大学等都在异地他乡新建了图书馆馆舍。

1939 年夏，西南联大在昆明大西门外的西郊建成了新校舍，图书馆有了独立馆舍，而且是新校舍中最壮观最醒目的标志性建筑。据从西南联大毕业的学生回忆，西南联大的新校舍由数幢土坯平房组成，用来区别功能的只有屋顶：茅草屋顶的是学生宿舍和办公室；铁皮屋顶的是教室；瓦盖的，一是东西两个食堂，一是外观最高大的图书馆。新图书馆设有大阅览室一间，可一次容纳 500 多人；期刊阅览室一间；书库一座，可容纳图书 5 万余册；期刊库一座；办公室四大间。[③] 四川乐山的武汉大学在经费十分困难的情况下，仍然新建了一幢图书馆楼（被称为“图书馆第二部”），还修理了理工图书室。[④] 在重庆夏坝与大夏大学分离后的复旦大学，图书馆先栖身大礼堂一角，照常开放，后由前校长马相伯捐资，新建了一座独立馆舍，定名“相伯图书馆”。1943 年下半学期，新馆开门迎客。这被认为是复旦大学“图书馆新生命开始之时期也”[⑤]。山西大学 1943 年秋由省立改为国立后，办学经费更加充沛，对原校舍进行了全面整修，新建图书馆 5 座。[⑥]

福建协和大学刚搬到邵武时，图书馆只有大房一间。1940 年，学校新建了图书馆独立馆舍，以协大第二任校长高智的名字命名为“高

---

① 华惠德 . 华南女子大学［M］. 朱峰，王爱菊，译 . 珠海：珠海出版社，2005：87.

② 母校迁汀后之图书馆［J］. 厦大通讯，1940，2（3/4）.

③ 百年清华图书馆编写委员会 . 百年清华图书馆［M］. 北京：清华大学出版社，2012：60.

④ 邓珞华，林生 . 励精图治，屡厄屡兴——1893—1949 年间的武汉大学图书馆［J］. 武汉大学学报（哲学社会科学版），2005，58（6）：877.

⑤ 舒纪维 . 国立复旦大学相伯图书概况［J］. 中华图书馆协会会报，1943，18（2）：11—12.

⑥ 李嘉琳 . 山西大学图书馆史［M］. 太原：三晋出版社，2012：28.

智楼”。图书馆的面积一下子扩展到“5000余方尺，分阅览厅、阅览室、书库二间、指定参考书室、办公室一间亦兼作中文善本书库”[①]。其中阅览厅可容纳180人，扩建后可容纳520人；阅览室可容纳50人。图书馆面积的扩大一方面极大满足了师生的需求，另一方面也足以将遗留在福州魁歧校区图书馆的藏书运来收藏和利用：新馆建成后，在馆长金云铭的安排下，雇了20条木船，将原馆藏所余的全部中文书搬运至邵武。到1943年时，图书馆的馆藏已经高达13万余册，比华西坝的五大学之联合大学还多“五倍”，因而获得“战时中国最完备者之一”[②]图书馆的美誉。

受限于紧缺的建设用地，战时不少大学的校舍不得不分散各地，而在图书馆总馆下设分馆也是大学发展图书馆的举措之一。长沙临时大学在韭菜园原圣经学校临大本部设图书馆总馆，在文学院所在的南岳衡山原圣经学校分校设分馆。昆明的西南联大分别设立工学院分馆、蒙自文法学院分馆。因为昆明经常遭到敌机轰炸，1940年11月，西南联大将一年级新生和先修班学生迁往四川叙永，成立叙永分校，图书馆叙永分馆由此设立。迁至重庆沙坪坝的中央大学也在柏溪分校、成都分校、贵阳实验学校设立了3个分馆。浙江大学迁广西宜山时，在龙泉设立分校，那里便设立了图书馆分馆；迁至贵州遵义时，分别在湄潭、永兴设立分馆。河南大学迁到嵩县潭头镇后，位于上神庙的图书馆总馆下又有嵩县县城的医学院分馆、大王庙村的农学院分馆、潭头党村的理学院分馆。

馆舍面积的扩大、独立馆舍的新建、分馆的设立等，显示了大学对图书馆的重视。即使在战争时期，大学依然牢记“图书馆是大学的

---

① 陈艳芬 . 抗战时期的福建私立大学图书馆（1937—1945）［J］. 农业图书情报学刊，2010，22（10）：279.

② 我们的图书馆［J］. 协大周刊，1944，22（2）：1.

心脏”。这个百年不变的理念是战时大学图书馆发展的基本保证。

（3）图书

燕京大学图书馆迁至成都时只有 525 册[①]的藏书量很能反映战时大多数大学图书馆的藏书状况。或许 525 这个数字有些出奇，但不必怀疑匆忙逃难迁徙的大学图书馆退避大后方初期，藏书是如何捉襟见肘的。长沙临时大学在南岳衡山圣经学校分校的图书馆分馆图书资料一度不敷使用，以至于分校的文学院院务委员会致函校本部恳请总馆，“所有关于文学、哲学、心理、教育之杂志，无论其归何处所有，请借至分校图书馆陈列”[②]。西南联大图书馆在昆明开馆时，藏书中还有从中央研究院心理研究所、社会研究所、历史语言研究所借用过来的总计 900 多箱的图书杂志[③]。武汉大学图书馆缺图书少资料，有的教科书只能以油印讲义替代。西北联合大学拆分后，西北工学院图书馆的藏书“主要来自私立焦作工学院的 13101 册，其余为东工（东北大学工学院）、平工（北平大学工学院）和其他方面借入……购入很少”[④]。因为图书种类和数量有限，几个学生共用一本书的情景在许多大学都出现过。在燕京大学，4 人共用一本教科书；在武汉大学，“有时一个人借来的书，其他人利用晚上休息时间抄写重要段落，以解燃眉之急”[⑤]。在西南联大，以“代代相传”的方式使用教科书，也就

① 张玮瑛，王百强，钱辛波．燕京大学史稿 1919—1952［M］．北京：人民中国出版社，1999：423.

② 长沙临大文学院院务委员会关于图书不敷应用函常委会（1937.11.23.）［G］// 林丽生，杨立德．国立西南联合大学史料六．经费、校舍、设备卷．昆明：云南教育出版社，1998：278.

③ 百年清华图书馆编写委员会．百年清华图书馆［M］．北京：清华大学出版社，2012：55.

④ 北洋大学—天津大学校史编辑室．北洋大学—天津大学校史．第一卷．（1895 年 10 月—1949 年 1 月）［M］．天津：天津大学出版社，1990：299.

⑤ 邓珞华，林生．励精图治，屡厄屡兴——1893—1949 年间的武汉大学图书馆［J］．武汉大学学报（哲学社会科学版），2005，58（6）：877.

是高年级的学生用过的教科书，低年级的学生接着用。[①]

自己编教材和“盗版”是大学图书馆解决藏书量不足的一个极端方式。上海交通大学除了图书馆内极少数的教科书可供使用外，大多数教材由教授们自己编写。之江大学暂避上海公共租界时，面临严重的课本短缺问题。不得已，一些教员着手用英文或中文编写教材。比如，1938 年 8 月，队克勋博士为了开一门工程英语的课程，从科技杂志和书籍中收集一些文章，汇编成他自己的教科书，并在 1939 年早些时候让上海一家公司用胶版印刷了一版，书名叫《工程英语》（*English for Engineering Students*）。而另外一些教员则冒险“盗版”，即在当地印刷外国课本作为授课用的教材，因此招来很多批评[②]。

图书匮乏必然导致借阅困难，为便于流通提高利用率，不少大学图书馆制定严苛的规章对借阅方式和时间等进行限制。交通大学迁入租界之初，1939 年 5 月，学校第 32 次图书委员会会议决议非常时期的借书办法：“学生不得借阅杂志，如有学生必须借阅参考，应由各该院核定借出交阅，并负归还责任。”另外还规定：用阅览证借书当日归还，停止毕业生的押款借书等。迁至重庆后，随着学校教学秩序的逐渐稳定，图书馆的借阅制度有所放宽，但仍然保留了一些必需的限制条件。比如，每位学生发两张借书证，每张借书证只能借一部书，两周为限，而续借只能有一次。[③]西南联大图书馆开馆之初，明确规定“一般图书均不出借”，对于特殊情况必须出借的图书，则在借书

① 熊德基 . 对联大的回忆与思考［G］// 西南联大北京校友会 . 我心中的西南联大——西南联大建校七十周年纪念文集 . 北京：清华大学出版社，2008：41.

② 队克勋 . 之江大学［M］. 刘家峰，译 . 珠海：珠海出版社，1999：88.

③ 陈进 . 思源籍府 书香致远：上海交通大学图书馆馆史：1896—2012［M］. 上海：上海交通大学出版社，2013：99—100.

数量、借书者权限、还书日期等方面做了很多限制。[①]《西南联大图书馆目录使用办法》中明确指出："本馆书库今后采用严格封锁制。"[②]

在适应战时教学环境后，在一切相对稳定后，不少大学图书馆恢复了藏书建设。不用说，"购买"是最普遍也最便捷的藏书建设方式。尽管经费十分紧张，国立长沙临时大学还是从20万办学经费中拨款4万元用于购买图书资料。1937年，临大图书馆购入中、西文图书6563册，中文期刊49种[③]。抗战后期，辗转虎啸沟和克难坡的山西大学图书馆购书不断，分别从重庆、西安的书店，以及包括沦陷区在内的各地藏书家手里购得新版书籍、绝版图书、参考书教材等共计六七千册，有中文版也有西文和日文版，涉及文、理、工、法、史、军事等各个门类。厦门大学图书馆因为有中英庚款的资助，购书经费更加充足，曾经一次向国内外书局订购了价值2万余元的千余册图书[④]。

对于极为重视西方文献收集的教会大学来说，从国外订阅购买图书杂志是图书馆藏书建设很重要的组成部分。太平洋战争爆发后，迁至成都的燕京大学图书馆的国外报刊一直委托驻外机构代为订阅并暂时保存。很难想象，当时只有几百册图书的燕京大学图书馆基本参考书的来源竟然是成都大街小巷的书摊，而在馆长梁思庄的指导下参与购买的只是先期抵达成都的一些学生，因为当时的图书馆工作人员只

---

① 百年清华图书馆编写委员会．百年清华图书馆［M］．北京：清华大学出版社，2012：61.

② 西南联大图书馆目录使用办法（1939年）［G］// 林丽生，杨立德．国立西南联合大学史料六．经费、校舍、设备卷．昆明：云南教育出版社 1998：300.

③ 韦庆媛，邓景康．清华大学图书馆百年图史［M］．北京：清华大学出版社，2013：136.

④ 迁入闽西后之厦大 内部组织日臻健全［N］．申报，1940—9—26. ⑧.

有5人[①]。

尽管购买最便捷，但战时一来经费毕竟紧张，二来大后方图书进货渠道狭窄，单单靠此难以为继。这种情况下，接受团体和私人赠送、个人捐资购买、影片阅读和流通、募集募捐等都成为藏书建设的补充。1940年，英国牛津大学等学校赠送给西南联大一批教学参考书。昆明的清华大学图书部一方面搜集云南出版的各种书籍，一方面也接受部分国外大学和教授的赠书——在清华大学外文系教授陈福田介绍下，美国斯坦福大学霍尔（H.J.Hall）教授捐赠给图书部英文文学书籍245册[②]。上海交通大学在重庆刚建校时，图书馆仅有自然科学、应用技术类图书千余册，大部分为校友赠送。1938—1940年三年间，图书馆又先后获校友、美国商务参赞署、香港华运行、上海法学院、圣约翰大学教员等捐赠的中西文图书共计2500余册。[③]河南大学经济系主任王毅斋联合副教授关梦觉、丁珍宇等个人捐资为图书馆购买了近千种“进步”书刊，如《资本论》《反杜林论》等。[④]1943年秋，重庆成立国际文化资料供应委员会，他们将英美最新出版的多种期刊拍摄成影片，然后空运到中国，分发给各大学图书馆使用，仅云南一地，就收到过四千余卷。为此，西南联大图书馆专设幻灯两座，供师生阅读这些影片。这种特别的方式弥补了纸本图书资料不足的缺憾。

任何时代和环境下，图书募捐都是图书馆藏书建设的一种不可或缺的手段，尤其在战时资源缺乏，无论是经费还是购书渠道都十分贫

---

① 张玮瑛，王百强，钱辛波．燕京大学史稿1919—1952［M］．北京：人民中国出版社，1999：423.

② 韦庆媛，邓景康．清华大学图书馆百年图史［M］．北京：清华大学出版社，2013：167.

③ 陈进．思源籍府 书香致远：上海交通大学图书馆馆史：1896—2012［M］．上海：上海交通大学出版社，2013：101.

④ 李景文．河南大学图书馆史［M］．郑州：河南大学出版社，2012：22—23.

瘠的情况下，它对增加藏书量的作用更加突显。上海交通大学图书馆不但有募捐建设图书馆馆舍的传统，也一向看重图书募捐。重庆小龙坎分校筹建时，校方便有意识地就一些冷门专业的冷门书籍主动向海内外校友募集，而募捐总是能够得到校友的支持。1942 年，交大同学会成立，不但将“捐献书籍”列入会务报告中，而且还发起组织“捐书运动”，号召“在渝同学捐赠书籍，每人至少一册”①。在半年时间里，这场运动共募得中英文书籍 221 册②。虽区区之数，但在当时的社会环境与条件下，已十分难能可贵。复旦大夏联合大学拆分后，迁至贵阳的大夏大学于 1938 年年底发起募集图书活动，师生和各界人士踊跃捐书，仅半个多月，图书馆便收受了 7000 余册图书，“洵属空前盛举”③。

多种措施并举，使得大学图书馆的藏书建设在经历了抗战初期搬迁、轰炸、掠夺等浩劫而带来的发展停滞甚至倒退后，不同程度地恢复了些许元气并有所发展。抗战后期，粗略统计，藏书量多有所提升。据《中华图书馆协会会报》记载，金陵大学图书馆迁至成都五年后，共添置了中文书籍 3925 册，西文图书 2195 册。华西协合大学图书馆的藏书量由 1936 年时的 112640 册上升至 1942 年时的 186427 册④。华南女子大学图书馆 1943 年时的藏书量达到 70000 余册，而厦门大

① 交大同学会会务报告 1942 年［G］// 交通大学校史撰写组．交通大学校史资料选编 1927—1949 第二卷．西安：西安交通大学出版社，1986：417.

② 陈进．思源籍府 书香致远：上海交通大学图书馆馆史：1896—2012［M］．上海：上海交通大学出版社，2013：106.

③ 募集图书展览会盛况［N］．大夏周报，1939，15（11）．

④ 私立华西协合大学一览（规程与概况）．1941—1942：89—90. 来源：高等学校中英文图书数字化国际合作计划（China—Us Million Book Digital Library Project）．转引自孟雪梅．近代中国教会大学图书馆研究［M］．北京：国家图书馆出版社，2009：59.

学图书馆藏书量战时平均每年增加3000册左右。[①]在乐山的武汉大学图书馆1940年时一度完全停止购买新书，后又陆续添置，抗战胜利回迁武昌时，图书总量已达154455册[②]。其他如福建协和大学、西南联大、中央大学等馆藏都有所增加，而这正是大学图书馆在艰难困境中仍然寻求发展的一个缩影。

（4）规章和组织机构

即便战火纷飞，即便颠沛流离，即便馆舍简陋，即便藏书稀少，图书馆学人仍然保持着一丝不苟的敬业精神和坚定务实的管理理念。不管工作人员多少，不论藏书量大小，一旦在大后方站稳脚跟，大学图书馆纷纷重建图书馆规章、重设图书馆组织机构，以此确保战时图书馆工作的稳定和发展。

西北工学院1939年制定《本院图书馆图书借阅规则》共21条，对于借阅对象、借阅范围、损失赔偿等事宜做了详细规定。交通大学1940年制定《图书室学生借书规则》共12条。山西大学图书馆1943年10月19日在《校刊》上公布《图书馆图书杂志出纳规则》共13条。一年后，再次公布了修订后的《图书馆图书杂志出纳规则》共12条，以及《阅报室规则》共8条和《阅览室规则》共6条。西南联大图书馆的规章制度最齐备，计有《阅览室管理办法》《教职员借书规则》《四年级学生借用论文参考书》《进入书库办法》《目录使用办法》《指定参考书管理规则、期刊日报借阅手续、不陈列期刊领阅办法》等。

与非战时图书馆规章相比，战时图书馆规章受限于藏书的紧张，限制性条款比较突出。除了西南联大图书馆曾经有过“一般图书均不出借”的极端规定外，西北工学院图书馆规定，每人每证每次只能借

① 陈艳芬．抗战时期的福建私立大学图书馆（1937—1945）［J］．农业图书情报学刊，2010，22（10）：279.

② 谢红星．武汉大学校史新编（1893—2013）［M］．武汉：武汉大学出版社，2013：81.

一本，有些版本珍贵、没有复本的一律不准带出馆。交通大学图书馆规定，需要时，借出去的书可随时收回。山西大学图书馆规定新到杂志一个月之内只准在阅览室借读，不得借出馆外，而外借的书籍借期只有一周。图书馆开馆时间自然也不能与战前相比：交通大学图书馆的开馆时间只在下午 4 时至 5 时 30 分；山西大学图书馆则是上午 11 时到下午 4 时。

组织机构完备也是战时大学图书馆得以发展的另一个保障。西南联大 1939 年设立图书设计委员会，委员有陈岱孙、冯友兰、陈雪屏、严文郁等。浙江大学 1940 年成立图书馆委员会，不久改称图书设备委员会，统一研究和决定图书仪器设备方面的重大问题。[①] 长沙临时大学尽管有“临时”性质，但在馆长袁同礼的主持下，图书馆还是设立了采访、编目、索引、阅览四部。西南联大时，图书馆设有总务股、采访股、中文编目股、西文编目股、阅览股、期刊股、讲义股共七股[②]。厦门大学图书馆设主任一人，下设订购、编目、出纳三股[③]。武汉大学 1940 年 5 月修改了图书馆规程，不再设馆长，只设主任一人。全馆设总务、采访、编目、阅览、期刊、装订六股[④]。复旦大学相伯图书馆成立后，馆内设总务、采访、编目、参考、阅览、杂志六股[⑤]。华西协合大学图书馆 1945 年时的组织机构设置是馆长一人，下设中西文部、出纳部、杂志部、影片室。华中大学图书馆 1949 年时

① 缪家鼎，夏勇，竺海康．浙江大学图书馆百年发展历程——为浙大百年校庆而作［J］．浙江高校图书情报工作，1997（1）：2.

② 韦庆媛，邓景康．清华大学图书馆百年图史［M］．北京：清华大学出版社，2013：144—153.

③ 厦大通讯，1940，2（3/4）.

④ 邓珞华，林生．励精图治，屡厄屡兴——1893—1949 年间的武汉大学图书馆［J］．武汉大学学报（哲学社会科学版），2005，58（6）：877.

⑤ 舒纪维．国立复旦大学相伯图书概况［J］．中华图书馆协会会报，1943，18（2）：12.

民国时期的湖南大学图书馆建筑，先后有两幢，前一幢由蔡泽奉设计，建成于 1933 年 11 月，被认为是当时华中最大的图书馆。全面抗战爆发后，图书馆地下室曾短暂保存过故宫文物。1938 年 4 月，图书馆遭日军飞机轰炸而损毁，只留下四根古罗马爱奥尼式花岗岩石柱。后一幢由柳士英设计，建成于 1948 年。此为柳士英设计的湖南大学图书馆。

东北大学图书馆由校长张学良于 1928 年捐资修建。1931 年，“九一八”事变后，东北大学被迫迁徙，校园被日军作为兵营，而图书馆则被用来关押抗日人士。战后，东北大学于 1946 年 5 月回迁，却又在两年后因为解放战争而不得不再次迁往北平。图书馆从此不再具有图书馆的功能，而一直是辽宁省档案馆所在地。

现在仍然作为图书馆使用的武汉大学图书馆。

设编目、阅览、采购三个部门。可以看出，尽管处于战时状态，但大学图书馆的组织机构仍然不失健全。而不论力求完备，还是只求简单，战时大学图书馆都不脱最主要的采购、编目、阅览三个方面，从根本上保证了图书馆的正常运行。

（三）挪用与社会服务：战时大学图书馆的战时特别功能

战争年代，大学即使有心想成为一座脱离现实生活的象牙塔也是不可能的，大学图书馆因此不再仅仅为教学服务那么简单，而承担起了别种功能。湖南大学图书馆在“九一八”事变至“七七”事变期间，曾经代为保存过故宫博物院的80箱珍贵文物[①]。总的来说，大学图书馆在战时承担的别种功能分为两种：被动的、主动的。前者是人员被迫撤离后图书馆馆舍被占领军挪作他用；后者是图书馆主观上担负起

① 那志良．我与故宫五十年［M］．合肥：黄山书社，2008：108.

曾经被日军改造成军医院的清华大学图书馆。

了抗日救亡的社会服务责任。

1. 图书馆馆舍挪作他用

从东北到华北到江南到华南，日军次第占领各个城市，大学及大学图书馆随即落入敌手。因为战争的需要，因为大学图书馆特殊的宽敞的建筑构造，图书馆常被日军作为兵营、关押中国人的临时监狱，或是改作接收前线下来的伤病员的军医院，这是日军对于人类文明的嘲弄和践踏，同时也给自己的历史记下了可耻的一笔。

1931 年“九一八”事变后，东北沦陷，东北大学撤离沈阳，逃难北平，因此成为第一个流亡大学。大学校园随即被日军占领变身兵营，图书馆大楼是他们关押、枪杀抗日志士的魔窟，图书馆一侧的红砖墙上留下累累弹痕。[①] 有着同样遭遇的还有前北京大学图书馆所在地的沙滩红楼，它在北平沦陷后成为日本宪兵本部，地下室成为残害

① 孙成德．东北大学图书馆的变迁［N］．中国档案报，2009—6—12. ①

爱国人士的留置场（即拘留所）。[①] 太平洋战争爆发后，燕京大学、辅仁大学多名师生被捕关押在此，包括燕京大学研究院院长陆志伟、宗教学院院长赵紫宸、哲学教授张东荪、历史地理学教师兼学生福利主任侯仁之、学生孙道临等。武昌沦陷后，日军司令部设在武汉大学校园内。由于图书馆位置较高，顶端建筑形态呈八角八边形，可以居高临下俯瞰一切，是天然的观察哨，因此，日军在楼顶修建了瞭望塔。[②]

清华大学校长梅贻琦。（照片来源：1939 年第 79 期《中华》〈上海〉）

变身日军军医院的是清华大学图书馆。1939 年春，日军将清华园改建成 152 陆军伤兵医院，即骨伤病医院。在将图书馆内残存的家具、仪器、图书等毁损、焚烧、劫掠后，他们将野战医院本部设在图书馆，职员办公室、电话交换室以及 X 光室均设在这里。另外，日军还在图书馆正门口修筑水泥柜台一座，用作接待处。[③] 1942 年，远在昆明的梅贻琦校长在《抗战期中之清华》（三续）中转述了图书馆的悲惨现状："清华园仍为敌人占作伤兵医院……图书馆之出纳部分为会客室，阅览室为食堂，书库内藏书，西文书之贵重部分被掠一空，运往敌国；中文部分近年出版之各种期刊，悉遭焚毁……"

两年后，梅贻琦在《抗战期中之清华》（四续）中又对改建为军医院的图书馆格局进行了描述："清华大学图书馆被占用后，即作为

① 苗作斌．北京沙滩大院百年风云录［M］．北京：红旗出版社，2012：24.

② 傅欣．浅谈武汉大学历史建筑的建筑历史［J］．华中建筑，2009（10）：148.

③ 韦庆媛，邓景康．清华大学图书馆百年图史［M］．北京：清华大学出版社，2013：174.

病院之本部，除新扩充之书库外，其他部分，殆全被利用，楼上大阅览室为普通病室，研究室为将校病室，办公室则为诊疗室、药房之类。病者多系骨伤，故病室多标为‘骨伤病室第几 ××’等字。各阅览室、研究室、办公室内之参考书及用具多被移集一处，有移入书库者，有焚毁者，亦多有不知下落者。”①

更具体地说，西部大阅览室变成了日军的伤兵病房，摆满了病床，住满了日本伤兵，原阅览桌椅荡然无存；东部阅览室被作为日军医院本部办公室，原有阅览桌椅均行烧毁，日本人利用残留之学生书桌来办公；一楼原文科各系研究室被隔成许多小间作为将校病室，有些房间还装上了日式火炕。原馆内各股办公室变成诊疗室和药房，大书库变成手术室主药库。书库中的西文书贵重部分多被掠去日本，中文书及期刊遭到焚毁，在书库后面设有专门的“书类烧场”。另外，图书馆中樟木书案被盗卖，木地板被破坏，原阅览室内安装了厕所，而楼中下水道被改建，日式水槽替代了原来的卫生设施②。总之，图书馆可以用“面目全非”来形容。

曾经受伤入住清华园的日本军人市川幸雄的回忆证实了梅贻琦的说法：“这里不是临时搭起来的简陋病房，而是些很漂亮的、砖造的或钢筋混凝土结构的西洋古典式建筑。这些严整地布置在宽阔的校园里的建筑被当成了病房……日本军以胜利者自居，把中国的英才们从这里赶出去，把它们变成了野战医院……也许是战争的宿命吧，这样一所漂亮的大学竟然变成了战地医院。在即将出院时，我突然想到，从这所大学被赶出去的学生们流落到何处了呢？他们现在在干什么

① 梅贻琦 . 中国的大学［M］. 北京：北京理工大学出版社，2012：84，90.

② 韦庆媛，邓景康 . 清华大学图书馆百年图史［M］. 北京：清华大学出版社，2013：174—176.

呢？”[①] 这本名叫《悲惨的战争——我的回忆》的回忆录，1994 年时由作者市川幸雄赠给了清华大学图书馆。[②]

从保存馆藏、维持图书馆功能来说，尽管北京大学图书馆因为校名前多了一个“伪”字而使身份略显尴尬，但也正因为如此，它比清华大学图书馆幸运得多。至少在整个抗战时期，它仍然能以“图书馆”的面目示人，客观上也得以存续甚至发展。换句话说，如果没有伪华北政务委员会在北大原址成立“国立北京大学”，成立“北京大学图书馆”——汤尔和、钱稻孙先后出任“总监督”和“校长”，周作人出任馆长——并修缮馆舍、清查藏书、搜集其他大学撤离后散落在民间的图书，北大图书馆未必不会像清华大学图书馆那样一方面大量损失馆藏，一方面馆舍被挪作他用。它不但保存了自己的大部分原有馆藏，也在客观上保全了清华大学图书馆遗留在清华园的部分馆藏——1941 年 5 月，它接收了清华大学图书馆剩余的 20 万册图书[③]。

当然，政治环境的不同必然造成馆藏的变化。“查禁”原馆藏中政治敏感书籍是伪北大图书馆成立后的首要工作。沦陷后不久，新民会取走了政治书籍 126 册；日本宪兵队掠走变卖 3700 余册俄文书和

① ［日］市川幸雄．悲惨的战争——我的回忆［M］．北京：清华大学外事办公室，1990：23—26.

② 百年清华图书馆编写委员会．百年清华图书馆［M］．北京：清华大学出版社，2012：69.

③ 战前，清华大学图书馆藏书约 34 万余册，除抢运走 4 万余册外，其余均遗留在原处。北平沦陷后，日军进驻，焚毁抢掠后，仍剩 25 万余册。在日本华北军司令部（多田部队本部）的安排下，多田部队本部、兴亚院华北联络部、华北政务委员会、新民会、满铁北支经济调查所、华北交通株式会社、北支那开发株式会社七个部门瓜分了 1 万册，其中华北军司令部拿走了军事图书；新民会拿走了所谓的“禁书”。另外的 4 万余册交由日本文化事业总委员会设立的北平近代科学图书馆。最后剩下 20 余万册，全部由伪北大图书馆收藏保管。转引自韦庆媛，邓景康．清华大学图书馆百年图史［M］．清华大学出版社，2013：76—77. 但据《伪北京大学档案》第 34 卷记载，伪北京大学实际接收清华大学图书馆图书 11.8 万册。

杂志；伪教育部拿走社会科学期刊合订本 248 册和西文《资本论》，并一次性查禁没收“违禁书”3000 册。[①] 而在查禁的同时，掠夺不可避免——有一份近代外交史的珍贵资料、宣统三年调查的“俄蒙界线图”，1936 年从清廷理藩院旧藏档案中流入市场，北大图书馆得悉后斥巨资购藏[②]。日本人欲得到此图，探知北大历史系教授孟森曾对该图做过考证，遂对孟教授加以恫吓威逼，孟不久即因羞愤一病而逝，而俄蒙界线图也就此下落不明。[③]

相对于其他大学图书馆的千疮百孔，沦陷区的北京大学图书馆虽然同样受困于经费不足而购书量并不必然大于西南联大，但因为原北京大学南撤时基本没有抢运走多少图书，以至于大部分遗存了下来，加之后来又接收了包括日本兴亚院在内的机构的赠送，以及清华大学图书馆的图书，所以相对来说馆藏还是比较丰富的——1940 年的馆藏达 30 万册；1946 年复校时馆藏总计 34.9 万册[④]。另外，组织机构也很完善。周作人的馆长之职只是名义上的，实际主持馆务的是钱稻孙；馆长外另有工作人员 30 人，下设编目、典藏、采录、事务四股，分别由四个股长负责；图书馆与教务处、秘书处及各学院行政级别平行，都由校长直接管辖。还有，规章制度——《国立北京大学图书馆阅览规则》《国立北京大学图书馆研究室规则》——的建立也显示了日伪统治下的北大图书馆的管理常态化和规范化。若论日伪的北大图书馆和原北大图书馆最大的不同，在于前者重视分馆的设立，而后者在抗战前全面取消了分馆和系图书室。伪北大设置有文、理、法、农、

① 吴晞．北京大学图书馆九十年记略［M］．北京：北京大学出版社，1992：95.

② 孟森．宣统三年调查之俄蒙界线图考证［J］．图书季刊，1936，3（3）：117

③ 吴相湘．明清史权威孟心史．民国百人传．第一册［M］．台北：传记文学出版社，1982：241.

④ 北京大学五十周年纪念・北京大学图书馆善本书录 1948. 转引自吴晞．北京大学图书馆九十年记略［M］．北京：北京大学出版社，1992：97.

工、医6个学院，相应地设立了6个分馆，经费独立，业务上接受总馆指导和监督，而分类编目由总馆统一实施。这在一定程度上可以最大限度地提高图书利用率，客观上起到促进图书馆发展的作用。

在清华大学图书馆等大学图书馆悲惨地变身兵营或军医院而被迫改变图书馆功能的时候，北京大学图书馆因为北京大学校名前的一个“伪”字而成为战时大学图书馆的“另类”。

2. 图书馆的社会服务功能

通常情况下，大学图书馆的主要功能是服务于教学和研究，战时依然如此。退避大后方的大学图书馆设立图书馆委员会、筹措购书经费、多渠道增加馆藏、重建图书馆规章以保障图书流通等都体现了这一服务宗旨。然而在抗战这个大背景下，在民族危亡的非常时期，每一个有良知的中国人都不可能将自己置身事外，知识分子尤为如此，一些大学和大学图书馆因此承担了更多的服务于抗战、服务于社会的特别功能。

研究抗战离不开图书馆，图书馆丰富的馆藏是研究抗战的重要史料支撑。西南联大图书馆显然有此意识。它提供服务的方式之一便是非常重视有关战事资料的收集与整理。而战事刚起时，长沙临时大学图书馆便着手做了以下几个资料专题。一是将国内报纸、照片分类做成剪报，为来自国外的资料编制索引，以供将来编纂战史者作参考；二是专门辑录“抗战中之国际舆论”，将西文期刊及日报所载文章，汇编成册，以为将来留作信史；三是将馆内所藏三百余种西文工程期刊中的论文制成索引，为将来国家渡过劫难、发展工业而走向复兴时提供理论帮助。①

西南联合大学迁往昆明后，这项工作不但继续了下去而且更加专

① 长沙临大图书馆馆务报告（1938年2月）[G] // 林丽生，杨立德．国立西南联合大学 史料六．经费、校舍、设备卷．昆明：云南教育出版社，1998：284—285.

业和正式：1939年1月1日，西南联合大学与北平图书馆合作在昆明大西门外组成“中日战事史料征集委员会”，委员有袁同礼、冯友兰、刘崇鋐、姚从吾、钱端升、傅斯年、陈寅恪、顾颉刚等文化名流，主席由时任联大图书馆馆长的袁同礼出任。史料会的工作分征集、初步整理和编辑、出版两部分，前者由北平图书馆负责；后者由西南联大负责。说是“战事史料”，实则不限于军事，也涵盖政治、社会、经济、交通、教育等其他方面[①]。抗战胜利前，史料会共搜集、整理、编辑、出版了中外文资料一百余万字[②]，其中有《卢沟桥事变以来大事日历长编》《卢沟桥事变以来中日战事简明一览表》《卢沟桥事变以来战局转移地图》《中日战事纪事长编》等，为中国抗战决策者提供了极为丰富的文献参考。

对于教会大学来说，在基督精神指引下，图书馆积极投身于抗战的社会服务。创设民众图书馆进行知识普及——也就是利用自己的现有馆藏，同时搜集和整理散落在民间的图书创设适合普通民众阅读的民众图书馆——便是其中的一个服务方式。华南女子文理学院成立了“社会教育推广妇女服务部”，设有阅览室，起先就备有儿童读物及通俗读物多种，后来又增订了各种妇女刊物如《现代妇女》《广西妇女》《浙江妇女》《福建妇女》《妇女新运》《妇女月刊》等，加上自编的《通俗周报》，向社会开放[③]，提升了作为略具图书馆部分功能的阅览室在社会教育中的作用。除此之外，金陵大学图书馆与文学院合作，多方面开展社会教育活动：广播演讲宣传抗战建国、文学与抗战、科学知识；指导民众读书、改善民众读物、编辑出版符合当时环境的读物《国难特刊》等。

---

① 戚志芬 . 战火中的抗日战争史料征集委员会［J］. 百年潮，2011（3）：75.

② 韦庆媛，邓景康 . 清华大学图书馆百年图史［M］. 北京：清华大学出版社，2013：158.

③ 本学院社教推广妇女服务部近闻一束［J］. 华南学院校刊，1943（31）：14-15.

金陵大学图书馆，现在是南京大学校史博物馆。

为适应战时社会服务需要，金陵大学特别成立了“金陵大学社会服务委员会”，由校长和文学院、理学院、农学院专家共 7 人组成。无论是文学院成立社会服务处为民众提供便民服务，创办儿童日校为失学孩子提供识字机会，还是理学院为公私企业提供专业知识的科学服务，抑或是农学院参加考察团进行农村经济及农作物物价调查和举行农林常识广播演讲等，都离不开图书馆的文献辅助。同样的，燕京大学参与乡村建设工作，如法学院开办乡村建设课程，教育学院成立三旗区和冉村区两个乡村建设实验区，社会教育组在乡村建立巡回图书室、开办农村研究服务站等，都不能脱离图书馆的资料支持。换句话说，大学图书馆也在战时社会服务中贡献了自己的力量。

四、解放战争

抗战胜利后，大学图书馆纷纷随所在的大学复员回迁，并很快进行重建：修缮馆舍、回收馆藏、新购图书、复修规章等，图书馆建设进入快速发展轨道。但随着解放战争爆发，物价飞涨，严重影响图书经费的使用，局势混乱又必然牵绊图书馆发展脚步。而国共两党的斗争并不限于军事，也延伸到社会的方方面面，聚集着社会精英的大学校园不可避免地成为信仰的争夺地。承担着教化、传播文化之责的大学图书馆因此成为另一个没有硝烟的战场，被加上了浓重的政治色彩。

（一）复员回迁，重建图书馆

这边，日军宣布投降，抗战结束；那边，大学按照国民政府教育部紧急颁布的《战区各省市教育复员紧急办理事项》的规定即刻着手进行复员回迁。就像八年前内迁时一样，图书馆在回迁过程中任务最繁重、工作量也最大。西南联大涉及北京大学、清华大学、南开大学三所大学，在特殊年代合作组成的联合大学如今又要拆分，然后分别回迁北京和天津。就图书馆而言，联大特别设置了图书迁运委员会，聘请周炳琳、冯友兰、叶企孙、施嘉炀、潘光旦、董道明为委员，统一安排三所大学的图书回迁。上海交通大学的师生抗战一结束便分三批先行从重庆返回上海，而图书直到1946年9月才运抵徐家汇原校舍。

分期分批将图书运回原址是大多数大学图书馆选择的最稳妥的回迁办法，主要运输工具是火车和轮船。同样用火车运输，河南大学图书馆“没有什么损失”[①]；浙江大学图书馆中途却遭遇了火车出轨，150箱倾覆，87箱被毁[②]；金陵大学图书馆和交通大学图书馆走水道，前者装箱173箱，分两次运回，先后有3箱书籍被水浸毁[③]；后者装箱60余箱，三分之一落水损失殆尽，其中期刊全部遗失[④]。当然，相

① 李景文．河南大学图书馆史［M］．郑州：河南大学出版社，2012：67.

② 缪家鼎，夏勇，竺海康．浙江大学图书馆百年发展历程——为浙大百年校庆而作［J］．浙江高校图书情报工作，1997（1）：2.

③ 金陵大学图书馆近况（民国三十五年十二月）［A］．中国第二历史档案馆，全宗号：649—240.

④ 陈进．思源籍府 书香致远：上海交通大学图书馆馆史：1896—2012［M］．上海：上海交通大学出版社，2013：109.

比八年前的落荒而迁，回迁少了些狼狈和屈辱，多了份从容和愉悦。从数量上说，内迁时只能带走少量图书，而回迁时一张纸片也不留下。

但原校原馆原址已是满目疮痍，比如，山西大学“校中屋舍园木，大半毁伤，破屋数百间，污土灰渣而外，别无长物”[①]；浙江大学图书馆返回杭州后连个落脚的地方都没有——图书馆原有馆舍早已被日军拆毁。因此，大学图书馆回迁后的首要工作便是重建“家”园。这个“重建”，包括修缮馆舍、回收散落的原有馆藏、新购图书期刊、复修规章制度等。以清华大学为例，战时被征用为军医院的事实使得图书馆早已失去了图书馆的功能：书柜搁板不翼而飞、书库铁书架不知去向、阅览桌椅不知所踪，工作人员边拆边找边安装，拆除日军在馆内安装的隔板、木隔、水泥池台、便池、水箱、医用铁床等；寻找丢失的书架、书柜、搁板、桌椅等；安装书架、修理门窗、摆放阅览桌椅等。沪江大学图书馆原有设施大部分被毁损，回迁后，学校一方面拆除日本人留下的三个铅皮屋顶的木头飞机棚，一方面重做了图书馆的 86 个大书架、30 张阅览长桌、420 张凳子[②]。福建协和大学福州魁歧校舍也面目全非，原图书馆所在的文学院楼顶被大火烧光，回迁后的图书馆只能将图书暂存理学院，待文学院楼顶修好后才恢复了阅览室，又建成了新书库。因为杭州校舍毁损严重，之江大学只能回迁到上海复校，直到美国长老会筹款修复了校舍，图书馆才得以在原址开馆。最尴尬的是浙江大学图书馆，它没有馆舍可供修缮，不得不出资 6 千万将浙江图书馆大学路馆舍修复，与其共用。[③]

抗战结束，人们都以为新的美好生活将随之来临，加之还有将八年抗战的损失夺回来的心理，因此求学心求知欲空前高涨。对于学生

---

① 李嘉琳．山西大学图书馆史［M］．太原：三晋出版社，2012：34.

② 海波士．沪江大学［M］．王立城，译．珠海：珠海出版社，2005：185.

③ 缪家鼎，夏勇，竺海康．浙江大学图书馆百年发展历程——为浙大百年校庆而作［J］．浙江高校图书情报工作，1997（1）：2.

激增、图书增加的现状，有些大学图书馆的馆舍即使修复了也不敷使用。上海沪江大学原馆舍设计时的承载人数是300人，如今学生有上千人。在这种情况下，学校募捐新建了一座馆舍，取名“湛恩图书馆”。大夏大学新图书馆刚刚破土动工，抗战就开始了，工程不得不停下，复员回迁后，也面临原馆舍难以满足师生的困境。学校便也利用募捐的方式筹资400亿元，新建了一座两层高的图书馆大楼。这被称为“吾人复员后之新贡献焉”[①]。

除了极少数大学图书馆，如北京大学图书馆、齐鲁大学图书馆（“奥古斯丁图书馆中80%的图书没有动过……除了一些比较新的书被拿走外，医学图书馆基本完好。医学杂志的合订本保管得要比预期的还要好得多”[②]）外，大部分大学图书馆复员回迁初期都不得不投入大量精力回收、追索抗战期间失散的馆藏。金陵女子大学通过“向各处搜寻、征集或备价购回”等途径追回了一部分被贩卖和散失的图书。私立大夏大学南迁后，留在原校的图书，其中三十余箱由伪上海大学移存中央研究院，其余暂存复旦大学，回迁后也陆续收回。[③]中山大学的藏书分落各地：原馆、香港、粤北乐昌及其下辖坪石，而留在原馆的约20万图书在日本人进驻中大将校园作为日军指挥部驻地后被抢掠，暂存香港冯平山图书馆的2.5万余册图书在香港沦陷后也被洗劫。这一切给战后追索带来很多困难，实际追回的也只能是其中的一部分。而最令人欣慰的是约在1946年底到1947年初，由国民政府出面，从日本追回了国立中山大学所属图书147箱。[④]

清华大学耗时四个多月将伪北京大学拿走的图书全部回收，又从北

① 吴浩然．一年来物质建设与改进［N］．大夏周报，1948，24（14）：4.
② 郭查理．齐鲁大学［M］．陶飞亚，鲁娜，译．珠海：珠海出版社，1999：234.
③ 充实图书馆设备［G］// 楼岙菲．大夏大学编年事辑（下册）．上海：华东师范大学出版社，2014：647.
④ 黎洁华．抗日战争时期中山大学图书馆遭劫记［J］．红7角，2006（6）：39.

1947 年，上海沪江大学图书馆在原有的基础上进行了扩建，为纪念刘湛恩校长而取名“湛恩图书馆”。

平近代科学图书馆追回了中西文图书和期刊共计 32598 册，还分次从新民会追回了政治类书籍和期刊共计 3748 册①，其他散落各地，如北大文学院、北平图书馆、北平市党部、日军 151 兵站天坛分院、日军 152 兵站病院等的图书也先后追回。从近代科学图书馆搬运图书等物品时，分装了 6 卡车，而从北大文学院往回搬运图书杂志的景象最为壮观：“每天征用清华日军病院的三辆载重汽车搬运，由 12 名日本工作人员担任装卸，运回了当地全部书刊，以及图书馆的书库钢架、卡片目录柜等”②。

① 韦庆媛，邓景康 . 清华大学图书馆百年图史［M］. 北京：清华大学出版社，2013：181.

② 百年清华图书馆编写委员会 . 百年清华图书馆［M］. 北京：清华大学出版社，2012：75.

清华大学梅贻琦说，学校复员后图书馆最重要的工作就是搜求资源、尽快恢复馆藏。而除了追讨藏书、购置新版图书外，大量接受个人和团体的赠书，或者积极从私人手里购买藏书是抗战后大学图书馆馆藏得以迅速丰富的主要原因。大夏大学接受捐赠书籍“数卡车之多”[①]，其中美国援华会一次性捐赠教育参考书籍数百册[②]。东吴大学接受供职于江海关的罗汉槎校友捐赠大英百科全书一部、校友诸先生捐赠图书多种、上海美国新闻处图书馆主任汤普森（M. Thompson）捐赠的图书百余册及图画等[③]。另外，交通大学图书馆、河南大学图书馆等都接受了校友、美国英国新闻处的大量赠书。

在美国留学时的潘光旦。

尽管回迁路漫漫，尽管原校舍破败不堪，图书馆学人还是以最快的速度重新修补了图书馆残缺的身躯，收拾起七零八落的零件而重塑了一个又可运转的机器。在从未停歇的枪炮声中，大学图书馆纷纷开馆迎读者。如果没有接踵而来的解放战争，大学及其图书馆也许就可在“老店新开”的喜庆气氛里，快速地恢复元气，可惜残酷的现实使人们心中的愿望变成了遗憾。

（二）馆中馆：政治的产物

抗战胜利后不几年，中华大地战火重燃，中国人又被拖入战争泥沼，刚刚从抗战的仓皇中安定下来、正图谋恢复与发展的大学图书馆

① 沪校简讯［N］. 大夏周报，1946，22（8）：3.

② 同学福音！美国援华会慷慨赠书 . 大夏周报，1947，23（10）：3—4.

③ 王国平 . 东吴大学简史［M］. 苏州：苏州大学出版社，2009：171.

举步又止，甚至重又面临生存的困境。社会局势的混乱所造成的物价飞涨，使大学图书馆购书经费大幅贬值，购书量直线下降。武汉大学1949年的藏书量和1947年相比几乎没有增加的事实证明解放战争爆发后“图书采购基本处于停滞状态”①。1948年晋中战役开始，山西大学迁往北平，但图书馆无力整体搬迁，迁至北平东交民巷的临时图书馆只有区区3千册图书，经费短绌，也不可能购置新书。面对学生提出的购买新书、增辟阅览室的要求，校方无法满足，只能许诺各院系、学生将拟购书籍名称、数量，送系主任核定盖章，待返回太原后交图书馆购置。②教会大学中的华南女子大学由于战争的封锁“也无法从英国或美国购入图书，甚至连杂志的供应都已断绝，不得不再次靠退休传教士的个人捐赠”③。

因解放战争而被迫选择再次迁徙的不只山西大学，河南大学、齐鲁大学、东北大学也于战事临近或战事中分别由开封、济南、沈阳迁往苏州、杭州和福州、北平。1948年7月，河南大学又一次人去楼空，图书馆所在的六号楼南面楼角已被炮弹炸裂，“大门虚掩未锁，书橱柜架移动倾倒，图书报纸散乱满地”④，一片凄凉景象。在苏州，借用湖南会馆的河南大学图书馆顽强开馆，继续征订、购买、编目，艰难维持着图书馆的正常运转。中共济南市委曾经试图阻止齐鲁大学南迁，并允诺保护图书仪器，但未能成功。⑤执意南迁的齐鲁大学拆分成两部分：校本部、文学院、理学院迁址杭州郊外的云栖寺；医学院

① 邓珞华，林生．励精图治，屡厄屡兴——1893—1949年间的武汉大学图书馆［J］．武汉大学学报（哲学社会科学版），2005，58（6）：878.

② 李嘉琳．山西大学图书馆史［M］．太原：三晋出版社，2012：45.

③ 华惠德．华南女子大学［M］．朱峰，王爱菊，译．珠海：珠海出版社，2005：120.

④ 李景文．河南大学图书馆史［M］．郑州：河南大学出版社，2012：70.

⑤ 马挺光，杨懋春，褚承志口述．转引自岱峻．1948：齐鲁大学南迁始末［J］．书屋，2011（2）：24.

位于开封的河南大学六号楼，民国时期是该校图书馆所在地，现在被命名为博文楼。

迁址福州苍前山协和神学院。图书馆按图书资料门类的不同分别南迁。与山西大学、河南大学、齐鲁大学在新中国成立后第二次回迁不同，1948年6月迁往北平的东北大学于1949年1月被宣布解散，其工学院、理学院合并成立沈阳工学院，调往沈阳（后改名东北工学院）。由著名建筑师杨廷宝设计的原东北大学图书馆馆舍自东北大学迁往北平后便与东北大学再无瓜葛：东北人民政府机关文化干校、东北大区档案临时保管处、辽宁省档案馆先后进驻。

知识分子及其思想倾向向来为国共两党所重视，故而知识分子聚集地的大学，以及思想传播媒介的图书馆，自然被双方都视为重地。齐鲁大学的去留可谓其中一例。岭南大学校长李应林在1946年2月6日举行的校务会上通报：有共产党入校活动。[①]清华大学图书馆的地下党员王志诚曾经回忆，他们利用在图书馆工作的便利，组织进步团体，如“读书会”“集学会”，还油印“集学”“集学会”等小刊物；购买进步书籍，如《论联合政府》《新民主主义论》《四大家族》

① 卅五年度第四次校务会议记录 1946.2.6［A］. 广州：广东省档案馆，全宗号：38—1—14.

《评中国之命运》等。这些“禁书”经过他们巧妙伪装后，“塞进图书馆大阅览室的参考书架，供人阅读”[①]。

南京国民政府是校园政治化的始作俑者，早在执政的次年就颁布了《各级学校增加党义课程暂行条例》，规定包括大学在内的各级学校必须增加党义课程，将党化教育贯彻到校园生活的方方面面，注重树立党魁威望，搞领袖崇拜。全面抗战的生死经历，也未能使其稍改“初心”。如1946年10月31日，蒋介石60寿辰，五个月前刚刚复员回迁沈阳的东北大学为祝寿而将图书馆命名为“中正楼”[②]。如此种种，图书馆成为另一个不见硝烟的战场。

清华大学“一二・一”图书室建立者的初衷虽然并非全为政治目的——当时，学校刚刚复员回迁，图书馆正处于馆舍修复、回收馆藏、新购图书的建设状态，一时无法对外开放，除了必需的教学参考书，其余书籍一律不外借。为稍解师生的用书需求，学生自治会主持建立了一个由学生自主经营的图书室。但从“一二・一”这个名称和图书室的主要藏书看，它的政治倾向性十分明显。从名称上说，它为的是纪念1945年昆明的“一二・一”运动——以西南联大为首的31所学校为争民主反内战而爆发学潮，在游行集会中，有四名学生被枪杀。隆重的死难烈士入殓仪式是在西南联大图书馆门前的空地举行的，而灵堂就设在阅览室；从藏书上说，有关马克思主义理论的书籍、解放区出版的书刊是它的主要收藏。因为是“禁书”，所以不得不经常躲躲藏藏，“只要社会上有什么风吹草动……同学，总是把‘一二・一’图书馆里的这些书，秘密地运到大图书馆书库藏起来。书库地方很大，学校刚刚复员，图书都还没有来得及整理，堆放混乱，乱中藏珍，

① 王志诚．在清华大学和潘光旦老师相处的日子里［M］// 潘乃穆，等．中和位育 潘光旦百年诞辰纪念．北京：中国人民大学出版社，1999：239.

② 孙成德．东北大学图书馆的变迁［N］．中国档案报，2009—6—12①．

外人很难发现。”[①]尽管多次被检查、被搜查，但在学生们谨慎与巧妙保护下，“禁书”始终安然无恙，“一二·一”图书室也逐渐壮大，直到新中国成立后，馆藏并入图书馆。

胡适旧照。（照片来源：1927年第14期《良友》）

与清华大学“一二·一”图书室一样由学生自治会创办的图书室，还有成立于1947年9月的北京大学“孑民图书室”（蔡元培，字孑民）。虽然学生自治会在通过的决议中明确创办该图书室是“为了纪念已故校长蔡孑民先生，承继兼容并包的精神，收集各种书籍，培养自由研究的风气，发扬民主与科学的传统”，但从它由中共北大地下党直接领导、党外积极分子（主要是北大学生田觉狮）出面筹办，从它更注重马克思主义著作和书刊——如毛泽东的《在延安文艺座谈会上的讲话》和《新民主主义论》以及介绍苏联革命运动的书刊——的收集来看，其政治性质显而易见。事实上，对孑民图书室的一系列定位和评价——“是青年学生们学习革命理论、接受革命思想的一所学校，影响和造就了一大批献身于中国人民解放事业的战士”“孑民图书室收藏和流通的革命书刊，更像是火种，点燃了无数青年们的革命热情”“在解放战争时期的国统区第二战线上，孑民图书室通过合法斗争，发挥了重要的作用”[②]——都显示了它有别于一般图书馆传播普通知识的功能而更多发挥了政治传播的作用。因为“蔡元培”的名号，孑民图书室建立之初还得到北大校

---

① 王志诚．在清华大学和潘光旦老师相处的日子里［M］// 潘乃穆，等．中和位育 潘光旦百年诞辰纪念．北京：中国人民大学出版社，1999：241.

② 吴晞．北京大学图书馆九十年记略［M］．北京：北京大学出版社，1992：114.

现在的云南师范大学内，在西南联大旧址，建有一座纪念解放战争中献身的西南联大和昆明师范学院师生的烈士纪念碑。

长胡适的支持，他特批北大红楼一层的一间40平方米的房间作为图书室室舍，还拨了一批桌椅和书柜，更欣然应聘为图书室导师。在复杂的政治局势中，孑民图书室得以存续一年多的时间，与胡适的支持不无关系。随着北平解放，孑民图书室并入北京大学图书馆。

与清华大学一样为纪念死难学生而成立的图书馆是武汉大学的"六一图书馆"。1947年上半年，在共产党的领导下，武汉爆发以反饥饿、反迫害、反内战为名的学生运动。6月1日，武汉大学政治系学生陈如丰、土木工程系学生王志德、历史系学生黄鸣岗被军警枪杀，另外还有19名学生受伤，22名师生被捕。这被称为"六一惨案"。成立于1948年5月的"六一图书馆"就是为纪念死难学生而由武汉大学学生自治会倡议创办的，馆藏来源主要是师生捐赠的各类政治性书刊，有马克思主义和毛泽东的著作，有鲁迅、郭沫若、茅盾、赵树理和苏联作家的文学作品。不但如此，图书馆还办了一个名叫"集体脑袋"的壁报，意即"要使武大成为一个'集体脑袋'，使武大两千多师生员工脑袋里想的都是马列主义"[①]。显然在这种观念主导下，图书馆已经脱离大学图书馆的一般范畴，而成为马克思主义的专题图书馆了。

纵观中国现代社会发展进程中的每个历史阶段，大学图书馆的生存与发展在深度与广度上都饱受社会大事件或推动或阻碍的影响。反过来说，从大学图书馆的发展变迁中也可以感受到大事件带来的社会变革。政局动荡、世事变幻，大学图书馆犹如风中之树、浪中之船，但也正是在命运的惊险交织中，才展现出它与命运搏击的顽强的生命力。

---

① 潘伯善. 武汉大学图书馆七十年［J］. 武汉大学学报（社会科学版），1984（2）：88.

第三章　乐章：民国大学图书馆的建筑艺术

作为中国近现代建筑的一个全新体系，民国时期的大学建筑开创性地奠定了中西合璧的建筑模式。无论规模、数量、质量、形式、材料、审美，在中国建筑史上，它们都具有无可比拟的重要价值。而作为大学建筑的一个不可或缺的组成部分，图书馆建筑因为图书馆本身与生俱来的文化内涵和精神气质而被赋予了更加浓厚的人文情怀。

一、中西合璧是民国大学图书馆最普遍的建筑形式

如果用一个词概括民国时期大多数大学图书馆的建筑形式，“中西合璧”无疑是最合适和恰当的。不论建筑风格如何多样，折中主义①、传统复兴、古典主义、古典复兴、复古主义等，万变不离其宗，

① 折中主义建筑流行于19世纪上半叶至20世纪初的欧美国家，它不拘泥于或古典或浪漫的某一种风格，而是将各种建筑风格混搭在一起，比例均衡、形式美观是它们最主要的追求目标。

都摆脱不了中西合璧的内核。早期的折中主义建筑风格，固然是大学图书馆中西合璧建筑产生的有力催化剂，即便是随后兴起复古主义，大学建筑盛行传统复兴（或称古典复兴）而热衷追求中国传统建筑风格，但受限于外国建筑设计师的西方文化背景、西方先进建筑材料的引进，以及美的创新思维，中西合璧依然是大学建筑的主要风格。

圣约翰大学在还是圣约翰书院的1895年2月，用校长卜舫济从美国募集的资金，建成一幢两层砖木结构的建筑，命名为怀施堂。怀施堂后来成为圣约翰大学的标志性建筑之一，也是该校最早运用中西合璧建筑形式建造的大学单体建筑。在它兴建之前，学校的建筑均为典型的中国传统式，如1879年建设的第一幢校舍是两层楼的外廊式建筑，外部样式采用了具有江南格调的民居形式，尚无西式风格；随后修建的三幢校舍，四合院的布局延续了中国风。13年后，学校拆除了老旧的中式建筑，建怀施堂，而最早的圣约翰的藏书室便设在该楼的一层。圣约翰建筑风格的转变一方面有赖于对社会环境的适应，一方面也是贯彻执掌圣约翰的校长卜舫济"外观略带华式"[①]的指导思想。"歇山屋顶上铺传统的蝴蝶瓦"，即中国传统建筑里的"大屋顶"是它的"中式"体现；"墙面为红砖清水的外观，墙身则是连续的西式圆拱外廊构图"[②]，还有一口由美国马萨诸塞州波士顿E. 爱德华联合公司铸就的大钟安放在塔楼上，都使它的外观在"略带华式"中又"略带"了些西式。

此时的中和西，合璧得略微有些生硬——一排中式歇山顶房子中间夹着一个西式的钟楼，而钟楼又设计了双层四角，飞翘的四个檐角很夸张，似乎又在强化中式风格。尽管存在着人为拼接的成分，不免

① 董黎，杨文滢. 从折中主义到复古主义——近代中国教会大学建筑形态的演变［J］. 华中建筑，2005，23，（4）：160.

② 熊月之，周武. 圣约翰大学史［M］. 上海：上海人民出版社，2007：260—266.

上海圣约翰大学怀施堂（现在是上海政法大学韬奋楼）。圣约翰大学图书馆最早设在该堂的一层，当时尚称藏书室。

有些造作和生硬，但这并不妨碍圣约翰大学在大学建筑采取中西合璧方法的尝试中拔得头筹，更赢得“开创了中西建筑文化交汇”的高度评价。之后，大多数大学建筑模仿了圣约翰的建筑风格，就像卜舫济所说，圣约翰大学的“斋舍形式，力谋与中国式建筑之融合。自后教会学校，均渐采用此种形式，盖多仿自本校者也”[①]。因此可以说，圣约翰大学掀起了中国传统建筑的复兴风潮。“怀施堂”建筑的意义由此可见一斑。

1904 年建成的思颜堂一楼西南隅是圣约翰大学罗氏图书室所在地，新建筑沿用了中西合璧的建筑模式——“楼顶四角皆为曲线形，东侧南顶以阳台护栏装饰，整体呈 U 字形，砖木结构”[②]。作为图书馆的独立馆舍，1914 年开工建设的罗氏图书室采用了当时先进的建筑材料，砖木之外还有钢筋水泥，外观总体风格与之前的怀施堂、思颜堂保持一致。

圣约翰大学之所以能够最早进行中西合璧建筑的尝试，与它不但

① 卜舫济 . 圣约翰大学沿革略［J］. 中华基督教教育季刊 .1925，1（2）：59.
② 熊月之，周武 . 圣约翰大学史［M］. 上海：上海人民出版社，2007：268.

上海圣约翰大学怀施堂中西合璧的标志性景观——钟楼。

1904 年，上海圣约翰大学罗氏图书室由怀施堂迁至思颜堂一层西南角。

上海圣约翰大学罗氏图书馆（今上海政法大学老图书馆）内景。

是中国较早出现的大学，更是中国最早的教会大学有关。教会（英美基督教会、罗马天主教会）的宗教性质决定了教会大学的西方属性，初始教会大学的兴建完全是出于传教的目的，更使得教会大学天生具有西方血统。从这个方面说，教会大学建筑的西化理所当然。但根植于中国土地上的教会大学意欲生存和发展，不能不考虑到水土问题，因而无法做到全盘西化，包括建筑。

之所以说建筑的传统复兴起始于大学，特别是教会大学，是因为在这之前，建筑风格经历了中国传统——中西合璧——西方建筑大举侵入的过程。最早的中西合璧建筑是建于清乾隆年间的圆明园。虽然那是“在中国的土地上第一次大规模成群兴建的西方风格的建筑”①，但其中不乏中式元素：中式檐部、中式亭顶、中式须弥座、中式卷草纹图案、中式琉璃等。如果说圆明园建筑的西化是封建皇室出于好奇心理而对西方文明进行主动引进的话，那么，随着传教士成群结队地进入中国，中国社会对西方文明的接受便是被动的了。因为传教士们带来的不仅有宗教思想，更有西方文化和先进的科学技术。作为传教的载体，教堂可以说是进入中国的最早的西方建筑。

鸦片战争后，国门被强行推开，随后各种不平等条约签订，割地、赔款、开放商埠接踵而来，租界、洋行、领事馆、西式私人住宅一一出现，一座座洋房拔地而起。这些建筑基本由外国人设计建造，“外观多为‘殖民地式’或‘欧洲古典式’的风貌”②。西风东渐的社会环境，师夷长技的社会心理更助推了西方文化的强势进入，以建筑为例，“中国建筑史上第一次出现了完全由外国人主导的时期”③，中西建筑文化的交流一度呈现出中弱西强的格局。然而，这样的态势没有维持

① 张复合 . 北京近代建筑史［M］. 北京：清华大学出版社，2004：8.

② 吴薇 . 中外建筑史［M］. 北京：北京大学出版社，2014：121.

③ 董黎 . 中国近代教会大学建筑史研究［M］. 北京：科学出版社，2010：11.

太久。

在复兴中国传统建筑方面，传教士的作用显而易见。这一方面是受制于教会势力在中国不断受到冲击的现实——关涉传教的大小教案此起彼伏、庚子年（1900年）更爆发“庚子教难”（即义和团运动），因此不得不主动放低身段尽力表现中国本土式风格，以缓和民众的反教情绪，表现在建筑上（主要是新建教堂），则是更多地赋予中国传统建筑元素；另一方面也是审美转向后的主动选择——长期在中国工作和生活很难不影响到传教士们对中国文化的理解和认同，偏好和喜爱。换句话说，传统复兴式建筑也最早体现在教堂建筑上。

较之受众面相对小得多的教堂，教会大学建筑的中国风格更容易践行“教会本土化”思想。它们落地于中国，接收的是中国的学生，部分承载着传教和输入西方文化的重责大任，因此更迫切于为中国民众所接受，进而使他们产生亲切感和认同感。而在教会大学筹建与兴建过程中，又恰逢基督教、天主教为适应社会环境而分别兴起的“本色教会运动”①和“中国化计划”，这就为教会大学建筑的中西合璧建筑形式提供了社会学支撑。

就建筑本身而言，在教会大学建设初期，折中主义建筑风格大行其道，这又为中西合璧建筑形式提供了技术保障。虽然20世纪二三十年代以后，中国政府倡导“中国固有形式”的建筑活动，以燕京大学校园建筑为代表的大学传统复兴主义建筑形式一枝独秀，但这只是扭转了曾经的中弱西强建筑格局，并没有因此改变中西合璧的建筑态势，西方建筑装饰的点缀、西方传统建筑手法的拿来主义、西方先进建筑材料的运用，都使很多大学（教会大学之外也包括公立、私立大学）的建筑延续了中西合璧的建筑模式。

---

① 本色教会运动，是指亚洲、非洲、拉丁美洲国家的基督教会为使基督教教义、礼仪等与本国传统文化相结合而发起的运动，意在尽力消除西方文化色彩。

尽管从时间上看，圣约翰大学（1905 年）并不比北洋大学堂（1895 年）、京师大学堂（1896 年）、山西大学堂（1902 年）这三所国立大学建校早，但在中西合璧建筑方面，圣约翰大学处于领先地位。在它之后，大多数教会大学在校园规划、单体建筑中都运用了中西合璧的建筑形式。有人统计过，在 17 所教会大学中，有 12 所采用了中西合璧的建筑形式：除了圣约翰大学外，还有燕京大学、辅仁大学、金陵大学、金陵女子大学（1930 年改称金陵女子文理学院）、华西协合大学、华中大学、岭南大学、福州协和大学、北京协和医学院、湘雅医学院、齐鲁大学。[①] 公立大学和私立大学中，也有一些大学建筑采用了中西合璧的建筑形式，如中法大学、南开大学、复旦大学、武汉大学、河南大学等。

大多数大学图书馆受限于经费等原因，在大学初建时期往往没有独立馆舍，而附设于某一建筑中，或教学楼，或行政楼。如圣约翰大学最早的图书室只设在怀施堂一角。因此，早期的大学图书馆没有建筑风格可言。随着学校规模的扩大，各大学逐渐开始建设独立的图书馆馆舍。由于之前学校规划已经完成，作为学校主体建筑的教学楼、行政楼、宿舍楼风格基本定型，为使校园建筑风格统一，图书馆的建筑外观往往并不标新立异，更多的是在顾及图书馆的特殊使用功能之外参照校内的其他建筑物。中西合璧既然是民国大学建筑的主体风格，那么，大学图书馆的建筑自然也以中西合璧为主。

二、外国设计师是民国大学图书馆建筑中的主力军

任何建筑的问世都离不开建筑设计师的创造，作为一种专门职业，

① 董黎．教会大学建筑与中国传统建筑艺术的复兴［J］．南京大学学报（哲学・人文科学・社会科学），2005，42（5）：74.

建筑设计师起始于西方。鸦片战争后，国门被打开，伴随着西风东渐，西方文明强势输入，外国移民也潮水般涌入中国，其中便有于中国人来说还很陌生的一种人——建筑设计师。那时建筑设计师所依托的建筑事务所多以“洋行”和“工程司”的面目出现，如英国建筑师艾金森创立的上海通和洋行、法国建筑师赫琴和慕乐合作创办的天津永和工程司等。19世纪下半叶到20世纪初在中国通商口岸出现的各种西式教堂和其他公共建筑，自然出自外国建筑设计师之手。当外国教会在华发展教育事业的条件日渐具备，初等教会学校逐步为中国人所接受和认同后，教会把目光转向了创办大学。教会大学的筹建离不开建筑设计师对校园进行前期规划和单体建筑物的设计，此时能够胜任这一角色的非外国建筑设计师莫属。事实上，在20世纪20年代以前，很少有独立职业的中国建筑设计师。

（一）教会大学图书馆建筑中的外国设计师

中国近代教会大学的成功创建有赖于传教士，甚至可以说，“中国的西式教育是由传教士开始的”①。起初，传教士只是出于传教的目的。为了让更多的中国人接受教义，他们在传教的同时也灌输其他知识，这是教会教育的初期阶段。当由单纯的传教渐渐过渡到广泛的教育之后，传教士也兼有教育者的身份。在教会大学的校园规划和单体建筑的建设中，并非专业建筑设计师的传教士实际上掌控了对建筑设计师的选择，他们也以自己长期从事教会教育的经验和对中国文化的认知影响了校园的整体规划。

教会大学大规模筹建初期，可供传教士选择的外国建筑设计师无外乎崇尚“古典主义”风格、迷恋“折中主义”风格、热衷“导入‘新

① 董黎. 中国教会大学建筑研究——中西建筑文化的交汇与建筑形态的构成[M]. 珠海：珠海出版社，1998：64.

建筑’和现代建筑”风格、推行“传统复兴”风格这几种类型。显然，“义和团运动”之后的社会现实使得教会大学已经失掉了大部分西方古典主义建筑风格的土壤；虽然所谓“新建筑”和“现代建筑”在20世纪初就已进入中国（比如哈尔滨、青岛、上海等地已经有了这方面的公共建筑），但并不适宜大规模移植到教会大学。

传教士很清楚“建筑本土化”对于教会大学发展的重要性和必要性，因此他们选择为自己学校规划校园和设计建筑物的建筑设计师多是折中主义风格的践行者，而更愿意在传统复兴方面进行尝试。比如，美国设计师墨菲（H. K. Murphy）参与了包括燕京大学在内的数所大学的建筑设计，除了最早的清华学校的四大建筑（图书馆是其中之一）属折中主义风格外，其余的都是中国传统复兴式。

仅从墨菲的建筑历程便可看出，中国教会大学建筑有一个从折中主义到传统复兴的渐变过程。作为中国教会大学中第一幢钢筋混凝土结构的建筑，广州岭南大学的马丁堂带有很浓重的折中主义风格。但岭南大学的整体建筑并非独有折中主义一种风格，1928年以后便进入了传统复兴阶段。

马丁堂是岭南大学最早的图书馆所在地。岭南大学的图书馆始设于1906年，在所有教会大学图书馆中，成立时间仅次于圣约翰大学罗氏图书室。其时，岭南大学的中文名是“岭南学堂”，英文名是“Canton Christian College”。与大多数大学初创时期一样，图书馆没有独立馆舍，与教室、博物标本室共用一幢新建的马丁堂。从1916年到1928年，在这12年间，图书馆一直将格兰堂东侧的房间作为馆舍。在1928年科学馆落成后，岭南大学校舍紧张局面得以缓解，图书馆又得以从格兰堂迁回马丁堂，由占整个二楼全层扩大至一、二楼全层和三楼一部分。1933年，岭南大学有意筹建图书馆独立馆舍，但向国民政府申请经费没有成功，图书馆不得不一直栖身于马丁堂，直到1952年全国院系调整。也就是说，起初马丁堂只是作为图书馆

广州岭南大学马丁堂，图书馆所在地。

的临时馆址，但因为专门馆舍胎死腹中而实际充当了终身馆舍。

由于马丁堂的初始设计目的并非为图书馆所用，而只是作为学校的教学楼和实验室，因此其内部空间设计并不适用于图书馆的需求[①]。无论是开工于1904年的马丁堂，还是1915年的格兰堂，它们的建筑代表了早期岭南大学殖民地式折中主义的建筑风格。殖民地式建筑形式的特点是“平面常采用较为简单的一字形布局，在主要使用房间的周边以柱廊形式将其围合”[②]。负责该建筑设计的是美国纽约的斯托顿事务所，建筑师是美国人柯林斯（A.S.Collins）。由于来自美国辛辛那提的马丁一次性捐款2.5万美元，所以它以“马丁堂”命名。马丁堂开创性地使用砖、木、石、钢筋混凝土结构。外观上看，中式大屋顶，建筑主体采用了券廊等形式，廊柱以红砖砌成方形通柱，柱身、柱头有砖砌花式装饰。概括来说，马丁堂“体现了近代早期西方

① 周旖．岭南大学图书馆馆舍变迁研究［J］．大学图书馆学报，2010（2）：109—110.

② 谢少明．岭南大学马丁堂研究［J］．华中建筑，1988：96.

建筑师对中国传统古典建筑的诠释和理解”[①]。

不只岭南大学，可以说，中国近代 17 所教会大学的建筑设计几乎都是外国建筑设计师的作品。相应地，大部分教会大学图书馆建筑也与外国建筑设计师的名字紧密相连。比如，华南女子文理学院图书馆所在地“彭氏楼”（又称马莲彭楼，后改为胜利楼）与美国建筑师毕齐（W. Beach）；华西协合大学图书馆“懋德堂”与英国建筑师荣杜易（F. Rowntree）；金陵大学早期图书馆所在地“行政院”（后改为文学院，又称北大楼）与美国建筑师司斐罗（A. G. Small）；之江大学图书馆与美国建筑师威尔逊（J. M. Wilson）；震旦大学图书馆所在教学楼（现称“老红楼”）与瑞士建筑师米努第（R. Minutti）；齐鲁大学奥古斯丁图书馆与美国建筑师费洛斯和汉密顿等，还有就是著名的墨菲。

美国建筑师毕齐设计的华南女子文理学院的彭氏楼是比较早运用中西合璧建筑模式的大学建筑之一，建于 1914 年，平面采用内廊式布局，一层采用竖向长窗，二到三层为半圆拱窗。最典型的特色是中国传统大屋顶、红砖西式墙身。

华西协合大学是中国教会大学中唯一一所由英国建筑师规划设计的大学。仿照英国牛津大学实行“学舍制”的组织结构和教育体制使得学校规划与建筑设计呈现出别样风采。所谓“学舍制”，也就是不以功能（即办公区、教学区、生活区、活动区等）划分区域，而是按参加大学组织的差会划分区域，并分别建造和管理一组学舍，且各区域共同担负大学一定行政经费。[②]当时，华西协合大学被人称为“五洋学堂”，即五个教区下的五个分区：美以美会的“华美大学舍”、公谊会的“广益大学舍”、英美会的“华英大学舍”、浸礼会的“明

① 周旖 . 岭南大学图书馆馆舍变迁研究［J］. 大学图书馆学报，2010（2）：110.

② 李晶晶 . 华西协合大学校园近代建筑初探［J］. 古建园林技术，2012（2）：37.

德大学舍”、圣公会的“育德大学舍”、英美会、美以美会等女布道会的“女子大学舍”。

学舍制对校园建筑的要求是既统一和谐，又各具特色，也就是在保持总体风格一致的前提下，各学舍可以按照自己的方式独立建设富有本差会特色的建筑。那么，总体风格该是怎样的？英国建筑师荣杜易的既让中国人喜欢，又让外国人接受的“中西合璧”的设计方案是在华西协合大学在国外举行的一次“关于办公楼、图书馆、礼堂和医学院的设计图的竞赛”中脱颖而出而被选中的。荣杜易之所以竞标成功，理由是他的设计“综合了中西方建筑最好的因素，其结果是中国人和西方人都喜欢的一种对整个大学校园一致的协调的感觉的式样”①。

荣杜易的苏格兰建筑艺术和工艺品设计师的专业身份、在伦敦与人合作创办建筑设计工作室的工作经验，都使他熟悉西方建筑风格、了解西方人的喜好，而他为参加华西协合大学建筑设计竞赛亲身实地考察的经历——他特地从伦敦到成都，体验中国西南的民俗风情、研究川味建筑，历时六个月，后又赴北京参观明清宫殿建筑——又让他对中国古典建筑和特定区域建筑有了一定的认知。两相叠加，构成了他“中西合璧”的设计理念。

外国建筑设计师为中国大学规划校园和设计单体建筑，除了自身的偏向外，很多受限于业主（大学创办者或大学校长）的审美趋向，满足业主需要、尽量按照业主的要求是建筑设计师应当遵循的职业原则。比如，墨菲几乎同时规划设计金陵女子大学和燕京大学，但由于燕大校长司徒雷登参与意见更多，故而最终呈现出来的两个学校的建筑有很大差别。华西协合大学尽管采纳了荣杜易中西合璧的设计，但

① 董黎．中国近代教会大学校园的建设理念与规划模式——以华西协合大学为例［J］．广州大学学报（社会科学版），2006，5（5）：82.

也没有完全照搬，而是受其影响，在建筑的整体布排上更按照“中国顺序原理，平衡对称，一个楼要与另一个楼等距离相配”①。但总的来说，是荣杜易的自主设计决定了华西协合大学的建筑风格，而不是他迎合业主建筑思想的结果。

以抗战为界，之前，主要在1910年建校到民国政府成立后的1928年，这时期的华西协合大学建筑风格是荣杜易设计主宰的中西合璧；之后，即1941年到1949年，为安置因抗战而避难于此的其他教会大学的师生，学校新建了一些建筑，顺应“中国固有形式”的社会环境和传统复兴的建筑之潮流，风格以官式为主，典型的宫殿式屋顶，配以红柱、绿框。显然，竣工于1926年的懋德堂，即华西协合大学赖孟德图书馆属于前者。

赖孟德图书馆的中式风格不出意料地主要体现在外观上，特别是“屋顶的两坡、歇山、四坡、攒尖、腰檐”，“屋面的反宇曲线，檐口的波浪起伏，檐翼的上翘飞扬”②都是中国传统建筑的典型特征。不仅如此，荣杜易还融合了具有四川地域风格的色调：青砖青瓦、大红圆柱、大红封檐板。由于早期华西协合大学模仿的是英国大学教育体制，建筑设计师荣杜易又是英国人，学校建筑，包括图书馆建筑不可避免地受到英国大学建筑风格的影响。而英国都铎式建筑风格早在19世纪便已影响了很多欧洲和北美的大学，如今被巧妙地移植到华西协合大学是很自然的事。这种建筑的外形特点是“残留着中世纪城堡的痕迹，追求凹凸起伏”③。这在懋德堂也有所体现。

有人把早期的中西合璧建筑戏称为“戴礼帽、穿西装”，也就是中式大屋顶盖在西式墙身上。如果从时间来说，中国大学最早采用这

① 董黎．中国教会大学建筑研究——中西建筑文化的交汇与建筑形态的构成[M]．珠海：珠海出版社，1998：139.

② 董黎．中国近代教会大学建筑史研究［M］．北京：科学出版社，2010：78.

③ 董黎．中国近代教会大学建筑史研究［M］．北京：科学出版社，2010：79.

成都华西协合大学（今四川大学华西校区）懋德堂，图书馆所在地。

种建筑形式的是圣约翰大学的怀施堂，其次是岭南大学的马丁堂，但从校园整体规划来说，华西协合大学则是最早体现中西合璧建筑思想的大学。金陵大学也是较早采用这种建筑形式的大学之一，但相对于由不同的差会参与组织起来的华西协合大学，它的单纯性使其更易做到校园风格和建筑物风格的统一。更重要的是，如果说，之前大学建筑的中西合璧是在西方建筑形式上融合了中国南方的建筑式样的话，那么，金陵大学则“开创了西方建筑与中国北方官式建筑相糅合的先例”[①]。换句话说，中国大学传统古典复兴建筑起始于金陵大学。这当归功于美国建筑设计师司斐罗的规划设计。

司斐罗之前对中国和中国建筑并不十分了解，更未必偏爱中国传统建筑，他之所以做这样的选择，与他所接受的19世纪以来美国盛行的折中主义教育有关，显然他更擅长这样的建筑风格。另一方面，金陵大学业主与其他传教士一样正致力于教会本土化，在建筑方面，希望建筑师们帮助他们实现“耶稣披龙袍”的中西合璧理想。金大前身汇文书院创办人福开森、金陵大学校长包文（A.J.Bown）明确要求“建

① 董黎.中国近代教会大学建筑史研究［M］.北京：科学出版社，2010：48.

筑式样必须以中国传统为主”[①]。司斐罗的不同之处在于他弃中国南方建筑风格不用而取中国北方官方建筑风格，即单体建筑呈“简单的一字形平面”“灰筒瓦歇山顶”“中国式砖雕和装饰”[②]。

对于司斐罗的考验是因为没有预算建设独立的图书馆馆舍，他必须在设计行政院大楼时考虑到图书馆的布局空间。也就是说，行政院大楼要兼顾到图书馆的使用功能。如今无从了解司斐罗将图书馆放在钟楼顶层的设计思想，但将作为教会大学标志的钟楼与更强调使用功能的图书馆糅合在一起，是既富创意的大胆行为，也必然会面临无法平衡两者关系的困难。常规的钟楼空间显然无法满足图书馆的空间和采光需要，司斐罗不得不将钟楼的进深扩展至行政院大楼总进深的二分之一，以至于钟楼背面不得不别扭地安放在歇山屋顶的正脊上，这必然造成钟楼与大楼的比例不甚协调。

1919 年落成的金陵大学北大楼钟楼部分与古都南京标志性的建筑鼓楼齐高，是当时南京城最高的建筑之一。尽管图书馆在此楼内占有一席之地，面积也有所扩大，但仍没有摆脱“蜗居”之苦。之前，图书馆位于 1912 年建成的理学院（又称“科学馆”，如今称“东大楼”）三楼，只有两间房，一为阅览室，一为书库及办事之所。迁至行政院钟楼顶层后，图书馆占屋三大间，两年后又在西侧另辟一室，作为研究部和办公之用。真正的图书馆馆舍的建设是十几年以后的事，那与司斐罗没有关系，但图书馆延续了行政院的建筑风格。

活跃在民国时期中国大学里的建筑师，美国人居多，专业建筑师居多，中国传统复兴式风格居多，但也不乏其他国家的专业建筑师和非专业的传教士，以及其他的建筑设计风格。为震旦大学设计校园建

---

① 刘先觉，楚超超．南京近代大学校园建筑评析［M］// 张复合．中国近代建筑研究与保护．北京：清华大学出版社，2006：409.

② 董黎．中国近代教会大学建筑史研究［M］．北京：科学出版社，2010：55.

1919年，金陵大学图书馆迁至新落成的钟楼（今南京大学北大楼），面积有所扩大。

金陵大学理学院（今南京大学东大楼），图书馆曾设于此楼三层，但使用面积只有两间房子。

筑的米努第是其中唯一的瑞士人，由他设计的教学楼（内设图书馆）是中国大学中比较少见的现代装饰艺术派风格。

与很多大学一样，震旦大学图书馆一直没有独立馆舍。米努第设计的位于吕班路（今重庆南路）新址的新教学大楼于1936年9月完工，它部分承担了图书馆的功能。这位1887年出生于瑞士日内瓦的设计师毕业于苏黎世工学院，但他是以法国建筑师的身份到上海发展的。他和另外三位合伙人创办的中法实业公司承接有法国天主教背景的震旦大学的建筑设计，似乎是自然而然的事情。之前，他在上海的设计工程限于桥梁、水塔、厂房、仓库和货栈。震旦大学新楼（今称老红楼）是他唯一的教育建筑作品，但他没有效仿在大学（特别是教会大学）里盛行的中国传统复兴式建筑风格，而是固守了自己对于现代装饰艺术派建筑风格的追求。

现代装饰艺术派脱胎于20世纪初的新艺术运动，起源于法国，奠定于1925年以“现代工业装饰艺术”为主题的巴黎国际博览会。这对在法国从事建筑又偏爱新材料新结构的米努第必然有很深的影响。这种建筑手法以多层次的几何线型及图案为主，立面简洁，内外门窗线脚、檐口及建筑腰线、顶角线等部位是装饰的重点，并配以明亮鲜艳的色彩。接手震旦大学校园建筑之前，米努第在上海已经完成了毕卡地公寓

上海震旦大学图书馆。（照片来源：1936年第1卷第7期《读书青年》）

（今衡山宾馆）、法邮大楼（今上海市档案馆）的设计，清一色的现代装饰艺术派风格。显然，震旦大学没有为米努第的设计进行限制。也就是说，震旦大学新楼的设计完全是设计师的审美体现。

红色外墙的新楼一共四层，图书馆位于第二层，分目录室、期刊室、馆员办公室、大小两个阅览室（大阅览室为学生所用，小阅览室为教员所用，也向社会人员开放）。因为书库的特殊性，为配合书架高度，而将大楼东端上下四层分割成了八层，以盘梯贯通。全部书架足以容纳 27 万余册书，而当时的震旦大学图书馆藏书只有容量的一半。新大楼兼图书馆落成的纪念活动是举行了一次法文图书的展览会，显示了震旦大学的法国背景。

显而易见，作为一个技术门类，建筑业具有很强的专业性，大多数教会大学都不出意料地将校园规划和建筑设计工作交给专业的建筑设计师负责。辅仁大学是个例外，它的建筑设计师是非专业的比利时传教士格里森（A. Gresnigt）。而他之所以被委以建筑重任，源于他的建筑思想与首任罗马天主教宗座驻华代表刚恒毅枢机主教（C. Costantini）高度一致。

作为中国近现代教会大学中唯一的“罗马教廷直辖的大学（因此有人称之为‘教宗大学’）”，辅仁大学是在罗马教廷与美国公教本笃会的共同支持下建校的，教皇庇护十一世亲自捐赠十万里拉，并委派驻华使节刚恒毅直接管理。学校选址晚清贝勒载涛（光绪皇帝的弟弟、末代皇帝溥仪的叔叔）府邸，以 16 万美元的价钱永久租用[①]。在自建教学楼之前，辅仁大学女子学院设在恭王府内，正厅多福轩便是女院图书馆所在地，而男子学院则位于涛贝勒府。这是决定校园建筑以中国古典建筑为主的一个方面。而另一个方面则取决于刚恒毅和格

① 李银忠 . 中国传统建筑风格影响下的近代教会大学建筑——私立北平辅仁大学近代建筑［J］. 中华民居旬刊，2011（11）：83.

里森坚定不移的中西合璧建筑思想。

早在接手辅仁大学之前，身为天主教罗马教廷驻华使节，刚恒毅曾经就西方教会在中国土地上热衷于哥特式建筑提出过质疑，他直言不讳那“是一个错误”，他认为“保留外来建筑风格无异使人们视天主教为舶来品的误会一直存在”，他主张“应当采用当时当地的艺术”。他的理由，从民族文化的角度说，“每一民族都有她特殊而定型的特质”；从建筑技术的角度说，以哥特式为例，它用于融雪的倾斜度很大的屋顶只适合北欧，并不适合“棕榈丛生的中国地带”[①]。就中国而言，所谓“当时当地的艺术”，便是中国传统古典建筑风格。

格里森不但持相同观点，在表述上更具体清晰：“中国建筑是中国人思想感情的具体表现方式，寄托了他们的愿望，包含着他们民族的历史和传统，与其他民族的文化一样，中国人也在他们的艺术中表现出本民族的特征和理想。”正因为如此，他认为，“对于中国人来说，一种外来的建筑形式是无意义，令人诧异的。”[②]而摒弃“外来的建筑形式”之后，中国传统建筑形式是唯一的选择。这样的建筑思想在辅仁大学于1929年准备在涛贝勒府花园南面兴建新校舍时，由刚恒毅明确地表达了出来：“建筑方案……宜采用中国传统建筑形式并使其适应现代学校的功能要求。”他在施工奠基仪式上发表的演说中进一步重申：整个建筑“采用中国古典艺术式，象征着对中国文化的尊重和信仰”。[③]

刚恒毅、格里森如此隆重地推崇中国古典建筑固然出于对中国传统文化的热爱，但那应该不是全部，也可能不是主要的。当时的社会

① 董黎．形态构成与意义转换——格里森的建筑作品评析［J］．华中建筑，1996（3）：37.

② 董黎．中国教会大学建筑研究——中西建筑文化的交汇与建筑形态的构成［M］．珠海：珠海出版社，1998：73.

③ 李子迟．大学史记——近代中国的那些大学［M］．济南：济南出版社，2010：245.

环境已非鸦片战争后国门刚刚打开时可比，不但国民政府倡导建筑以“中国固有形式”为主，而且连教会大学的宗教性质都在不断削弱。在这种情况下，他们的选择是一种必然。加之，辅仁大学本就身处中国古典建筑典范的王府内。仅仅出于建筑风格统一和谐，新建教学楼也不应脱离中国风。

辅仁大学校址离紫禁城不远，气势磅礴的皇家建筑，特别是皇宫的城墙、城门、城楼这些与众不同的建筑特质，给了格里森很多启发。他在北京待了几个月，不但实地考察皇家建筑，也研究中国北方官式建筑，还比对了北京周围与北京风格大体相当但细节装饰略有不同的古建筑。由他设计的辅仁大学主楼（其中中间下层为图书馆，上层为

现存的辅仁大学教学楼。当年，此楼内设有图书馆。

礼堂）是一座由四面围楼和中间楼房围成两个天井的“曰”字形建筑，总体风格自然是中西合璧。“中”，体现在故宫式角楼、红漆大门、金色门钉、琉璃瓦歇山式屋顶、汉白玉须弥座、南方封火山墙等；“西”，体现在券面浮雕、屋脊正中竖十字架装饰等。

其实，格里森对校园的整体布局更能体现他的中国古典建筑情结——中轴线以故宫的北海为依据来确定；保留了王府里的部分建筑，如格阁楼、雨香亭等，以及中国特色浓郁的园林，使整个校园看上去好似一个缩小版的皇宫。但不知是不是因为格里森非专业建筑设计师出身的原因，由他设计的教学楼（兼图书馆）在内部功能上存在缺陷，比如，进深太浅、室内楼梯数量较少、门厅采光不足等[①]。

尽管如此，辅仁大学的主楼仍可作为中国传统建筑复兴的代表。事实上，在一个相当长的历史阶段，它和北平协和医学院与燕京大学的建筑，作为中西合璧的典范并称北平三大校园建筑。

（二）墨菲：大学图书馆是中国传统复兴建筑的代表

参与民国时期大学建筑设计最多的外国建筑设计师当属墨菲，在12 所采用中西合璧建筑风格的教会大学中，与墨菲有关的占一半之多：岭南大学、福建协和大学、湘雅医学院、雅礼大学、金陵女子大学、燕京大学，还有一所公立大学清华大学，一所私立大学复旦大学也都留下了他的设计思想。除此之外，他还做过学院哥特式风格的沪江大学的校园规划。他不但在数量上领先，更因为金陵女子大学、燕京大学的整体校园规划和建筑物的设计赢得中国古典传统复兴建筑风格的代表人物的称号，而燕京大学也一直被看作中西合璧最高艺术典范。

因为之前有圣约翰大学怀施堂、思颜堂的匿名建筑师，岭南大学

① 李银忠 . 中国传统建筑风格影响下的近代教会大学建筑——私立北平辅仁大学近代建筑［J］. 中华民居旬刊，2011（11）：85.

马丁堂的柯林斯，还有华西协合大学的荣杜易、金陵大学的司斐罗，以及北京协和医学院的沙特克（Shattuch）与赫西（Hussey）等，因此墨菲算不上是中国传统复兴建筑的首倡者和初次尝试人。但这并不妨碍他成为“代表人物”，他的成功在于他善于吸收前人的经验，改“中式屋顶与西式墙身”生硬结合为巧妙融合。这当归功于他长期在中国生活和工作积累起来的对中国传统文化的认识和理解，以及对中国古典建筑的潜心观察和研究。

墨菲出生于美国康涅狄格州一个马车制造商家庭，在纽黑文著名的私立学校霍普金斯中学毕业后进入耶鲁大学艺术专业，此时的耶鲁大学尚没有专门的建筑系。获得学士学位后，他先进入一家画室，后被纽约的一家建筑事务所录用。短短五年里，他由最底层的绘图员一步步做到总监。在另一家专为有钱人设计住宅的事务所（Delano & Aldrich）的工作经历不但让他积累了住宅设计经验，也使他得以结识了名流，其中之一便是洛克菲勒家族的小洛克菲勒（J. D. Rockfeller）。

在墨菲同时为雅礼大学校园规划与清华学校的扩建而忙碌时，由洛克菲勒基金会援建、小洛克菲勒参与的中国最大最著名的公益项目北京协和医学院正进入筹建阶段。可以相信，尽管协和医学院的整体工程直到1921年以后才逐步完工，但墨菲事先若要了解设计理念和规划方案并非难事。北京协和选址在豫王府，王府的建筑风格最具中国传统建筑味道，设计师在保留王府建筑风格——绿瓦灰墙、飞檐斗拱、雕梁画栋、琉璃瓦大屋顶、仿汉白玉回廊等——同时巧妙融入了西式建筑手法和装饰，加之它是一家西医院，又在功能设计上进行了西化处理，使它成为“中体西用”的建筑经典。

尽管从建筑学专业角度说，北京协和医学院的建筑物并不能与中国古典建筑画等号，但设计师“尽量中国化”的企图还是很明显的，传统复兴的意愿也非常强烈。从小洛克菲勒在协和医学院落成典礼上

北京协和医学院（今协和医院西院）建筑群之一。

的一段话可以看出，“中国建筑外貌”是他们在设计之初就明确的思路。而之所以如此，他这样解释：“是想让使用如此设计建造之建筑的中国老百姓得以一种宾至如归之感觉……并且也是我们对中国建筑之最好部分欣赏之最诚挚表现。”[①] 在建筑方面，迎合、适应，本土化、中国化的追求，是当时大多数教会大学所热衷的。墨菲不可能视而不见。而就墨菲与小洛克菲勒的关系，刚刚进入中国从事建筑设计的他不能不受到北京协和医学院中国古典建筑复兴理念的影响。

到中国之前，墨菲曾尝试以多样的设计思想，为一些大学做过不

① 董黎，杨文滢．从折中主义到复古主义——近代中国教会大学建筑形态的演变［J］．华中建筑，2005，23（4）：161.

同建筑风格的校园规划和建筑设计，积累了教育建筑的一些经验：如以学院哥特式风格设计的美国纽约州的新罗歇尔学院（The College of New Rochelle）；以殖民式风格设计的美国康涅狄格州温莎镇的卢密斯中学（Loomis Chaffee School）；而设计美国教会创办的日本圣保罗学院时，首次以日本本土特点与西方建筑相融合的尝试也获得了成功；另外还于韩国首尔设计过朝鲜基督教学院[①]。可见墨菲对中国长沙雅礼大学的校园规划和建筑设计并非是他“本土化”理念的第一次实践，而他对清华学校四大建筑的设计也不是第一次在教育建筑中采用殖民式风格的建筑模式。

对于雅礼大学（1929年与武昌文华大学合并成立武昌华中大学）的前期规划设计是墨菲在美国完成的。也就是说，为了符合业主雅礼会“在保留中国传统建筑遗产的基础上，将现代社会的建筑理念融入其中”的思想和“让新建教学楼尽可能不显示出‘外来’元素以降低雅礼的美国基因”[②]的要求，身在美国的墨菲仅从文本和图片中感受中国味道、捕捉中国元素，这使他的中西合璧建筑的初次尝试也多了点“硬性拼接”的痕迹。从规划上说，他的“轴对称”契合中国传统；他的“三合院式布局”来自于西方大学校园的常见形式。他很清楚图书馆在大学里的地位，因此顺着由低到高的地势将图书馆设置在轴线的最高点。他虽然也认同“大屋顶”是中国传统建筑的符号，但他在为雅礼大学设计建筑物时有意淡化了大屋顶的中国味道——他在大屋顶上又设置了老虎窗。“混杂”的处理方式表明他此时尚没有真正认识中国古典建筑的精髓。

---

① 方雪．墨菲在近代中国的建筑活动［D］．清华大学硕士学位论文．2010：16—18.

② Jeffrey W. Cody（郭伟杰）. Building in China：Henry K. Murphy’s “Adaptive Architecture”，1914—1935. 香港：香港中文大学出版社，2001：35—37. 转引自方雪．墨菲在近代中国的建筑活动［D］．清华大学硕士学位论文．2010：28—29.

在规划设计雅礼大学同时，墨菲也接受了清华学校新上任的校长周诒春的邀请，对清华学校进行整体规划和四大建筑（图书馆、科学馆、体育馆、大礼堂）的设计，以便为学校升格为大学做物质上的准备。同是教育场所、同一时期、同一个设计师，雅礼大学与清华学校的风格很不一样：前者，中国传统复兴式；后者，欧洲折中主义殖民式。

有人将清华大学图书馆一期的西洋建筑风格形成原因归结于两个方面，一是设计师（墨菲）是美国人；二是清华学校的创办背景是“美国希望建立一所各方面、包括建筑形式都带有殖民地色彩的学校”[①]。实际上，墨菲并不具有校园建筑风格的最终决定权，而学校的创办背景的确影响了学校的早期建筑风格，但 1914 年周诒春校长上任时，它的影响已随时代变迁而有所削弱。

所谓“早期建筑”，是指 1911 年由奥地利人费舍尔（E. Fischer）承包建设的一院大楼、二院、三院、北院、校医院。这批建筑是典型的欧式风格：青砖、红瓦、孟莎屋顶。在墨菲设计的图书馆独立馆舍建成前，图书馆栖身于同方部（礼堂）一隅。同方部也是欧式建筑风格：灰砖墙身，红瓦坡顶。但清华学校里并非只有这批欧式建筑，它所在的清华园还保留着纯中式的皇家园林式建筑：工字殿（工字厅）、怡春殿、古月堂。

这意味着，周诒春所设想的清华校园规划和建筑设计有中式、欧式两种风格可供选择。最终采用折中主义的建筑方式是周诒春和墨菲权衡风格、经济等各方面因素利弊后的结果。当然，这并非与清华学校以美式教育为主，以及周诒春耶鲁大学毕业被美风吹拂过有关，也与墨菲根本就是美国人毫无关系。对墨菲来说，他参与中国大学的建筑设计，大多数取中国传统复兴式，而清华学校的欧式建筑风格是例

---

① 孙宇．历史与文脉的传承——对清华大学图书馆一期到四期工程的思考［M］// 邓景康，韦庆媛．邺架巍巍：忆清华大学图书馆．北京：清华大学版社，2011：28.

外之一。

即便今时今日，清华大学图书馆仍然被看作是清华园里，乃至中国大学校园中最漂亮、最豪华气派的一组建筑群。说它是“群”，是因为在墨菲之后，又有几次扩建，虽然设计师不同，但建筑风格一直延续了下来。

墨菲设计的包括图书馆在内的四大建筑清晰可见美国校园风格的痕迹：“砖混结构、外形对称、比例端庄、立面三段、点缀石柱，模仿文艺复兴时的门窗、檐口、基座，清水红砖墙，重点部位用石材，青紫斑斓的石板瓦，有些拱窗、牛腿等处理”①。当初周诒春和墨菲放弃中国传统复兴的建筑模式，很大程度上是因为考虑到经费问题，但四大建筑的建设费用依然高昂，原因是所用材料质量上乘。就图书馆而言，大铜门，大理石装饰的门厅、地面、墙面、柱子、拱门，还有穹顶、欧式豪华壁灯、吊灯，使读者有一种一步迈入宫殿的感觉，顷刻间，肃穆、宁静、神圣之感油然而生。书库和阅览室也极尽豪华：最先进的玻璃钢地板、最考究的软木地板、形式新颖的半落地拱形玻璃窗、古色古香的红漆大书柜和带扶手的木椅。

雅礼大学和清华学校的不同不仅在于风格，更在于是墨菲“纸上谈兵”和“实地体验”的不同结果。在美国完成对雅礼大学的规划后，1914 年 5 月下旬，墨菲首次来到中国。在长沙待了一个多月后，为了清华学校和花旗银行北京分行的设计，他走进了古都北京。置身浓郁的中国传统皇家园林风格的清华园，他却为清华学校做着欧式规划和设计。这样的反差不但没有让他的设计思维陷于迷乱，反而使他明晰了未来中国大学校园建筑的设计方向。在他参观了故宫并由衷赞叹那是“全世界最好的建筑群”之后，“中国传统复兴”的信念更加强

① 孙宇. 历史与文脉的传承——对清华大学图书馆一期到四期工程的思考［M］// 邓景康，韦庆媛. 邺架巍巍：忆清华大学图书馆. 北京：清华大学出版社，2011：28.

在 1914 年由墨菲设计的清华大学图书馆独立馆舍建成之前，图书馆设在同方部。

民国大学图书馆中国传统复兴建筑形态的典型代表——由美国设计师墨菲于 1914 年设计的清华大学图书馆。

烈了。这信念决定了他将工作重心转向中国，并于 1918 年 7 月在上海外滩成立了分公司“茂旦洋行”，随即接手了金陵女子大学和燕京大学的校园规划和建筑设计。

与同时承接雅礼大学和清华学校却设计出两种风格不同的是，墨菲同时接下金女大和燕京大学的项目，走的是相同的中国传统复兴的路子。这既是适应“本土化、中国化”的社会环境需要，也是满足两个校长，金女大的德本康夫人（L. Thurston）、燕京大学的司徒雷登同时提出新建校园的建筑形式应为中国传统风格的要求。

德本康夫人早在金女大建校（1913 年）前十年便随丈夫受美国耶鲁差会派遣到中国传教，是长沙雅礼会的成员，共同参与了雅礼大学的选址工作。她没有在丈夫因肺结核去世后离开中国，而是继续在中国的传教工作，还一度在湘雅医学院教书，并协助医院工作。作为金女大第一任校长，她之所以要求按照中国传统建筑形式规划校园，从她个人来说，大概有三个方面的原因：一是长期在中国的工作和生活经历使她逐渐喜爱上了中国传统文化；二是她见证过雅礼大学中国传统复兴建筑的诞生，她认同那样的建筑形式，她说那是比她“看到的其他任何建筑都要更接近中国风格”；三是金女大初建时的校址在绣花巷李家花园（李鸿章小儿子宅第），古色古香很具中国特色的古典建筑，她曾经写信告诉建筑师墨菲，她“很欣赏”①，因此她希望位于陶谷地段（今宁海路）的新校址能保持和体现校园原有的中国古典建筑风格。

与德本康夫人一样，司徒雷登也是美国人、传教士，也在美国受教育而在中国传教。他的父母都是美国在华传教士，而他出生在中国杭州，这使他比德本康夫人对中国更多了份亲近感。“按中国的建筑

① 张连红 . 金陵女子大学校史［M］. 南京：江苏人民出版社，2005：29.

金陵女子大学（1930年后改名为金陵女子文理学院）图书馆（今南京师范大学华夏图书馆）。（照片来源：1934年第20期《金陵女子文理学院校刊》）

形式来建造校舍”[①]是他代表的燕大校董会在一开始就确定的规划思路。尽管之前他曾经参观过正在建设的欧式的清华学校四大建筑，了解那是墨菲的作品，但他没有因此改变初衷，而是明确将他的要求告诉了墨菲。此时的墨菲已经参透在华传教士对中国传统建筑的偏好，也很清楚保存古典建筑对于古都北京来说何等重要。因此可以说，在“复古”风格的确定方面，双方一开始就没有分歧。

三个“同”——同一时期、同一风格、同一设计师——使得金陵女大和燕京大学在校园规划和建筑设计上有许多相似之处：中轴线处理、建筑物的复古化、绮丽秀美的中国园林风格、限定在两至三层的楼高、校园主体建筑呈方院式布局等。既然是复古，那么，清代宫殿式歇山顶必不可少，而中国古典建筑的斗拱，墨菲是用先进的钢筋混凝土仿制的。用中国古典红柱装饰西式墙身，既可以避免“瓜皮帽配西服”的生硬，又更能体现中国味道，以达到德本康夫人“屋顶以下的部分也要是中国式”的要求。与此同时，他一改之前教会大学建筑外表追求朴实简洁的惯例，大量运用中国古典建筑中常见的明亮色彩

① 司徒雷登．在华五十年：司徒雷登回忆录［M］．北京：北京出版社，1982：51.

进行细部装饰，如檐下彩画、雀替彩画。金陵女大的某些设计，后来被墨菲原样搬进了燕京大学，如“每幢宿舍都有较宽敞的饭厅和交谊室，两端山墙做成骑楼形式的平台”[①]。但连接两幢楼的中国园林式游廊的运用，则只有在金女大的校园里才看得见。而内部功能的缺憾和完美、设备技术的先进与否，更是两所学校的区别所在。燕京大学建筑物里的冷热自来水、能排水的洗脸盆、水厕、浴缸、淋浴的花洒、供饮水的小喷泉、电灯、电风扇、暖气系统等，都是金女大所不及的。当然这不是墨菲的设计问题，而是与燕京办学经费充沛和司徒雷登的个人倾向有关。外观的中式，内部的现代完美地体现了司徒雷登当初的设想：“在建筑上采用中式的外部结构同现代的内部装修相结合的办法，想以此作为中国文化和现代知识精华的象征。”[②]

具体到图书馆建筑，尽管金女大的规划设计略早于燕京大学，但燕京大学图书馆却早于金女大图书馆落成开放，前者在 1926 年，后者在 1934 年。从外观上看，燕大图书馆建筑是仿文渊阁的中式风格，馆舍地上三层，地下一层，除门窗外全部钢筋混凝土结构；内部则按西方图书馆形式，中间有天井，二层为回廊，阅览室桌椅很讲究舒适度，而且每个座位都有单独的台灯；目录柜所用木料很高级，制作也精良。[③]金女大图书馆建筑与之相仿，中国宫殿式，内部空间设计也相差无几，因为落成之初并非只供图书馆所用，还兼行政办公楼，因此楼下做办公室，“楼上为大阅览室，上有中层 Balcony[④] 置各科专门

① 董黎．中国教会大学建筑研究——中西建筑文化的交汇与建筑形态的构成[M]．珠海：珠海出版社，1998：216.

② 司徒雷登．在华五十年：司徒雷登回忆录［M］．北京：北京出版社，1982：82.

③ 张玮瑛，王百强，钱辛波．燕京大学史稿 1919—1952［M］．北京：人民中国出版社，1999：415—416.

④ Balcony：意为楼室内墙上伸出的被栏杆、扶手或护墙围绕的平台。

从建筑风格上说，燕京大学图书馆与金陵女子大学图书馆极为相仿。

书籍及期刊室”①。吴贻芳在就职校长时，这样评价：“本校的建筑，可以代表一种融合新旧中西的新创造。”②

在墨菲所有大学建筑设计中，清华学校、岭南大学、复旦大学都涉及具体的建筑物：清华是四大建筑，图书馆是其中之一；岭南是陆佑堂、哲生堂、惺亭，它们是墨菲在中国的最后一批大学建筑；复旦是简公堂、牌楼式校门、奕柱堂。其中建成于1921年的奕柱堂以捐资六万元的华侨银行家黄奕柱命名，起初并不用于图书馆的专门馆舍，而是由行政办公处和当时还只是图书室的兼用。在建筑设计上，墨菲

① 金陵女子文理学院新图之建筑［J］. 中华图书馆协会会报，1933，9（2）：37.
② 吴贻芳 . 就职致辞［J］. 金陵女子大学校刊 . 1929（11）：59.

复旦大学奕柱堂，图书馆所在地。（照片来源：1930年《中国大观图画年鉴》）

沿用混凝土代替中国式木结构柱子、用铁件代替木料制造中国式花格窗的设计手法，从而使奕柱堂颇具中国宫殿式风貌。

雅礼大学、金女大、燕京大学，墨菲不但设计了整个校园的单体建筑物，更对校园进行了整体规划。只不过，雅礼大学“由于行政权力的转换和其他一些原因，整个校园规划并没有完全成型”[1]，真正算得上是他最完整和代表作品的是金女大和燕大。从收藏于美国耶鲁大学斯特林图书馆的福建协和大学早期校园建筑设计图纸和有关文献看，几乎与规划和设计金女大、燕大同时，墨菲也接手了这所大学的校园规划和建筑设计工作。为此，他特地从纽约赶到福州进行实地考察以了解和认识当地的传统建筑形态，期望规划一个既是中西合璧，又富于地域风格的新校园。

成形后的福建协和大学校园规划似乎脱离了墨菲的两组院落均采用轴线对称布局的设计，取而代之的是园林式自由布局形态。就单体

① 方雪．墨菲在近代中国的建筑活动［D］．清华大学硕士学位论文 2010：30.

建筑而言，虽然采纳了墨菲一贯的中国古典建筑的设计方案，但“建筑用料草率、施工粗糙，注重外在建筑形式语汇而忽视了中国古典建筑形式的深刻内涵。某些建筑位置随意、尺度不当，形态杂乱”①。

福建协和大学图书馆成立于1916年，馆址设在仓山观音井旧青年会所之内。在协大迁入魁岐新校址后，图书馆先后在临时校舍（1921年）、科学馆（1927年）、文学院上层（1930年）栖身。墨菲参与的是魁岐新校园的设计规划，但没有资料表明图书馆所在的科学院、文学院建筑是由他亲自设计的。只不过，单檐的歇山顶、屋顶上覆盖的琉璃瓦、老虎窗顶部的庑殿顶，透露出很浓重的中式味道，而白色通高柱子、三角形木桁架结构，则显示了西方古典建筑的模式，墨菲式的中西合璧在这里得以延续。

显然，墨菲在为中国大学规划校园和设计建筑时倾向中国传统复兴的建筑模式，大多数经他之手的大学校园建筑极富中国古典建筑韵味。而像金女大、燕京大学这样，在一片废墟上建设一个新校园，对他来说，犹如在一张白纸上画最美的画，更容易在遵从业主的要求之余尽情释放自己的才情、表达自己的审美。但有些时候，他接手校园规划时，之前落成的建筑物风格限定了他的设计思路，他只能顺势而为。清华学校欧式的四大建筑便是此例。更典型的是上海沪江大学的校园规划和学院哥特式的图书馆设计。

在1919年墨菲为沪江大学规划校园和设计建筑之前，沪江大学最早一批校舍已经建成，如，1907年开工并建成的北堂；1909年2月，第一座大型建筑物思晏堂启用，思晏堂是沪江大学最早的图书馆所在地；1915年，第二座大型建筑物思裴堂落成。尽管19世纪末到20世纪初，中国教会大学为适应“教会本土化”的社会环境，在校园建

① 李海霞．福建协和大学魁岐校区校园规划和建筑考（1922—1939）［G］// 贾珺．建筑史 第27辑．北京：清华大学出版社，2011：190.

筑中多采用中西合璧式，但坚持营造宗教气氛，以西方大学的校园建筑为模板、采用纯粹的西方建筑风格——或殖民地外廊式，或欧洲古典式,或折中主义的府邸式,或哥特复兴式,又称学院哥特式(Collegiate Gothic)——的教会学校依然存在。

1915 年定名的“沪江大学”前身是沪江大学暨道学书院，而暨道学书院是由 1906 年开办的浸会神学院（中文全称是“上海浸会道学书院”）和 1909 年开设的浸会大学堂（中文全称是“上海浸会大学堂”）于 1911 年合并组建的。神学院和大学堂又是美南浸信会华中差会（在江苏传教）、美北浸礼华东差会（在浙江传教）联合组办的。在两校合并前，神学院院长是美南浸信会传教士万应远博士（R. T. Bryan）；浸会大学堂校长是美北浸礼会传教士柏高德博士（J. T. Procter）。

早在神学院先行赁屋开办时，定址军工路的新校园便已进入规划和校舍的筹建阶段。虽然与同在上海的圣约翰大学同属于教会大学，都有基督教背景，都与传教士有关，但沪江大学的校园规划从一开始就没有效仿圣约翰大学中西合璧建筑模式的打算——浸会大学堂开办时，圣约翰大学已经建成了两座中西合璧式教学楼：怀施堂（1894 年）和思颜堂（1903 年）——而是坚持西方复古建筑风格。具体地说，便是浪漫主义又带有折中主义风格的学院哥特式。沪江大学第一座标志性的建筑思晏堂的建成，奠定了学校的西式建筑风格：立面上的尖券双窗、墙面转角处的扶壁、突出屋面的小尖塔、老虎窗上的尖券、山墙上的玫瑰花窗、南北两个立面中部门廊、组合柱式和半圆拱窗的处理等。[①] 随后的几幢建筑，尽管细节方面并不完全一致，但风格不变。

在这样的情况下，墨菲的校园规划和建筑设计便不可能照搬他在金女大和燕京大学的中国传统复兴式建筑形式。为了整体的风格统一，

① 蔡凌，邓毅 . 中国近代教会大学的学院哥特式建筑［J］. 建筑科学，2011（1）：108.

上海沪江大学（今上海理工大学）第一座标志性建筑——思晏堂，典型的学院哥特式建筑风格。在 1928 年独立馆舍建成之前，图书馆栖身于思晏堂一角。

他只能沿用学院哥特式。但这并不意味着他无所作为而失却个人的建筑思想，如，在校园规划上，“采用功能区分的方法，按不同的教育层次组成不同的学院区”[①] 的设计手法便是他早期建筑思想中西方功能主义倾向的体现。

目前普遍的说法是，墨菲于 1918 年至 1919 年间接受沪江大学更名后首任校长魏馥兰的邀请，规划校园和设计建筑。但图书馆独立馆舍直到 1928 年才建成，那时的校长已是沪江大学首位华人校长刘湛

① 王勇 . 教会大学的校园空间：一种大学教育理念的体现——以沪江大学百年校园为例［C］// 上海市社会科学界联合会 . 中国的前沿文化复兴与秩序重构 上海市社会科学界第四届学术年会文集 2006 年度 青年文集 . 2006：340.

恩。换句话说，沪江大学学院哥特式建筑风格并不因为新上任的校长是华人有所改变，而图书馆之所以能够建成，有赖于刘湛恩四处奔走募捐，可谓功不可没。从外形上看，相比之前的一批建筑，图书馆虽然依旧砖木结构、双坡斜项、清水红砖外墙、突出屋顶的城堡式塔楼、老虎窗、烟囱，体型凹凸起伏，但“更讲究中世纪哥特建筑的传统以及装饰，细部更为精美”[①]，常用弧度较平的圆拱，追求对称，颇具晚期垂直式哥特式建筑的特征。1948 年，在图书馆的东边又新建图书馆，取名“湛恩图书馆”，风格仍然未变。

显而易见，除了清华大学图书馆的欧式建筑，沪江大学图书馆的学院哥特式建筑外，墨菲在中国的大学图书馆建筑设计中，多采用中国传统复兴式建筑模式，同时又巧妙融入西方古典建筑的装饰风格，从而创造了一种既符合中国人的建筑审美，又让西方人耳目一新的新式建筑。如前所述，中国传统复兴式之所以盛行而被墨菲“拿来”，离不开当时的历史背景：一方面是“本土化、中国化”的教会生存环境，一方面是政府提倡的“中国固有形式”建筑活动。而在这股潮流中，中国建筑师尚没有成长起来，这就为墨菲等外国建筑师提供了机会。同样从事中国传统复兴式建筑设计，唯墨菲成为代表，自然与他对中国传统文化的真诚热爱，对中国古典建筑的细心体察不无关系。

（三）公立大学图书馆建筑中的外国设计师

目前有资料可查的参与民国时期公立大学图书馆建筑设计的外国建筑设计师主要是设计南京东南大学孟芳图书馆的帕斯卡尔（J. Pascal，国籍不明）、设计武汉大学图书馆的美国设计师凯尔斯（F. H. Kales）。

同是中国人自办的大学，同是外籍建筑设计师，东大和武大图书

① 蔡凌，邓毅．中国近代教会大学的学院哥特式建筑［J］．建筑科学，2011（1）：109.

上海沪江大学在校长刘湛恩的努力下，于 1928 年建成独立图书馆馆舍。其建筑风格延续了学院哥特式。

刘湛恩是上海沪江大学首位华人校长。这是上海理工大学内的刘湛恩铜像。

馆的建筑风格却大相径庭：前者，西方古典主义；后者，与同时期大多数教会大学一样，中国传统复兴式。之所以出现这样的差异，除了设计师个人审美倾向之外，也与学校校舍建设股（或称校舍建筑委员会）的指导思想有很大关系。由此可以看出，随着时代的进步，大学规模的扩展，学校学科设置、组织机构日益完善。建筑学系、土木学系、校舍建设股、建筑委员会等相继设置和成立，日渐承担起了自身校园建筑的设计和施工。

东南大学校舍建设股股长由美国建筑设计师威尔逊（J. M. Wilson）兼任，他是被校长郭秉文从杭州之江大学聘请来的。郭秉文的美国哥伦比亚大学的留学背景使他在创办东南大学时无论在课程设置和校园建筑规划上都很自然地以美国大学为蓝本，他将威尔逊请来规划校园和设计新校舍，看中的不仅仅是他个人的建筑实力，更应该是他在之江大学的建筑设计实践。

在之江大学自己专门的建筑设计机构成立之前，最早的一批校舍建筑由美国建筑设计师在美国设计完成。1911 年至 1914 年期间的校园建设工作，由外籍工程师贝克（H. E. Baker）负责指导[①]。贝克离职后，之江大学物理系、工程系教员威尔逊接替了他的工作，监督完成了 1918 年竣工的白房、绿房，1919 年落成的都克堂。资料显示，之江大学图书馆建造于 1932 年，工程负责人是校土木工程系的教授徐箓[②]，但该馆的设计者是否为威尔逊，或者他主持的学校建筑部，目前难有定论。可以肯定的是，建筑部是威尔逊 1920 年创办的，关闭于 1926 年[③]。它除了为本校设计建筑校舍外，也为其他教会提供建

---

① 队克勋 . 之江大学［M］. 刘家峰，译 . 珠海：珠海出版社，1999：33.

② 张吉 . 之江大学旧址建筑史初探［M］. 杭州：浙江大学出版社，2009：10.

③ 队克勋 . 之江大学［M］. 刘家峰，译 . 珠海：珠海出版社，1999：47.

之江大学（今浙江大学之江学院）图书馆。其建筑风格以西式为主，带有文艺复兴的影子，古罗马建筑痕迹较重，但也糅合了东方元素，以红砖清水外墙、红瓦顶为主要标记。

筑设计等服务，是当时国内仅有的三所为教会服务的建筑署之一①。

之江大学图书馆设计于1920年至1925年②，此时逊尔逊尚在任，由他或由他所在的建筑部承担图书馆建筑的设计虽然很有可能，但并无确切证据可以佐证。相反，图书馆外观的棕红色立面，与威尔逊设计的白色的白房、绿色的绿房、灰色的都克堂都不一样，而与校内其他的早期主要建筑，如钟楼（即经济馆，又名同怀堂）、主楼（又名慎思堂）、东斋（又名甘卜堂）、西斋（又名惠德堂或吴窦堂），还有工程馆、科技馆等相仿。也就是说，之江大学建筑群以红砖清水外墙、红瓦顶为主要标记，总体建筑风格以西式为主，带有文艺复兴的影子，古罗马建筑痕迹较重，但也糅合了东方元素，图书馆是其中之一。由威尔逊设计的都克堂（校内教堂）却是典型的现代派建筑风格：灰色块石外墙，青色瓦楞大坡屋顶。这似乎透露出威尔逊有意反向为之的创新意图，即，他并不有意识在一个校园里将一种建筑风格延续到底。

① 郭伟杰．谱写一首和谐的乐章——外国传教士和“中国风格”的建筑1911—1949. 转引自张吉．之江大学旧址建筑史初探［M］．杭州：浙江大学出版社，2009：10.

② 张吉．之江大学旧址建筑史初探［M］．杭州：浙江大学出版社，2009：10.

同时也可以认为，欧式和现代派风格的教育建筑是他所擅长的。

东南大学是在原南京高等师范学校基础上成立的，南高师的前身又是两江师范学堂，之前又是三江师范学堂。因此，学校成立时，校舍建筑属中国传统式。如果按照当时教会大学的建筑设计路径，似乎应该首选中国传统复兴式建筑风格。但被郭秉文请来为东南大学进行校园规划的威尔逊显然更愿意规划一个与中国传统校园风格完全相反的纯西式的新校园。这也符合郭秉文愿意模仿美国教育体制——无论软件还是硬件——的初衷。

为配合威尔逊的西式校园规划，由帕斯卡尔设计的孟芳图书馆平面呈“品”字形，地面两层，局部地下一层，前部两层为办公和阅览室，后部为书库。外观采用标准的罗马爱奥尼式柱廊，檐下、窗框、门头以浮雕装饰等西方古典形式构图，并用仿石材构造的水刷石粉面；内部采用钢筋混凝土结构。整体造型严谨，比例匀称，细部也很精美①，是典型的爱奥尼柱式建筑②。

与东南大学建造署由偏好西式和现代派的威尔逊担任负责人不同，武汉大学新校舍建筑筹备委员会的主力成员之一是中国地质学家李四光。尽管与东大一样，武大也聘请外国建筑师负责校园规划和建筑设计，但以李四光为首的建筑筹备委员会左右了校园建筑风格的设定。在他们“实用、坚固、经济、美观，中国民族传统式外形”的要求下，凯尔斯的设计是以中国的《营造法式》为准绳的。在凯尔斯规划和设计过程中，李四光都参与其中，这就决定了武大的校舍建筑浓郁的中国传统味道。在中西合璧建筑盛行的当时，凯尔斯也巧妙融入了西方哥特式和罗马式建筑的元素，使武大建筑成为中西合璧的经典

① 潘谷西 . 南京的建筑［M］. 南京：南京出版社，1995：87.

② 爱奥尼柱式建筑源于古希腊，是希腊古典建筑的三种柱式（爱奥尼柱式、多立克柱式、科林斯柱式）之一。

南京东南大学孟芳图书馆。（照片来源：1927 年第 2 卷第 1 期《图书馆季刊》）

具有中国宫殿式建筑风格的武汉大学图书馆。

之作[①]。

武大图书馆位于狮子山顶、建筑群中的中心位置，两边分别是文学院和法学院，契合了中国传统文化中的“文左武右”。图书馆整体建筑呈现中国宫殿式建筑风格：从外观上看，有人认为它像一个“斋”字——主楼上部似“文”字，下部四个附楼像“而”字。不出意外，它的中式体现在八角歇山顶、孔雀蓝琉璃瓦盖顶，还有老子的镂空铁画像，以及幡龙、云纹、斗拱装饰，也采用了中国古典建筑中的雀替、额枋等；它的西式体现在双联廊柱、回廊、石拱门、落地玻璃和考究的细节、人性化的实用功能。如，专门设置了洗拖把的地方、阅览室地板下安装了地热等。

传世的建筑，永恒的艺术，墨菲、司斐罗、帕斯卡尔、凯尔斯等外国建筑师们早已作古，但就图书馆而言，金女大图书馆（现南京师范大学华夏图书馆）、燕京大学图书馆（现北京大学校史馆）、沪江大学图书馆一期（现上海理工大学公共服务中心）、复旦大学仙舟图书馆（现复旦大学校史馆）、清华学校图书馆一期（现清华大学老图书馆）、金陵大学图书馆（现南京大学校史博物馆）、东南大学孟芳图书馆（现东南大学老图书馆）、武汉大学图书馆（现武汉大学老图书馆）等仍然作为一种美的艺术而傲然于世，也是所在学校的一道亮丽的风景，甚至成为城市的一张文化名片。

三、中国设计师是公立和私立大学图书馆建筑不同风格的主要推手

早年，具体地说，17 世纪之前，无论中国还是西方国家，承担

① 顾建新．图书馆建筑的发展：多元生态和谐［M］．南京：东南大学出版社，2012：113.

房屋设计和建造工作的并不被称为设计师、建筑师，而是工匠、匠人、梓人；与之相联系的建筑学也并不作为一门专业学科存在，相关技艺只能在不断实践和师徒口传心授中逐渐发展。尽管匠人中不断涌现出设计技艺超群又具领导才能的人物，但因为无法摆脱设计之余必须参与施工的现状，而仍然不能成为真正意义上的建筑设计师。这样的局面因为法国国王设立包含建筑学在内的各种学院而被打破，这时的建筑学教育主要培养的是专为宫廷服务的建筑人才。只付出脑力而不再付出体力的学院派建筑师由此诞生。又随着时代的发展，建筑师由专门为封闭的宫廷建筑服务逐渐走向开放的社会，开始成为自由职业者。

在中国，专门的建筑学和专业的建筑设计师的出现要远远晚于西方国家，以至于孙中山不得不感慨："夫人类能造屋宇以安居，不知几何时代，而后始有建筑学。中国则至今未有其学，故中国之屋宇多不本于建筑学以造成，是行而不知者也。"① 也就是说，西方国家的建筑是知而后行，而中国的建筑是行却不知。中国本土建筑师是中国建筑得以知行合一的关键。

（一）第一代中国设计师将西洋建筑风格作为首选

随着鸦片战争后国门打开，西方建筑、西方建筑师蜂拥而入。从建筑风格上来说，西式建筑大行其道，而中国早期的西式建筑，为了就地取材和节省人工成本，大都由中国工匠建造施工。这其实是日后产生建筑设计师的一个途径。换句话说，中国最早一批建筑师产生于参与过西方建筑的设计和施工、在实践中学习过西方建筑手法的中国工匠。他们的优势在于实践经验丰富，而劣势在于理论知识储备不足。

如果说，西方建筑师的产生有赖于法国国王设立为宫廷服务的建筑学专业而带来的建筑教育的奠定，那么，中国建筑师的产生与土木

① 孙中山 . 建国方略［M］// 孙中山文选 . 北京：九州出版社，2012：211.

工程学和建筑学被列入教育科目有很大关系。这依据的是清末清政府的两份文件《钦定学堂章程》和《奏定学堂章程》。相对于建筑学教育的滞后，土木工程学在全国的大学中发展很迅速。无论是公立和私立大学，还是教会大学，都先后开设了土木工程学专业，最早的是北洋大学、南洋大学、圣约翰大学、山西大学、唐山公学，到 1920 年时，达 12 所之多①。对于建筑业来说，一个悲观的事实是，土木工程学培养出来的学生只有少数人“转行”建筑业。尽管他们对于建筑业的贡献不容小觑，但毕竟非建筑专业出身，而难以与西方建筑师抗衡。

中国真正意义上的建筑设计师大多在国外受过正统的建筑学教育，其中以留学美国与日本为多。也就是说，中国本土建筑设计师的出现基本上都是通过留学得以实现的。这当归功于洋务运动和庚子赔款。但在早期的出国留学热潮中，学习土木工程和建筑的学生很少，这与当时国内对此不重视有关，一来，少有大学开设此课程，二来，从事建筑的人社会地位也不高。目前可知，中国学生最早到国外攻读建筑类专业大概始于 1905 年，有到英国利兹大学学习建筑工程的徐鸿遇、到日本东亚铁道学校学习建筑科的许士谔等。庚子赔款更催生了大批留学生，其中不乏专门学习建筑学的，南洋公学毕业生沈理源、清华学校庚款留学第二批预备班毕业的庄俊是最早的代表。其后，是杨廷宝、吕彦直、范文照、关颂声、柳士英、蔡泽奉等。他们成为 20 世纪二三十年代公立和私立大学校园建筑（包括图书馆建筑）的主力设计师。

西式建筑并不因为中国社会由清代步入民国而有所衰减，即使为适应环境的需要而在教会大学中盛行中国传统复兴式建筑风格，也无法摆脱西方建筑学的影响，中西合璧因此成为主流。而随着第一代海

---

① 赖德霖．中国近代建筑师的培养途径——中国近代建筑教育的发展．转引自路中康．民国时期建筑师群体研究［D］．华中师范大学博士学位论文．2009.5.：31.

外留学的中国建筑师的学成归国，他们带回了西方美学观念和建筑风格，因此更加深了西方建筑对中国传统建筑的影响。一个令人惊异的现象因此出现：有着西方背景的教会大学出于“本土化”的目的竭力打造中式建筑，而很多土生土长的中国人自办的大学，无论公立还是私立，却将西洋古典样式作为校园建筑的首选。就图书馆而言，典型的是建于 1914 年的清华大学图书馆一期，尽管它是外国建筑师墨菲设计的，但不容忽视的事实是，他的助手是刚刚留学归来的庄俊。

即便国外镀过金，海归的新晋建筑师和土木工程师转行过来的本土建筑师一样在早期都受到外国建筑师的歧视，甚至排挤。似乎是为了防止新崛起的中国建筑师抢自己的饭碗和风头，外国建筑师们曾经联名上书工部局，要求实行建筑师登记制度，以此达到淘汰所谓不合格不称职中国建筑师的目的。这对初出茅庐的中国建筑师，特别是刚刚学成归国执业不久尚无太多实践经验的中国建筑师来说打击甚大。20 世纪 30 年代以后，建筑事务所超过一半由中国建筑师创立，外国建筑师独资经营的情况有所下降。但在早期，一个尴尬的现状是，在中国土地上的建筑事务所大多由外国人创立并控制，无力独资开办建筑事务所的中国建筑师要想从事建筑业，不得不依托于外国建筑师的事务所，或者作为助手配合外国建筑师的工作。海归建筑师也不例外，庄俊便是其一。

这位就读于美国伊利诺大学建筑工程系，获建筑工程学学士学位的中国留学生归国后的第一次建筑实践便是以清华学校讲师兼建筑师的身份协助墨菲进行校园规划和包括图书馆在内的四大建筑的设计，并负责工程监造。四大建筑的西洋式风格正好符合庄俊的建筑风格偏好，他之后的作品有一个由繁复的西方古典风格向简洁明快风格转变的过程，但在早期参与教育建筑——清华学校四大建筑、唐山交通大学规划——时，他与其他留学归来的建筑师一样，以西方古典风格作为国内建筑设计事业的开端。

也毕业于清华学校的留美预备班，也曾留学美国，毕业于康奈尔大学建筑专业的吕彦直也曾做过墨菲的助手：1918 年毕业回国后，进入墨菲和合作伙伴丹纳共同创办的上海茂旦洋行；协助墨菲完成了金陵女子大学和燕京大学的校园规划和建筑设计。他因此受墨菲影响很大，中国宫殿式建筑式样是他在日后设计南京中山陵等大型建筑中最常使用的。

除了庄俊就读的伊利诺大学、吕彦直就读的康奈尔大学以外，美国宾夕法尼亚大学、明尼苏达大学、麻省理工学院、密歇根大学、哥伦比亚大学的建筑系都是中国建筑师的成长摇篮。比如，暨南大学校园建筑设计师范文照和东北大学图书馆的设计师杨廷宝毕业于宾夕法尼亚大学；南开大学木斋图书馆的设计师关颂声毕业于麻省理工学院；但美国并非是中国留学生学习建筑的唯一国度，北大位于沙滩北街的图书馆的设计师沈理源毕业于意大利拿波里那不勒斯大学；湖南大学先后两个图书馆的设计师蔡泽奉、柳士英曾经留学日本。经他们之手，公立和私立大学图书馆的建筑风格初始以西式为主，其后风格多样。

尽管沈理源比庄俊只迟回国一年——南洋公学毕业后，经过八年的意大利留学生活，他于 1915 年学成归国——但相比庄俊一回国即投身建筑事业不同，他第一个身份不是建筑师，而是黄河水利委员会的工程师。也就是说，他先从事的是水利事业，后转向建筑业。这很像他的海外求学经历：先攻读水利工程，后改学建筑学。北京大学沙滩北街图书馆是沈理源唯一的教育建筑，建于 1935 年，是当时流行的美国校园风格：红砖清水外墙、局部水刷石装饰，砖混结构，高四层，中部为书库，两侧为阅览室。

西方古典风格最典型的公立大学图书馆是杨廷宝设计的东北大学图书馆和蔡泽奉设计的湖南大学图书馆。与庄俊一样，杨廷宝也毕业于清华学校。与庄俊毕业后即回国从事建筑业不同，杨廷宝在宾夕法尼亚大学完成四年学业后在美国克雷建筑师事务所实习了两年，又去欧洲各国考察建筑一年。既接受过严格的西方古典建筑手法的训练，又有美国建筑事务所的西方古典建筑实践经验，还有欧洲建筑考察后积累的西方古典建筑知识，这使他有足够资本在回国初期致力于西方古典建筑风格的建筑设计。

与大多数刚刚回国时的建筑师一样，杨廷宝不可避免地将他在美国所学和受到的影响渗透到建筑设计实践之中。他在宾夕法尼亚大学的老师是威震美国和欧洲建筑界的新古典主义建筑大师保尔·克芮，他的建筑思想和理念难免受到老师的影响。因此，他的早期建筑作品充满了西洋风味。沈阳是他回国后第一次参与建筑设计的城市，而沈阳的同泽女子中学的教学楼、宿舍楼和图书馆兼实验楼，以及东北大

沈阳的东北大学图书馆，呈“士”字形，由中国设计师杨廷宝设计。

学的校园规划和图书馆是他设计的第一批教育建筑。两者在风格上惊人相似，都是以美国校园中常见的清水红砖作为外墙，局部采用的西式拱券和柱式使其充满了哥特式古典味道。

东北大学图书馆平面呈“士”字形，地上两层，半地下一层，具备一般图书馆的常规功能：大、小阅览室各一间、书库、办公室等。比较特别的设计有两处，一处在于房间内的二次采光；另一处在于大楼“正面正中向前凸出并相对两侧高出近一层高度，下面两层以四框和中间的两根柱子形成三等分，每柱间一门、一窗，并用一个统一的拱券将它们组合一体”①。尽管杨廷宝在设计中并没有完全彻底舍弃中国传统建筑手法，甚至可以说，东北大学图书馆这个作品是他用中国传统建筑手法赋予建筑西方古典风格的一次中西建筑文化交融的尝试，但不可否认，从总体风格上说，它无疑属西方古典式。

相比之下，湖南大学蔡泽奉设计的图书馆更是西方古典主义建筑风格的代表。之所以强调“蔡泽奉设计”，是因为民国时期的湖南大学先后有两座图书馆，一个是蔡泽奉设计于 1934 年、落成于 1935 年的老图书馆（在抗战中被毁）；一个是柳士英设计于 1947 年、竣工于 1948 年的新图书馆。同样从日本留学归国，蔡、柳设计的图书馆风格迥异，一个是西方古典主义，一个是中国传统复兴。虽然他们的建筑审美倾向有所不同：蔡泽奉一向推崇西方古典主义，而柳士英早期偏向现代主义，但两个图书馆的一个西，一个中，并非完全取决于个人的偏好，自然也有时代和社会环境的影响。

事实上，柳士英早年也是“西方建筑的俘虏”。但这并不意味着他毫无保留地接受西方建筑的一切，他固然不喜欢中国传统建筑的繁

① 陈伯超 . 沈阳都市中的历史建筑汇录［M］. 南京：东南大学出版社，2010：65.

柳士英设计的湖南大学图书馆，具有民族主义的建筑风格。

琐堆砌，却也“厌倦西方建筑的古典法式和宗教迷信”[①]。

而正因为对中国传统建筑繁琐不简练的排斥，才使他将现代主义建筑设计风格延续了近 20 年。受 20 世纪 40 年代末民族主义思潮的影响，也为了与之前湖南大学学生宿舍和教工宿舍中国传统庭院式布局的风格统一，柳士英以民族主义建筑风格设计了新图书馆。

蔡泽奉设计的老图书馆早已不存，侥幸遗留下来的两根爱奥尼式石柱告诉后人它存世时的西洋风格；相比新中国成立后建设的更新的图书馆，柳士英设计的新图书馆如今被称为“老图书馆”。从外观上

① 柳士英．我与建筑．转引自柳肃，肖灿．湖南大学早期建筑群：活色生香的中国近代建筑史［J］．中华遗产，2013（8）：95—96.

看，它固然很有中国传统建筑风味：官式绿色琉璃大屋顶、中国古典歇山顶、屋顶装饰借鉴了园林和民居中的云纹、为适应长沙的气候而以洞门小井将两翼联系在一起等。但从细节看，仍沿用了他惯常的现代主义维也纳分离派建筑手法：通贯三层的竖向直线、圆拱形入口等。更多的细节，如楼梯、门窗的装饰，连他也说不清究竟是西式还是中式。也就是说，与之前蔡泽奉设计的纯粹西方古典主义风格的图书馆不同，柳士英设计的图书馆并非纯粹的中国传统复兴式，也渗入了他自己不受某一种主义或某一种风格的束缚、敢于探索的独特创造。

从 20 世纪 20 年代起，逐渐成熟了的中国建筑师不再依附于外国建筑师，而开始独立创办建筑事务所。柳士英是其中较早设立事务所的建筑师之一——1922 年，他联合其他几个建筑师在上海合办了华海建筑事务所。之前一年，关颂声在天津成立基泰工程司。这是杨廷宝回国后加入的第一个建筑事务所。也正是基泰与张学良的关系，使杨廷宝得以接下了东北大学图书馆的建筑设计。1925 年，庄俊在上海以自己的名字开设了建筑事务所。两年后，也在上海，也是以自己的名字，范文照开设了建筑事务所。

很明显，关颂声的基泰工程司是中国最早由中国人创办的建筑事务所。换句话说，它由此开启了中国建筑师自主创办建筑事务所的新模式。由于吸纳了一批像杨廷宝一样的杰出的海外归国建筑师，基泰工程司一度发展成为当时国内实力最雄厚、规模最大的建筑事务所。与其说，私立南开大学木斋图书馆是关颂声个人的设计作品，不如说，它是基泰工程司在天津参与设计的唯一的教育建筑。1937 年，日本人轰炸天津，南开大学建筑毁损严重，其中便包括木斋图书馆立面中部标志性的大圆顶。这个大圆顶显示出图书馆外观的欧式风情。

木斋图书馆的欧式建筑风格既来自于关颂声的个人审美倾向，也为了与之前的校园建筑保持风格统一。关颂声先后在上海圣约翰大学、美国麻省理工学院的求学经历注定他难以摆脱浓重的西式建筑设计风

天津南开大学图书馆在独立馆舍建成之前设于思源堂。思源堂始建于1923年，1925年投入使用，西方古典主义建筑风格，因其宏伟和考究而成为当时南开大学标志性建筑。

现在的南开大学行政楼，在木斋图书馆原址上建成，部分沿用了木斋图书馆的建筑风格。

上海暨南大学洪年图书馆旧照。（照片来源：1928年第1期《菲律滨研究》）

格。在麻省理工学院获得建筑学学士学位后，他回国从事建筑业，以西式建筑风格为主。

木斋图书馆建成之前，图书馆设在思源堂（即科学馆，也是理科教学楼），这是当时南开大学最宏伟最考究的标志性建筑，建于1923年，1925年投入使用。它的设计者是该校化学系主任邱宗岳教授，也曾留学美国。因为他一堂用英文讲授的出色的公开课，使得前来参观的美国洛克菲勒基金会决定为学校修建的一座科学馆而捐款一部分。在袁世凯的堂兄弟袁述之奉母之命也捐了一部分款项后，科学馆如愿投入建设。也许受西式教育影响太甚，也许是为了感念洛克菲勒基金会的慷慨，也许是个人对西洋建筑的偏好，并非建筑师出身的邱宗岳参与设计的思源堂具有很强烈的西方古典主义风格。这客观上决定了后来的建筑，包括木斋图书馆以西式为主的建筑风格。

建成后的木斋图书馆呈“丁”字形，砖木结构，整体两层，局部四层，一层有阅报室、杂志阅览室、办公室、教员研究室；二层有东、西两大阅书厅，可容纳500余人；三层有两间特别图书室。那标志性的大圆顶是会议室、书库，能藏书30余万卷。尽管外界盛赞图书馆“采用最新图书馆建筑法，藏书绝无焚毁之虞”①，但在抗战时，它却还是毁于日本人之手。

在1924年的南京中山陵设计方案竞赛中，范文照的作品虽然未能中标，但第二名的排名也足以显示其建筑设计实力。与中标的吕彦直的方案一样，范文照也为中山陵设计了一个中国古典建筑式样，但这并不意味着这位怀揣着美国建筑学学士学位的海归建筑师的建筑设计风格以中国传统建筑为追求。尽管20世纪30年代以后，他致力于现代主义建筑风格的探求，但他早期的作品风格“全然守古”②，要

① 木斋图书馆概况［N］. 益世报，1928.10.23 ④.

② 殷国婷. 浅谈中国近代建筑师范文照［J］. 山西建筑，2008（1）：86.

么是古典主义，要么是折中主义。这其中包括折中主义建筑风格的暨南大学洪年图书馆。

据当时的报刊记载，只存世 10 年（1927—1937）的洪年图书馆为“凸”字形，“其外以红色砖筑之，以黑色瓦盖之，其内壁以垩涂之，其地面以木板铺之，更加油漆，冀耐久也”①。全馆分上下两层，“上层全作阅览室及书库，可容 120 人；下层分作教室及馆员办事室”②。

同属于折中主义建筑风格的是建成于 1919 年的上海交通大学图书馆，其主要设计者是曾任交大军乐队教练的王信斋。王信斋早年曾跟随葡萄牙籍传教士建筑师、徐家汇天主教堂设计者叶肇昌（F. Diniz）学习五年，遂于建筑工程尤其钢筋水泥有了系统的理论了解及工程实践经验的积累。他先后设计了震旦大学校舍、徐汇公学校舍、交通部所属学校图书馆、松江佘山山顶大教堂、徐家汇教士总院等建筑，曾荣获北洋政府颁发的六等嘉禾奖章，是我国少见的没有留学背景而成为杰出建筑师的典型。上海交大图书馆的折中主义建筑风格，其实并不完全取决于王信斋个人审美，其方案的最终确定，是该校土木工程学方面的教员与王信斋合作研究设计的结果，而在设计内外及自始至终，校长唐文治也参与很多。

民国时期，大多数情况下，大学图书馆独立馆舍的建成往往滞后于教学楼、学生宿舍等主要建筑。很多时候，它的建筑风格取决于先前的校园规划和先期落成的校舍建筑。上海交通大学的前身是诞生于 1896 年的南洋公学。在筹建图书馆之前，校园里已经有 1899 年建成的作为南洋公学中学部的中院、1900 年建成的作为南洋公学大学部的上院、1910 年建成的新中院。中院和上院分别是一幢砖木结构的三层小楼，由美国设计师福开森设计，西式风格浓重，特别是上院顶

① 符大昺．洪年图书馆记［J］．暨南周刊，1928，2（4）：13.

② 叶崇智．国立暨南大学洪年图书馆之经过及概况［J］．暨南周刊，1928，2（10）：1.

上海南洋公学图书馆。篆隶体的“图书馆”匾额由书法家李梅庵题写。

部钟楼的设计，使它成为上海大学西式建筑的标志。新中院既是一幢殖民地外廊式建筑，在某些细节方面也透露出装饰艺术派风格。

这样的校园建筑风格决定了图书馆的建筑式样。它的折中主义表现在既有文艺复兴时的巴洛克风格，也有爱奥尼柱式的西方古典主义韵味，还有简洁轻松明快的现代主义气息。从外观上看，整个建筑纵向五段式构图，左中右段突出于建筑主体，外墙由西方校园里常见的清水红砖砌筑而成，墙面上装饰有白色浮雕，建筑的主入口有六根浅色爱奥尼式柱子，它们支撑着二层外延的露台。露台的围栏是水泥花式扶栏；窗户上檐呈别致的弧拱形。建设初期，图书馆共三层，砖、砼、木混合结构，篆隶体的“图书馆”匾额由书法家李梅庵题写；馆内铺柚木地板，阅览桌椅、书架制作十分考究。图书馆使用15年后，随着藏书量的增加，书库不敷使用，1934年，由前校长唐文治，以及蔡元培、孙科等社会名流和校友发起募捐，利用筹集的资金在图书馆东侧又加建了550平方米钢材制作的防火书库，但总体建筑风格未变。

以非专业建筑师的出身参与大学图书馆建筑的设计师并非王信斋一人，资料可查的还有河南大学图书馆的设计师武长发。其实，河南大学图书馆所在的六号楼设计建造之初并不作为专门的图书馆馆舍，而是一幢综合楼，其底层临时供图书馆使用。这意味着，该楼内部空间的设计并不符合严谨的图书馆功能需要。即便如此，从 1924 年 1 月，图书馆借用底层房间作为临时馆舍，到 1929 年中山大学①时期，图书馆逐渐“蚕食”六号楼的使用空间，及至除了顶层仍作为讲演厅外，其余两层皆划归图书馆使用。也就是说，虽然从建筑设计上说，六号楼的建筑设计没有达到图书馆馆舍的设计要求，但从使用上说，它一样承载了图书馆的功能需要。

之所以称之为“六号楼”，是因为它位于校园规划的第六幢楼的位置上。尽管从排列上来说，它只属于“第六”，但却是河南大学校园里的第一幢新式建筑。“新式”体现在中西合璧的建筑风格上。显然，虽然设计师武长发不是专业的建筑设计师，而只是一个工头，但他的确不但对建筑设计有很强的悟性，也对当时的建筑风格流行趋势有很敏锐的洞察力。他的悟性，他的洞察力，如果没有建筑专业出身的校长李敬斋的体察和发现，未必能够被激发出来。极具创新思维的李敬斋大胆地将六号楼的建筑设计和施工工作交给武长发，武长发也没有辜负校长的信任，他交出了一张完美的建筑画卷。

这幢动工于 1915 年，竣工于 1919 年的大楼“坐北朝南，整体呈‘T’字形，连同地下室，正中四层，尾翼三层。正面中间部分，设平台直抵二层，有六根爱奥尼式巨柱贯通二三两层，地下室在平台下面两侧开门”②。“爱奥尼式巨柱”的运用，显示了建筑的西式风格。

---

① 河南大学的校名于 1930 年正式确立，之前经历了河南留学欧美预备学校、河南中州大学、河南中山大学等三个不同的历史阶段。

② 李景文 . 河南大学图书馆史［M］. 郑州：河南大学出版社，2012：7.

“爱奥尼式巨柱”的运用，最能体现河南大学六号楼（图书馆）建筑的西式风格。

从动工时间可以推测，武长发的设计工作应该在1914年左右。此时，河南大学尚在河南留学欧美预备学校时期。显然，它与清华学校的性质相同，同属于中国留学培训基地。事实上，清华学校、河南留学欧美预备学校、上海南洋公学是当时中国三大著名留学培训基地。

六号楼是河南留学欧美预备学校成立后规划建设的第一幢教学楼。从常理上说，它受清华学校或者南洋公学新建建筑风格的影响是自然的。此时的清华学校，虽然墨菲的四大建筑尚没有动工，但奥地利人费舍尔设计的一院大楼、二院、三院、北院、校医院、同方部，以及南洋公学此时已经建成的三大院（中院、上院、新中院）无疑都采用了西式建筑风格。因资料缺乏，目前无法了解武长发何以不模仿、不借鉴清华学校、南洋公学的建筑风格而确立了独树一帜的设计思想。据推断，这可能与预备学校校址有关，也与校长李敬斋有关。

预备学校于1912年在古城开封清代贡院旧址开办，校舍沿用了贡院的几间旧房。无疑，贡院的房舍与西式建筑毫无瓜葛。从风格统一的延续性角度说，新建校舍必然采用中国传统建筑式样。如今回望河南大学包括六号楼在内的历史建筑，有一个人的贡献不可忽视，那就是预备学校第三任校长李敬斋。从教育管理方面说，他自然称得上“教育家”的名号；从建筑方面说，他对于早期河南大学校园规划和建筑风格的确立所起的作用是决定性的。

李敬斋游美肄业馆（清华学堂前身）毕业后随即赴美留学，在密歇根大学主修建筑工程学专业。他回国后先受聘担任河南留学欧美预备学校副教授，后出任校长的经历必定使他与其他留美学习建筑的留学生不同，建筑设计没有成为他的本业，反而成了副业。尽管他也是在美国学的建筑，似乎也应该崇尚西洋式建筑风格，但他却在为河南留学欧美预备学校进行校园规划和指导建筑设计时，选择了中西合璧的建筑新模式。这可能与他在主修建筑的同时，辅修文学有关。他取得的最高学位，不是工学硕士学位，而是文学博士学位。由工学转为文学，不仅可以发现他并没有致力于建筑业的打算，也能推断他对西洋式建筑风格的态度不像其他海归建筑师那样痴迷和崇尚。但毕竟受过建筑学专业训练，这使他无论是在确定校园建筑风格方面，还是在选择具体的建筑设计师方面，都不会盲目和盲从，而是注入了自己的专业判断。

六号楼的设计师固然是武长发，但参与指导设计的是李敬斋。也就是说，它的建筑风格是他俩建筑思想的综合体现。在他俩的共同努力下，大楼“突破了中国古典建筑的体量权衡和整体轮廓，大胆采用中式坡顶与西式明柱的结构”[①]，具体地说，它的中式体现在屋顶、墙体的对称型布局，以及屋顶中部的悬山灰瓦坡顶和两翼的硬山四坡顶；它的西式体现在混杂着柱式、楣式、圆券柱廊、花瓶形栏杆、门楣和窗楣上的半圆形和三角形装饰等西式建筑手法。

① 李景文 . 河南大学图书馆史［M］. 郑州：河南大学出版社，2012：7.

随着藏书量的扩大、在校人数的增加，只占一层楼的图书馆不敷使用。渐渐地，六号楼实际成了图书馆的独立馆舍，在内部结构上也相应做了调整：一层设第一、二、三藏书室，第一、二、三阅览室，办公室。三个藏书室分别藏中文新书和部分西文图书、中文旧籍和丛书经书、历年杂志及报章；三个阅览室分别是普通阅览室、杂志阅览室、日报阅览室；办公室分主任室与编目室、馆员室与登录室。二层是第四藏书室所在地，主要收藏参考书。可以看出，尽管六号楼的设计初衷并非专门为图书馆所使用，但经过后期改造，图书馆的使用功能还是得到了基本满足。

也是因为六号楼并非专门的图书馆馆舍的原因，河南大学还在中州大学时期便已将新馆的建设提上日程，不仅向河南省政府申请图书馆的建筑经费，还将计划列入学校的经费预算，更在《中州大学说明书》里就图书馆的选址、建筑风格等作了明确规划。如果不是因为客观原因导致计划夭折，相信新的图书馆不仅会延续六号楼的中西合璧建筑风格，很可能更加中国式，因为就图书馆的总体建筑式样，《说明书》这样描述："外观为中国式……于中间冠以类似北京天坛之圆顶，圆顶之下，为普通读书室……"①

与河南大学图书馆同样采用中西合璧建筑风格的还有北京的中法大学图书馆。外观中国传统建筑式样，糅合西方建筑手法，是中西合璧的表现形式之一。而外观中国传统建筑式样，内部运用西方先进的图书馆空间布局，是中西合璧的另一种表现形式。中法大学图书馆便是如此。它的设计师是 1925 年毕业于法国巴黎高等专门建筑学校、获得工学硕士学位、中法大学法文系教授兼主任汪申伯。自海外归国后，他在北平大学艺术学院建筑系担任过主任，在故都文物整理委员会担任过职务，在故宫博物院出任建筑技师，还任北平市工务局局长。

① 李景文．河南大学图书馆史［M］．郑州：河南大学出版社，2012：8.

现存的中法大学建筑。

显然，虽然他并非专业从事建筑设计，但他的建筑专业造诣不可低估。

中法大学图书馆开工于1930年，次年建成，外观中式，整体呈“工”字形，高两层。内部布局合理：楼下前部为会议厅，中部为大礼堂，后部上下为书库，分南北两库、每库各三层，储藏中西图书，书架皆为钢制，以防火之用；楼上中部为阅览室，可容纳176人；办公室位于两书库之间①。

从20世纪20年代到新中国成立，在这几十年间，中国大学图书馆发展迅速。而此时，外国建筑师已不再是建筑市场的绝对主力，这就给了中国建筑师充分施展自己才华的机会。通过全面梳理民国时期大学图书馆的建筑状况，可以发现，教会大学图书馆的建筑主要由外国专业的建筑设计师设计建造，公立和私立大学图书馆的建筑除了少量的由外国建筑师参与外，大部分由中国人自主设计建筑。这其中，既有庄俊、杨廷宝等海外留学回来的专业建筑设计师，也有建筑专业出身但并不从事专业建筑设计的英文教授汪申伯，还有非专业的建筑工地工头武长发、化学教授邱宗岳、军乐队教练王信斋等。设计人员构成的复杂性造就公立大学和私立大学图书馆的建筑风格比教会大学更丰富多样。

（二）杨廷宝：大学图书馆扩建工程的代表建筑师

民国时期的大学图书馆，基本上都有一个从无到有，从小到大，从一室到几间，从栖身一隅到独立馆舍的发展过程。即便条件相对成熟后建设独立的馆舍，也受限于占地、经费等原因，往往不做长远打算，只能顾及短期利益，图书馆很少有在超前意识下按照未来的发展模式进行建设。因此，随着图书馆所在大学规模的扩大、师生员工人

---

① 陈雁．民国时期北京中法大学图书馆建设研究［J］．图书馆理论与实践，2012（12）：107.

数的增加，特别是藏书量的不断增多，原先建设的图书馆日渐不敷使用成为必然。而重建一座面积更大、功能更全的图书馆，必然需要筹措不菲的资金，弃用原有的图书馆也是浪费。在这样的情况下，在原有的图书馆基础上进行扩建，便成为扩展图书馆面积、增加藏书和阅览空间最快速、最便捷、最经济的途径。

无论是教会大学，还是公立和私立大学，都出现过扩建图书馆的实例。有的大学图书馆是在建设独立的图书馆馆舍计划流产后，而不得不选择扩建，如复旦大学图书馆。起初，图书馆与学校办公处共同占用奕柱堂的空间。图书馆得以发展后，1925 年，学校将办公处迁出，客观上使得奕柱堂变成图书馆的独立馆舍。但奕柱堂本身空间不大，上下两层总共也不过八间房间，即使全归图书馆所使用，也难以满足需要。重建一座面积够大、功能齐备的标准图书馆应该是最完美的选择，但对于一所依赖于自筹资金的私立大学来说，建设经费是一笔不小的开支。因此，最好的解决办法便是扩建。

1929 年，学校对奕柱堂进行扩建，从它的左右两边延伸出去，分别加盖了两翼。原先小巧的呈正方形的奕柱堂由此变成了“H”形，房间扩展至 15 间之多，功能更加细化，加设了一个大书库，购置了四十多个钢制书架；还增设了参考室一大间，用以陈列中外文期刊及常用工具书和参考书；阅览室也由一间增至两大间，座位因此增加到 400 席；另外，还设商业博物馆一间、中型研究室六间、办公室三间。新图书馆被命名为“仙舟图书馆”。从风格上来说，它基本上延续了墨菲设计的奕柱堂的中国宫殿式，四面歇山、八角飞檐。

与复旦大学不同，上海沪江大学 1948 年 7 月开工的湛恩纪念图书馆从一开始就是以“扩建”的名目立项筹备的，其基础是墨菲设计、1928 年 9 月竣工的图书馆。扩建的原因无外乎增加的藏书无处安放，特别是阅览室无法满足激增的学生人数要求。时任校长凌宪扬提供的一组数字足以说明扩建的必要：旧馆阅览室设计人数是 300 人，而目

扩建后的复旦大学奕柱堂呈“H”形，使得图书馆的面积有了进一步扩大。该楼现在是复旦大学校史馆。

沪江大学图书馆扩建时，以钟楼相连接。无论是钟楼还是新建馆舍，风格保持不变。

前学校有一千多名学生；阅览室座位是 315 个，而每天有 715 个学生需要使用。在期刊室里，每 30 个学生只有一个座位。[①] 没有阅报室，每天的报纸只能放在门厅的架子上；准备增加的 20 万图书和 300 种西文杂志，却没有地方摆放，等等，都是需要扩建图书馆的理由。

扩建与新建的区别在于与原馆舍的关系。沪江大学图书馆的扩建是在原图书馆的东面加盖一幢相同大小、式样和风格的建筑，两者以钟楼相连接，钟楼内设美术陈列室和小博物馆。既然原馆的建筑风格属学院哥特式，那么，钟楼、新馆将保持此风格不变。这样的设计对于接手该工程的上海兴业建筑事务所的建筑设计师戴念慈来说并非难事。但因为经费困难——扩建工程全部依赖于募捐，原计划整个工程需要 300 亿法币，可是，募来的款项到位后，因通货膨胀，已不敷使用而又多出来 200 亿的缺口——只能削减钟楼等建筑。扩建工程完成后，人们发现新、旧楼以塔式门厅作为连接，两边对称，风格统一。无论外形，还是内部空间布局，两者都结合得恰到好处。没有刻意嫁接的造作，整个图书馆建筑更加美观大气，功能也更加齐备。

相较于杨廷宝等第一代建筑师，1942 年才大学毕业、获工学学士学位的戴念慈算是新一代建筑师。中央大学建筑系的求学经历使他在接受该校建筑系教授杨廷宝的教诲时，不能不受到前辈的建筑思想影响。延续原有的建筑风格是大学图书馆扩建过程中所遵循的原则，也是擅长图书馆扩建工程的杨廷宝一贯的建筑理念。清华大学图书馆二期、中央大学图书馆在东南大学孟芳图书馆基础上的扩建是杨廷宝的两个最经典的扩建工程。“在完整的建筑群中修建和扩建有时并不一定需要表现你设计的那个个体，而要着眼于群体协调”[②]，这既是

① 王细荣．大世界里的丰碑——湛恩纪念图书馆的前生今世［M］．上海：上海交通大学出版社，2014：41.

② 郑朝灿．中外建筑简史［M］．北京：中国水利水电出版社，2010：200.

杨廷宝在对墨菲设计的清华大学图书馆进行扩建时，巧妙运用“垂直”“45 度角”“八角形”等元素，将新楼与老楼完美地融合在了一起。

他图书馆扩建工程的经验之谈，也是他建筑思想的体现。在有些建筑师过于强调张扬个性而迷恋标新立异的建筑环境下，他不炫耀才华的低调，他对建筑“整体”的观念和“协调”的追求显得尤为可贵。

12 年前，在墨菲设计的清华大学四大建筑热火朝天的工地上，还是清华学校学生的杨廷宝是一名兴趣盎然的旁观者、认真的观摩者、虔诚的学习者，“从砌墙到盖顶都去看”的结果是他对整个工程的建筑过程了如指掌。当然，当时他不会料到 12 年后，他会成为图书馆二期扩建工程的建筑设计师。长期以来，图书馆二期与一期的无缝对接一直被人津津乐道，它也作为建筑界的一个传奇而代代相传。如此完美的工程，一方面是杨廷宝“扎实的功底、丰厚的素养”的体现，另一方面也当归功于早年他对一期工程的细心体察。

图书馆扩建工程的背景是 1928 年清华学校正式易名“国立清华大学”，在图书经费骤增、藏书大量扩充的情况下，只有 2100 平方米的图书馆一期便显得过于局促了。扩建工程于 1930 年 3 月开工，耗时一年多，于次年 11 月竣工，馆舍面积扩大到 7700 平方米，可容纳的藏书量达 30 万册，阅览座位有七百多。对于杨廷宝来说，简单地扩大使用面积并非难事，从“统一”“协调”的角度出发，以与旧馆相同的式样、相同的大小、相同的细节、相同的风格建设一幢新楼，也并不难以想象，难的是如何将一期和二期巧妙融合。他选择的方法是将新楼与旧楼“垂直方向布置，并用一个以45度方向布置的四层高的中楼将二者连接起来”。具体地说，以“两个八角形小过厅和两个八角形楼梯间成为新老楼间在平面上和外形上的连接与过渡”①。在细节处理上，也有精巧之处：图书馆的主入口设在中楼的二层，面积虽然不很大，但与各大阅览室直接相通，避免了由原馆一楼大门进入，再由扶梯上楼进入阅览室的不便。

在清华大学图书馆于20世纪80年代进行第三次扩建时，新一代设计师关肇邺承担了设计工作。“协调”也是他所追求的目标，依然是红墙砖、拱形门窗等。这是他认同杨廷宝设计思想的体现，对于图书馆的二期工程，他这样评价：“杨老的图书馆的扩建在这些建筑中表现得最为完美、突出。重要的是它传达了一种整体思想……”②

整体观、协调性，在杨廷宝承担的国立中央大学图书馆的扩建中也有所体现。国立中央大学成立于1928年，其前身依次是国立东南大学、国立第四中山大学、国立江苏大学。第四中山大学、江苏大学都沿用了东南大学1924年建成的由江苏督军齐燮元捐建的孟芳图书馆，连馆名也没有变过。出于政治因素，中央大学将“孟芳”二字取消，直接改名“中央大学图书馆”，却没有因为相同的理由而将孟芳图书馆整体拆毁重建，毕竟经济因素不得不考虑。或者说，中央大学决定扩建图书馆，并非为了尽可能地摆脱“军阀”的污名，更重要的原因自然还是旧有馆舍不能满足需要。

孟芳图书馆的建筑风格属于典型的西方古典主义，爱奥尼柱式是其标志。1933年夏，杨廷宝接手了中央图书馆的扩建工程。当年十月，

① 关肇邺．清华大学图书馆纪事［J］．新建筑，2001（6）：11.

② 孙宇．历史与文脉的传承——对清华大学图书馆一期到四期工程的思考［M］// 邓景康，韦庆媛．邺架巍巍：忆清华大学图书馆．北京：清华大学出版社，2011：29.

工程结束。无论从外形建筑风格上看，还是对内部整体布局、细部处理、装修装饰、材料和色彩的运用，似乎都没有什么变化，变化的只是体积和容量的扩大。与复旦大学图书馆（奕柱堂）扩建相似，中央大学图书馆主要也是在原有建筑的两侧增盖两幢风格统一的建筑，用作阅览室。不仅如此，在主馆的背后，杨廷宝又巧妙地扩建了一座书库。这样一来，新的图书馆由孟芳图书馆的平面呈“一”字形转变为“曰”字形，使用面积大大增加。

从数量上来说，民国时期大学扩建图书馆并不很多，屈指可数的几次扩建大都在1937年全面抗战之前。可以说，抗战阻碍了大学图书馆的发展，也造成图书馆新馆舍的建设和图书馆的扩建停顿。抗战结束后，除了沪江大学图书馆抓住了时机而得以扩建，其他大学图书馆都还未及完成基础建设，时代便又遽变。于是，那几次图书馆扩建便成为民国时期仅存的硕果。即便如此，在建筑史上，它们也占有一席之地。特别是清华大学图书馆二期，更因天衣无缝的对接、恰到好处的融合，而成为建筑经典。

四、民国大学图书馆建筑的地域性特色

“一方水土养一方人”说的是地域特色对人的特色的滋养与影响，而一方建筑又何尝不是由一方水土成就。人类在改造自然中创造出来建筑，往往受到地理、环境、气候、历史、宗教、社会体系、人口结构、生活习性、富足贫穷、先进落后等因素的深刻影响。作为一种文化符号，除了刻意求异求反差，若要与当地的环境相协调，反映当地居住者的审美观，建筑形态都不可能不带有文化地域性，都不同程度地包含当地历史流传下来的本土气质和人文精神。建筑评论家、清华大学教授曾昭奋最早将中国的建筑风格划分为“京派”“海派”“广派”

1933年，杨廷宝接受委托，对中央大学图书馆（原东南大学孟芳图书馆）进行扩建设计。在保持风格不变的前提下，他在建筑两端分别增加一翼（即阅览室），又在楼后扩建了书库。原孟芳图书馆建筑呈“一”字形，扩建后，中央大学图书馆建筑呈“日”字形。

（又称“岭南派”）[①]。不论这样的划分是否精细全面，至少可以说明，一方面，建筑是某个时代，特别是某个地域的特征的反映；另一方面，建筑只有与地域相结合，协调于当地的环境，体现地方性才是完美的。如果用一句话概括，那就是，建筑应该是一个地区的产物。

纵观民国大学图书馆建筑，无论是早期的教会大学，还是紧随其后的公立和私立大学，受当时的“本土化”“中国化”“中国固有形式”的建筑流行趋势影响，中西合璧、中国传统复兴式建筑风格遍地开花，无论南北，无论地域，中式大屋顶、西式墙身一统天下。随着海外留学的第一代中国建筑师相继回国，深受西方古典主义建筑影响的他们更热衷于西洋建筑。在这样的情况下，建筑的地域性渐渐被忽略。即使有的建筑师在建筑设计中渗入地域特色，却也只是作为装饰的小小点缀。

以中国传统复兴式建筑代表人物墨菲为例，他的教育建筑作品遍布中国大江南北，但除了早期的清华大学四大建筑，其他的基本上都是“戴礼帽，穿西装”的建筑模式。北京燕京大学图书馆，南京金陵

① 王河．岭南建筑学派［M］．北京：中国城市出版社，2010：7.

女子文理学院图书馆，即便一个在北，一个在南，但两者相似度极高。地域性建筑似乎只有在福建协和大学里的次要建筑中可以发现，它们的屋顶多采用闽南民居常见的青灰色普通瓦片，结构体系沿用了当地民居的穿斗式木结构，建筑材料和施工技术也取自于当地，特别是“脊饰”完全模仿的是福州本地民居的通常做法。①但图书馆所在的文学院大楼作为学校的主要建筑，屋顶采用的依然是中国宫殿式的琉璃筒瓦，地域性欠缺。墨菲确实参与绘制了福建协和大学早期校园规划图，但目前尚没有证据证明校园建筑风格由他设计。如果说，福建协和大学的次要建筑具有一定的地域性，那可能与崇尚中国传统复兴式建筑风格的墨菲无关。

同样地，墨菲参与了厦门大学的早期校园规划和第一批“老五幢”的建筑设计，但并非是他赋予了建筑浓郁的闽南风格。那是厦门大学的创始人陈嘉庚联合闽南工匠共同研究设计的结果。厦门大学建筑群，以及之前集美学村建筑群的建筑被统称为“嘉庚建筑”，其风格即“嘉庚风格”。也就是说，从民国时期的大学建筑地域性来说，厦门大学的建筑群地域性最强。

在 1921 年厦门大学成立之前，南洋华侨陈嘉庚于 1913 年创办的由各类学校和文化机构组成的集美学村已经颇具规模。因此，学村里的学校、医院、大会堂、音乐厅、科学馆、体育馆、图书馆的建筑理应成为厦门大学校园规划和建筑设计时的参照物。这部分建筑也可分成两类，一类是早期建筑：照搬南洋殖民地式；一类是后期建筑：以用作医院的集贤楼、用作图书馆的博文楼为例，它们的建筑显然受到时下流行的“宫殿式大屋顶与西式墙身结合”的建筑风格影响，但却没有原样照搬，仅仅将闽南式屋顶——传统重檐歇山顶、绿色琉璃瓦、

① 李海霞．福建协和大学魁岐校区规划和建筑考（1922—1939）［M］// 贾珺．建筑史第 27 辑．北京：清华大学出版社，2011：194.

橙色“嘉庚瓦”——替代宫殿式大屋顶，便使整个建筑充盈着闽南地域气息。这是所谓嘉庚新建筑的开山之作。其后集美学村的建筑，如女子中学的敦书楼、集美小学的延平楼等基本上都是闽南传统的重檐歇山顶或“三川脊”歇山顶与南洋殖民地外廊式相结合的建筑手法，还掺杂着东南亚伊斯兰建筑（如马蹄形券、三叶形券的装饰）的影子。

从初期的纯粹南洋建筑风格，到具有闽南地方风味的中西合璧，可以看出陈嘉庚建筑思想的转变。也正是因为他接受了中国传统复兴式的建筑方式，才会在筹建厦门大学时聘请墨菲参与校园规划和建筑设计。但显然，墨菲没有模仿集美学村建筑的打算。事实上，陈嘉庚非专业建筑师的出身对建筑本身不能说毫无影响，比如，在建筑工程中，由于设计的不充分而时常处于边施工、边设计、边修改、边调整的不确定状态，带来的后果便是产生了违反传统的建筑细节——博文楼的中间为四开间，这与中国传统建筑奇数开间的做法不相符[①]。但这并不意味着墨菲以其专业建筑师的身份所设计的厦门大学校园规划和建筑，陈嘉庚会毫无异议地全盘接受。相反，他以他在集美学村时的建筑经验，大胆地否定了墨菲大部分的设计，只保留了地基设计。

所谓“老五幢”，指的是厦门大学最早的一组建筑群，其中的集美楼便是图书馆所在地。五幢楼的排列，墨菲的设计是围合成三合院式，形成“品”字形；陈嘉庚的设计则是“一”字形，以群贤楼为中心，左右对称，分别是集美楼、囊萤楼和同安楼、映雪楼。虽然五幢楼同时设计，同时建筑，但风格有所不同。两边最外侧的囊萤楼和映雪楼西式风格更浓重一些，而中间的群贤楼，以及它左右两侧的集美楼、同安楼，则更多一些闽南风格，也就是地域性更强：屋顶的三重飞檐、绿色琉璃瓦、柔和的屋脊曲线、花岗岩外墙、清水砖砌拱券、闽南传统抬梁式木屋架支撑等。当然不乏西式味道：殖民地式外廊、

① 陈志宏．闽南近代建筑［M］．北京：中国建筑工业出版社，2012：202.

厦门大学集美楼。二楼是当时的图书馆所在地。20世纪20年代中期，鲁迅在厦门大学执教时，曾在此短暂居住过。因此，现在这里被辟为“鲁迅纪念馆”。

多立克券柱、大圆拱门、白色石窗等。也就是说，陈嘉庚创造了一种有别于当时盛行的中国传统复兴式的民族形式和殖民地式相混杂的新建筑风格，实现了建筑的实用性、地域性、艺术性的完美结合。

一般而言，偏远、闭塞、神秘，自然资源奇特的地方地域性特色更浓烈，也更容易在建筑中渗入地域性。闽南是其一，蜀地四川也是如此。尽管同在成都的四川大学图书馆、华西协合大学图书馆（懋德堂）建筑的地域性特征不如厦门大学图书馆（集美楼）那么强烈，但还是能从细节上看出两位设计师——杨廷宝、荣杜易——尽量赋予建筑地域特色的意图。

四川大学是1931年由当时的国立成都大学、国立成都师范大学、公立四川大学合并而成的。由于新校址由最初选在成都市中心的明蜀王府旧址改迁望江楼附近，因此杨廷宝先后进行了两次校园规划，更承担了新校址图书馆的建筑设计。图书馆位于校园中心，1938年落成，总面积3800平方米，平面呈“T”字形，流线简洁，是杨廷宝偏爱的样式。此时的图书馆设计已经非常强调功能区分明确，四川大学图书馆也不例外：底层为办公、管理、采编等内部业务用房；二层分东、西两大阅览厅，借书处、目录厅在中间位置。书库作为图书馆的核心，位于中后部，珍善书籍分藏三层书库。整体风格是当时流行的中国传统复兴式，歇山式大屋顶，筒瓦屋面。所谓地域性表现在结构方面。图书馆用地原来是一方水田，杨廷宝采用了木桩基，地上采用砖木结构，门窗、地板均用楠木，这是成都近代建筑的惯常作法。

如果说四川大学图书馆建筑的地域性只是表现在建筑手法和材料的运用上，显得不那么明显而特征性不强，那么，荣杜易以建筑中“添加大量怪异的灰塑”的方式来反映蜀地的神秘莫测，从而表现地域性，则有些标新立异。以图书馆所在的懋德堂为例，他“在房脊与檐口多处雕有动物式样的饰物，形态怪异”[①]。但除此之外，从建筑结构、建筑材料、颜色搭配等方面，仍然可以体察到“川味”的地域性：木穿斗结构、木抬梁结构、三角形屋架、青砖黑瓦、大红柱、大红封檐板，以及川西民居常用的檐口处理形式“火链圈”等。

早在20世纪20年代，就建筑的地域性，美国建筑师赖特（F. L. Wright）提出：“只要基地的自然条件有特征，建筑就应像在它的基地自然生长出来的那样，与周围的环境相协调。”[②]从广义范围来说，民国时期从教会大学开始盛行的中国传统复兴式建筑也是一种地域性建筑，它在引进西式建筑风格的同时糅合了中国古典建筑元素。从狭义方面看，四川大学、华西协合大学，特别是厦门大学的建筑更具有通常意义上的地域特色。更有意味的是，厦门大学浓郁的地域性建筑风格出自于非建筑专业的陈嘉庚之手。厦门大学图书馆（集美楼）既是“嘉庚建筑”的代表之一，也是民国大学地域性建筑的典范。

---

① 李晶晶．华西协合大学校园近代建筑初探［J］．古建园林技术，2012（2）：38.

② 王富臣．形态完整：城市设计的意义［M］．北京：中国建筑工业出版社，2005：50.

第四章　灵魂：民国大学图书馆学人

随着社会环境的变化，萌芽于晚清的大学图书馆由西方传教士主导，逐渐过渡到以专业的图书馆学人掌管。在社会变革的风潮中，维新派人士促成了大学图书馆的转型，而有着西方教育背景的新一代知识分子则使大学图书馆有了长足的发展。作为集体的组织者及其管理活动的领导者，对大学图书馆的发展起决定作用的当然是校长和馆长。校长的办学理念关乎学校的定位，而学校的定位又决定了图书馆的走向，馆长的图书馆理念、图书馆理论水平和实践经验则对图书馆的发展更具有直接影响。故而可以说，民国时期的大学图书馆，作为灵魂的存在，校长和馆长共同支撑起了图书馆这个近现代文明的产物。

一、校长：大学图书馆定位与走向的决定者

蔡元培说，教授和图书馆是大学的根本。林语堂说，一个学校的好坏，取决于图书馆。图书馆不仅是衡量一所大学的标尺，也是衡量大学校长的标尺。民国时期的很多大学校长，如蔡元培、胡适、罗家

伦、蒋梦麟等，可以毫无愧怍站在这根标尺面前，因为他们都具有先进的图书馆理念，并且不但以此深刻影响着大学图书馆的发展，更在校长任上直接地将其理念转化为图书馆实践。

（一）直属于校长：大学图书馆行政地位提高的表现

在 1929 年之前，大多数大学图书馆并不具有独立的行政地位，多从属于教务处或总务处（庶务部）。比如北京大学 1919 年时在校长下设教务处、总务处、秘书处，而图书馆的前身——图书部只是隶属总务处的一个部门。这样的隶属关系一直延续到 1930 年；山西大学 1913 年时的组织机构是校长下分别设学监、庶务二处，庶务处下设五个部门，图书馆是其中之一；同样隶属庶务处的还有清华大学创立时期的图书室；而 1919 年成立的上海交通大学图书馆没有馆长、主任，由庶务长监管；暨南大学图书馆和厦门大学图书馆早年都隶属教务处。形成这种局面的原因，难以简单归结于教育主管部门和校长图书馆意识的淡薄，而主要在于大学图书馆在高等教育发展初期所面临的没有充裕的建设经费、没有完备独立的馆舍、没有可以满足师生需求的丰富馆藏、缺乏图书馆学专门人才的现实困境。也就是说，那时候的大学图书馆尚不具备行政独立的客观条件。特别是一些规模较小的私立大学，其图书室（部）只提供零星教辅书和参考书，更不可能在行政上独立出来。

而自 1929 年到抗战前，随着高等教育的快速发展，大学图书馆的行政地位不同程度地有所提高，表现形式之一便是图书馆行政开始独立。行政独立体现在图书馆直属于校长，由校长直接管辖。而行政独立的契机是 1929 年 1 月召开的中华图书馆协会第一次年会。会上，有两份议案涉及图书馆行政独立，一份是上海中学图书馆提交的“请教育部规定学校图书馆行政独立案”，一份是上海暨南大学图书馆提交的“学校图书馆行政独立案”，呼吁图书馆行政独立，理由为：“学

厦门大学校长林文庆。（照片来源：1937 年第 1 卷第 12 期《厦大校刊》）

校图书馆系学校之附属机关，言其机关，似与教务甚密，言其性质，则与事务相连；但实际言之，则既非教务，又非事务。盖图书馆系一种特殊教育机关，其自身即有教育性质，管理则有专门方法。故在行政系统上必独立方易发展，以促进学校教育效率。”主张将提案呈请教育部，“规定学校图书馆为校中之独立机关，直隶于校长之下与教务事务并立”[①]。

议案的提出，表明图书馆学人已经意识到图书馆行政地位的提高，对于图书馆发展的意义。国民政府于1929年7月颁布了《大学组织法》、8月颁布了《大学规程》，这两部法规的接踵面世，为大学健全行政管理提供了根本依据。

从全国来看，情况不一。并非所有的大学图书馆都经历了由从属于学校某个部门而后直属于校长的过程。圣约翰大学图书馆、中法大学图书馆从一开始就直属校长；清华大学图书馆在清华学校图书室时期隶属庶务处，尽管早在1914年时便脱离庶务处，成为学校独立行政单位，但并不由校长直接管辖，而是由教务长监管；从现存文献看，厦门大学图书馆是最早转为校长直管的图书馆：“本校图书馆成立于民国十年，当时规模窄小称图书课，隶属于教务部……至民国十一年，乃脱离教务部而独立，改称图书馆，直辖于校长。”[②]

图书馆成立仅一年便改为校长直管，由此可以看出厦门大学对图

① 中华图书馆协会执行委员会．中华图书馆协会第一次年会报告［R］．1929：140.
② 厦大校史资料第一辑［G］．厦门：厦门大学出版社，1987：183.

书馆的重视程度，而此时的校长是刚刚上任的林文庆。他一系列的改革涉及教学、教师、教材、重点学科、重点课程、科学研究、师资培养、奖学助学、学生自治、体育卫生和图书馆等各个方面。与创办厦门大学的陈嘉庚一样，林文庆也极其重视图书馆建设。作为创校者，陈嘉庚偏重图书馆馆舍的建设，位置、规模、风格、式样、材料，乃至楼层、面积、功能划分等都事无巨细亲自过问、缜密筹划；作为实际管理者，林文庆则将更多的心力放在增加馆藏上，他的主张是："各种书籍与实验室之设置，亦甚重要。倘书籍不齐，仪器缺乏，虽有良好之高等专门教师，终不能有所发挥。故本校对于书籍及仪器之设置，拟特加注意，不稍存吝啬之心。"① 这是该校图书馆行政地位得以提高的思想基础。

在中华图书馆协会第一次年会上提交图书馆行政独立议案的暨南大学，其实早就将图书馆由隶属教务处提升为直属校长了。具体时间是1927年下半年。尽管图书馆行政独立的议案得到大多数大学图书馆的响应，也通过了大会决议，但却未能被教育部即时批准，其原因在于各大学图书馆发展的不平衡。相对来说，暨南大学图书馆发展较快。早在1925年的时候，校长姜琦便着手兴建图书馆独立馆舍，以暨大创始人郑洪年之名取馆名"洪年图书馆"。该馆在1927年郑洪年校长任上落成。郑洪年不仅在建筑经费筹措困难时自掏腰包慨然捐赠了占总额三分之一的5000元巨资，还积极筹款"添购各系应用之中西新旧书籍"，很快使馆藏增加到"中文书计16000千册（约15万卷），西文书计6000册，日文书500册，外国杂志60种，中国杂志79种"②。在图书分类方面，暨大图书馆也比较早地运用先进的杜（定友）氏图书分类法。这些都使得暨大图书馆具备了图书馆行政独立的条件。可见暨南大学图书馆在校中行政地

① 洪永宏. 厦门大学校史：1921—1949（第一卷）[M]. 厦门：厦门大学出版社. 1990：26—27.

② 叶崇智. 国立暨南大学洪年图书馆之经过及概况[J]. 暨南周刊. 1928，2（10）：7.

西南联大原址上树立的北京大学校长蒋梦麟铜像。

位的提升，以及领先于同行，直接得力于前后两任校长的推动。

北京大学图书馆行政地位在1930年时得以改变也有赖于校长之力。这时候的校长是蒋梦麟。之前，蔡元培任北大校长时，蒋梦麟是其助手，长期担任总务长，而且还代理过校长，因此对北大校务早已了然于胸。而此时的北大也在经历了种种革命、运动和撤校—复校的磨难后逐渐步入稳定的轨道，图书馆建设随之愈加正规。这一切都为蒋梦麟上任后的一系列改革奠定了良好基础。他改革的法规依据，政府层面的是《大学组织法》，学校层面的是1929年9月由北大学生会拟就的《发展北大计划书草案》。他在保留蔡元培时代“教授治校”的精神底蕴之上，以“教授治学、学生求学、职员治事、校长治校”的主张为前提，在改革中也掺入了欧美化的教育元素。这个“欧美化”并非是他这个有着西方教育背景的人的一厢情愿，而是顺应了时代和师生要求。因为《草案》明确了采用欧美大学制度的主张，提出的目标便是“力求发展，俾与欧美各著名大学并驾齐驱”。具体落实到图书馆，在馆舍建筑上，“吾校藏书至富，图书馆之需要，至为迫切。务须于本期内，开始建筑，建筑费最低不得减于五十万元”。在图书仪器上，则提出改变以往习惯，而按校经费的五分之一固定为购买图书仪器的额度。[1]

① 北京大学学生会．发展北大计划书草案［J］．北大日刊．1929（2244）．

换句话说，蒋梦麟的改革是将《草案》的目标和要求转化为实践。从教务方面说，改革涉及学校评议会的取消、校务会议和行政会议的增设，全校设立了文、理、法 3 个学院和 14 个学系，各系的课程也做了一些调整和增删。从图书馆方面说，他将图书馆的行政地位由原先隶属总务处调整为直隶校长。这样一来，图书馆馆长的地位与秘书长、课业长、各院院长相当。1932 年 6 月公布的《国立北京大学组织大纲》第十三条规定："本大学设图书馆，置馆长一人，商承校长处理本馆事务，由校长就教授中聘任之，并置事务员若干人，均由校长聘任之"；第十四条规定："本大学设校务会议，以校长、秘书长、课业长、图书馆长、各院院长、各学系主任及全体教授、副教授选出之代表若干人组织之，校长为主席"。为配合图书馆新的行政地位，"图书部"这个延续了十几年的称谓正式被"图书馆"所取代。从《组织大纲》可以发现，图书馆馆长是当然的校务会议委员。与此同时，在原有的各种专门委员会取消后，北京大学仍专设图书委员会，委员长由课业长担任，图书馆馆长是当然委员。这也从另一个侧面显示了图书馆地位的提高。而这样的提高，当然与校长蒋梦麟有直接关系。

一方面，大学对图书馆的重视程度逐渐增加；另一方面，国民政府成立后大学教育发展迅猛，因此，图书馆行政独立的条件趋向成熟。北京大学图书馆的行政独立对其他高校图书馆形成了明显的示范效应，纷纷改为直属校长：1930 年，有王世杰校长任上的武汉大学图书馆、朱家骅校长任上的中山大学图书馆；1932 年，有梅贻琦校长任上的清华大学图书馆；1933 年，有李蒸校长任上的北平师范大学图书馆、黎照寰校长任上的上海交通大学图书馆、翁之龙校长任上的同济大学图书馆。私立和教会大学图书馆也在抗战前相继行政独立，比如光华大学图书馆、燕京大学图书馆、辅仁大学图书馆、齐鲁大学图书馆、岭南大学图书馆等。大学图书馆行政地位的改变既说明其地

原北平师范大学图书馆，现为北京杏坛美术馆。

位的提高，也反映了校长对图书馆的重视程度。而同时，校长直辖图书馆，对于校长图书馆的管理能力当然也是一种考验。

（二）校长的图书馆理念影响着图书馆的发展

1. 西方教育背景是校长先进图书馆思想的来源之一

回望民国时期的大学，无论是公立、私立还是教会大学，基本上都有一个明确的大学定位。显然，一个出色的大学不可能没有适于自己生存与发展的定位，而这个“定位”很大程度上有赖于校长基于个人眼光和能力的判断与抉择。教学或研究、通识教育或专精教育、人才培养或人格养成、是为个人效力还是为社会服务等，这对于有理想、有抱负的校长来说，都是横亘于前进路途中而不得不直面与回答的问题。

在吸收西方大学教育理念基础上，结合本校的发展历程，中国大学的定位多见于以下三种：①研究学问型，此以蔡元培任校长时的北京大学、马君武任校长时的广西大学为代表；②研究学问和造就人才相结合型，以郭秉文任校长时的东南大学、梅贻琦任校长时的清华大学、张伯苓任校长时的南开大学、萨本栋任校长时的厦门大学、李登辉任校长时的复旦大学、竺可桢任校长时的浙江大学、赵天麟任校长时的北洋大学等为代表；③人格培养型，以司徒雷登任校长时的燕京大学、陈垣任校长时的辅仁大学、陈裕光任校长时的金陵大学等为代表。[①]

定位侧重虽有不同，但无论是哪种选择，有一点是共通的，那就是对于大学而言，图书馆建设不会因为定位的不同而有轻重高低之分。不管执掌哪种类型的大学，凡是具有先进的大学管理理念的校长也大多具有敏锐的图书馆意识。因为他们都清楚，大学以研究学问为目的也好，以造就人才为追求也罢，都离不开对人的学养的培育，而这不仅依赖于为人师者的传道解惑，同时也有赖于图书馆浩如烟海的文献资源的滋养和蓄积。清华学校校长曹云祥曾经说过：“大学乃探讨学术之所，而图书馆则流传学术之府库也。”[②]蔡元培更明确将教授和图书馆视为大学的两大基石。

① 高伟强，余启咏，何卓恩．民国著名大学校长1912—1949[M]．武汉：湖北人民出版社，2007：2—3.

② 曹云祥．清华学校图书馆中文书籍目录序［M］// 曹云祥．曹云祥自述．合肥：安徽文艺出版社，2013：153.

作为教育家，蔡元培认为，教育不只在课堂，还在课堂之外的许多场所，图书馆当然是其中最重要的场所。无论是在蔡元培出任教育总长，或是担任北京大学校长期间，其教育观念中都流露出许多有关图书馆的思想："对大学图书馆等未完成者，皆渐图结束前局，而于一定期间内，为革新之起点"①，"为研究学问计，最普遍是图书馆"②，"图书关系学术，至为密切，承先哲之余绪，闻后来之涂辙，体用咸备，细大不遗，实惟图书是赖。集多数图书于一处，予民众以阅览之便利，辅助文化进步，实惟图书馆之功"③。

因为如此，他 1917 年一上任北京大学校长就敏锐地发现学校根本问题所在，除了教师和教学法存在缺陷之外，便是"本校图书馆书籍虽多，新出者甚少"④，更关键的是，他认为当时的北大图书馆与欧美教育发达国家相距甚远："虽曰吾校实验室、图书馆等，缺略不具；而外界学会，工场之属，无可取资，求有所新发明，其难固倍蓰于欧美学者。"⑤他之所以有这样的认识，换句话说，他的图书馆意识如此强烈的原因与他曾经留学德国深受西方教育影响有很大关系。他任教育总长时，明确主张废止祭孔读经、采用西方教育制度。而图书馆本就是西洋文化输入中国的产物，中国近代图书馆是在引进西方先进图书馆的管理模式和技术的基础上建立、完善和发展起来的。这也就可以理解北京大学校长胡适及蒋梦麟、清华大学校长罗家伦、武汉大学校长王星拱、浙江大学校长竺可桢、厦门大学校长林文庆、东

① 教育总长蔡元培莅参议院宣示政见之演说［J］. 教育杂志，1912，4（3）：18.

② 蔡元培 . 北大一九二二年始业式演说词［M］// 中国蔡元培研究会 . 蔡元培全集 . 第四卷 . 杭州：浙江教育出版社，1997：768.

③ 蔡元培 . 韦棣华来华服务三十年纪念［M］// 中国蔡元培研究会 . 蔡元培全集 . 第七卷 . 杭州：浙江教育出版社，1997：58.

④ 蔡元培 . 就任北京大学校长之演说［M］// 高平叔 . 蔡元培全集 第二卷（1910—1916）. 北京：中华书局，1984：7.

⑤ 蔡元培 . 发刊词［J］. 北京大学月刊，1918，1（1）：1.

南大学校长郭秉文、复旦大学校长李登辉、云南大学校长熊庆来、兰州大学校长辛树帜等一批大学校长们何以与蔡元培一样那么看重图书馆建设，其所共有的西方教育背景在其中发挥了重要作用。

最典型的莫过于胡适，他丰富深刻的图书馆思想建立在留美时大量参观美国包括大学图书馆在内的各种图书馆基础之上。参观时，他未停留在走马观花的层面上，而是对每个图书馆的“藏书量、馆舍面积、年购书量、图书流通量、阅览人次、工作人员工资待遇等，进行抽样调查，并列表记录下来”①。有别于中国传统藏书楼的先进图书馆让他感慨良多，因此发出这样的呐喊：“国无海军，不足耻也；国无陆军，不足耻也！国无大学，无公共藏书楼，无博物院，无美术馆，乃可耻耳。”②在他尚未任北大校长而只是北大教授时，就将北大图书馆视为学校“最重要”的部分，认为其对于学校“关系何等重大”③，这可以看作是他出任北大校长后重视图书馆建设的理论触发点。他在1921年应张元济之邀视察商务印书馆后，对改进该馆工作提出了万余字书面意见，全面而集中地体现了他的图书馆思想。他从馆舍规模、藏书结构、馆长人选、科学管理等方方面面诠释“图书馆事甚重要”。以此可以看出他的图书馆学思想“有着中国现代图书馆学的特点，同时带有西方现代图书馆学的烙印”④。

朱自清在他就任清华大学图书馆馆长的同年（1935）写的一篇题为《文人宅》的散文里，曾提及作家加莱尔（T. Carlyle）的话：“一

① 叶坤．从胡适的一篇日记看他的图书馆学思想［J］．大学图书情报学刊，2005（12）：92.

② 胡适．胡适留学日记［M］．上海：商务印书馆，1937：566.

③ 北大教职员捐俸建筑图书馆［M］// 季羡林．胡适全集．第29卷．合肥：安徽教育出版社，2003：235.

④ 叶坤．从胡适的一篇日记看他的图书馆学思想［J］．大学图书情报学刊，2005（12）：93.

至公堂是清代甘肃贡院的主要建筑。兰州大学图书馆的历史可追溯到 1909 年。1913 年，图书馆将至公堂作为阅览室。

甘肃贡院里的观成堂是兰州大学图书馆最早的书库所在地。

1946 年，兰州大学修建了图书馆二层独立馆舍，定名积石堂。20 世纪 60 年代后又在原建筑外做了包裹式扩建，原建筑大门成了二门。

个好的图书馆就是一所大学。”显然这位英国文豪的这句名言，不少校长是赞同的。浙江大学校长竺可桢把教师、图书仪器、实验室视为大学教育的三大要素，他对于三者关系的解释是：“一个好的大学必有众多卓越的学者才能感到图书设备的重要，也唯有丰富的图书设备，才能吸引专家学者，而且助成他们的研究与教育事业。简言之，人才与图书设备两者之间是必然的辅车相依，相得益彰的。”而云南大学校长熊庆来认为，提高教学质量“不可忽视教学工具与图书”，而要开展科研，培养浓厚、活跃的学术氛围，没有相当的图书资料和仪器 设备是不行的。他多次明确地强调：“非有充实之设备，亦不足以言研究。”①

浙江大学校长竺可桢。
（照片来源：1941 年第 3 卷第 12 期《东方画刊》）

正是因为对图书馆有如此清晰的认识与如此深刻的理解在前，这些大学校长一旦上任，便马上把改造图书馆的强烈意愿化为实践。

2. 经费、人才：校长管理图书馆的最大政治

对于任何一个大学图书馆来说，它所面临的最大问题，无外乎一是经费，二是人才。前者是建设独立馆舍、购置藏书设备、聘用专门人才所必需的；后者是贯彻图书馆建设思想、保证图书馆正常运行并得以发展的根本保障。而这两大问题，多不是靠图书馆馆长一己之力就能解决的——它需要校长的支持。从民国的历史来看，一个合格的校长，必定对图书馆的作用有深切的认识，对图书馆的运行有足够的了解，而无不对图书馆的生存与发展倾尽心力。

① 熊庆来 . 本校之学术生命与精神［G］. 云南大学成立二十七周年纪念特刊，1949.4.20. ①

（1）经费筹集

民国时，特别是蒋介石政府成立前“城头变幻大王旗”的军阀混战时期，时局造成的大学办学经费紧张是那时候的大学校长所面临的最大困难。1921年东南大学在原南京高等师范学校基础上成立。尽管校长郭秉文认为科学馆、体育馆、图书馆是教学讲堂之外必备的三大馆舍，但苦于经费无着而不能即时开工建设。蒋梦麟1923年7月因蔡元培旅欧而代理北京大学校长时，学校正处于经费严重短缺的时期。可以说，他是临危受命的。在9月的开学典礼上，他直言北大在“物质方面，可说是已到了山穷水尽的地步”，具体地说，“政府里积欠了我们8个月的经费，计有50余万，此外学校里还垫出了17万余。两项共计70余万，差不多一年的经费没有了，所以去年开学时我们说过要建筑大会堂和图书馆的计划都成了泡影。同人数月来终日奔走经费的事，忙得不了，几乎天天在街上跑。”① 云南大学即使在1938年改为国立后经费有所增加，但由于货币贬值，实际购买力下降，图书经费仍然是校长熊庆来绕不过去的一道坎。

四处筹措办学经费几乎是每个大学校长必经的一个过程。东南大学科学馆是郭秉文校长游说美国洛氏基金会出资30万美元建成的，体育馆的建设经费是他反复向江苏省财政部请求拨款得来的，而图书馆则是他游说江苏督军齐燮元独资15万元建起来的。北京大学校长蒋梦麟解决经费问题的原则是开源节流，一方面大力宣传节约，一方面极力向政府催要拨款，同时多方募集。如此经费紧张的情况下，他仍想尽办法保证图书馆馆藏添置。北大评议会在1926年5月18日给蔡元培的信中这样汇报：“本校图书、仪器之设备，在近三数年间，

① 陈政．蒋梦麟先生开学词［J］．北京大学日刊，1923（1288）：2.

实际上固具有显著的进步。”[①] 熊庆来 1937 年 9 月走马上任云南大学校长时，学校图书馆只有不到 5 万册图书。他解决经费问题的主要办法是促成研究与实际相结合，即将知识转化为生产力。比如，矿冶系与云南资源委员会炼钢厂合作，对马尾丝铜矿的浮游精选加以研究，并取得很好成果；社会系社会研究室与中国农民银行、美国罗氏基金会、云南省经济委员会等合作以获得资助。[②]

依赖于政府拨款的公立大学尚且如此，以自筹资金为生的私立大学经费困难更可以想见。南开大学校长张伯苓一生都在为办学经费奔走，被称为“化缘和尚”。但无论怎样捉襟见肘，他最不吝啬之处就是为教学添置仪器设备和为图书馆购买图书资料。以 1926 年为例，那年的全年办学预算有 50 万现洋，张伯苓要求将其中的十分之一用来“充实图书馆”[③]。

募捐是运用最广泛的筹措图书馆经费的方式之一。上海交通大学校长唐文治、沪江大学校长刘湛恩等都是以此获得资金建设馆舍和增加馆藏的。图书馆购书经费来源最奇特的是胡适的润笔费。1928 年 4 月，胡适出任上海中国公学校长。他一向强调图书馆的教育职能，在校长任上，除要求总务部门每年拨给图书馆一定数量的购书经费外，还将自己在办公和讲课之余给学生题字的润笔费（每幅字 2 元）交给图书馆，以增加图书馆的购书经费。[④]

---

① 北京大学促蔡元培回校评议会致蔡氏函［G］// 王学珍，郭建荣 . 北京大学史料 第二卷 1912—1937 (上). 北京：北京大学出版社，2000：258.

② 高伟强，余启咏，何卓恩 . 民国著名大学校长：1912-1949［M］. 武汉：湖北人民出版社，2007：227.

③ 何廉 . 我在南开大学的前十年（1926—1936）［G］// 中国人民政治协商会议全国委员会文史和学习委员会 . 文史资料选辑 合订本 第 34 卷总第 99—100 卷 . 北京：中国文史出版社，2011：247.

④ 张喜梅 . 胡适的图书馆理论和实践［J］. 图书情报工作，2004（5）：54.

图书馆学家杜定友。（照片来源：1931 年《交大年刊》）

（2）人才选用

民国大学校长对图书馆建设的重视也体现在图书馆馆长（或主任）人选的选聘方面。早年，中国本土的图书馆学专门人才十分匮乏。据杜定友 1926 年的统计，在图书馆界，除去目录学学者、虽富有实际经验但未受过专门训练的除外，“曾留学受过专门图书馆训练在一二年以上的”，只有 9 人，分别是沈祖荣、杜定友、李小缘、李长春（字燕亭）、袁同礼、洪有丰、胡庆生、刘国钧、戴志骞[①]。在全国四百余所公共图书馆和大量学校图书馆及私立图书馆中，具有敏锐洞察力的便是大学图书馆，它们最早将图书馆学人才引入。以上 9 人全部来自大学，分属武昌文华大学、上海南洋大学、南京金陵大学、开封中州大学、北京大学、东南大学、清华大学。而这当然得益于校长的超前意识。也就是说，他们先人一步把图书馆学当作一门专门学科看待。正因为如此，他们认为图书馆应当由图书馆学专门人才进行管理才能有效促进图书馆发展。

上海交通大学的唐文治校长重视图书馆学和专门人才的方式，其一是在 1917 年 4 月校庆期间，先后两次邀请留美归国的图书馆学学士沈祖荣到学校来演讲图书馆管理法。沈祖荣以此为契机拉开了新图书馆运动的大幕。其二是在 1918 年 6 月，选派交大附中毕业生杜定友赴美国属地菲律宾专门学习图书馆学。杜定友学成获得图书馆学学士学位后回国，分别于 1925 年—1927 年、1929 年—1936 年期间出任交大图书馆主任，前者应凌鸿勋校长之聘，后者应黎照寰

① 杜定友．图书馆学的内容和方法［J］．教育杂志，1926，18（9）：6.

校长之聘。离开交大后，他在中山大学校长邹鲁力邀下，出任中大图书馆主任。

越来越多的大学校长在聘请图书馆馆长（或主任）时优先考虑图书馆学专门人才。1928 年，国立武昌中山大学更名国立武汉大学，首任校长由刘树杞代理；清华学校更名国立清华大学，首任校长是罗家伦。前者聘胡庆生代理图书馆馆长；后者聘洪有丰担任图书馆馆长。其实，“专门人才”不仅仅指杜定友所说的“留学受过图书馆专门训练”的人，如胡庆生、洪有丰等，也包括中国本土自主培养的图书馆学人，特别是从第一个图书馆学专门学校——私立武昌文华图书馆学专科学校毕业，后又出国专门学习图书馆学的学生，如桂质柏、王文山、严文郁等。桂质柏先后被东北大学校长张学良、中央大学校长罗家伦、四川大学校长任鸿隽、武汉大学校长王星拱聘为图书馆馆长（主任）；应张伯苓和罗家伦的邀请，王文山分别在南开大学图书馆、清华大学图书馆担任过主任和馆长；严文郁最早应蒋梦麟之邀出任北京大学图书馆主任，抗战中继袁同礼之后担任西南联合大学图书馆馆长。

严文郁之前，北京大学图书馆馆长人选在蒋梦麟校长任上经历了一个从非专业人士到校长本人兼职再到专业人士的复杂过程。这意味着，早年因为图书馆学专门人才的严重缺乏，导致不可能有太多的大学能够如愿聘请到专业人士。但更重要的是，并非所有大学或大学校长在一开始就意识到图书馆学专门人才对图书馆管理的重要性。最典型的莫过于北京大学校长蔡元培聘李大钊为图书馆主任。在李大钊之前，北京大学图书馆主任是章士钊，也是非图书馆学专门人士。回头看，尽管李大钊任职主任时，对图书馆管理不乏建树，客观上也确实将北大图书馆由传统藏书楼引向先进图书馆行列，但因为他政治家的主要身份，使他更有意识地把图书馆打造成了政治思想传播的场所。而蔡元培之所以首肯章士钊的引荐，同意聘请李大钊，并非出于对李大钊先进的图书馆思想和超前的图书馆管理理念以及图书馆学专业知识的认可——日本早稻田大学政治学的教育背景意味着李大钊并没有接受过图书馆学专门训练——而很大程度上只是其“学术自由、兼容并包”教育思想的贯彻和体现。

有一种说法流传甚广但没有原始材料佐证，那就是，胡适在蔡元培聘请李大钊为图书馆主任时“起到了促进作用”①。如果此说成立，那么，蒋梦麟上任北大校长后，聘请非图书馆专业出身的北大历史系教授毛子水任图书馆馆长，与胡适有关的可能性很大：一来胡适当时是北大文学院院长兼中文系主任、文科研究所主任、图书馆委员会的委员，对图书馆馆长的人选有发言权；二来他一方面颇得蒋梦麟信任和倚重，另一方面非常欣赏毛子水。事实上，毛子水第二次出任图书馆馆长是在抗战结束北大复员回京后，而那时的北大校长正是胡适。也就是说，胡适似乎对图书馆馆长人选是否一定是图书馆学专门人才并不十分在意和坚持。但同时，他也很认可和理解图书馆馆长由接受过西化教育的图书馆学专业人士担任的做法。

蒋梦麟在1935年北大图书馆位于松公府的新馆舍建成后，动议邀请严文郁出任主任，看中的不仅是严文郁的图书馆学教育背景，更在乎的是其美国和德国的留学经历。在他的设想里，一座西洋式现代化图书馆，只有像严文郁这样的既受过美式教育又受过图书馆专业训练的人才能驾驭，才能真正胜任图书馆现代化管理。用胡适的话来说，那就是他“想把这个新的北大图书馆完全放在一种新的组织和新的效率之上——简单说，就是要‘美国化’它”。正因为胡适深信“图书馆是以美国的为世界第一”②，也认为专学图书馆管理的人才能帮助蒋梦麟完成图书馆改革，所以他才会主动写信给毛子水，劝他主动辞

① 邹新明．胡适与北京大学图书馆［J］．大学图书馆学报，2005（3）：67.

② 胡适．致毛子水信 1935.4.15.［G］// 中国社会科学院近代史研究所中华民国史研究室．胡适来往书信选 中．北京：社会科学文献出版社，2013：591.

职，客观上帮助蒋梦麟顺利地完成了图书馆的人事改革。为了“美国化”图书馆，蒋梦麟一方面聘严文郁为图书馆主任，一方面自己亲自兼任图书馆馆长。这既可以看成作为校长的他对图书馆事业的重视，也可以理解为馆长的美国教育背景在他看来何等重要，当然其中不乏照顾毛子水被严文郁取代而自尊心受伤的情绪。殊不知，他虽然有美国教育背景，却并没有专门研习图书馆学的经历。事实上，他这个馆长只是挂职，图书馆的具体管理工作还是依靠严文郁。

不只是蒋梦麟，南开大学校长张伯苓、中法大学校长李麟玉等都曾以校长的身份短期兼任过图书馆馆长。而辅仁大学校长陈垣虽然没有兼任过图书馆馆长，但他本身就是目录学和文献学专家。他提出过史书古籍整理八法，对《四库全书》进行过全面梳理和研究，对敦煌文献进行过整理挖掘；他还运用目录学知识，“总结摸索出一套卓有成效的购书、访书、查书、藏书的规律和途径”；他对版本学也颇有研究，主张不但要从内容和形式两方面鉴定版本，也要重视版本源流和版本间的关系，还要把版本学应用于校勘和史实考证上[①]。他在文献学、目录学等方面的创新性研究使他在图书馆学领域占有一席之地。这样的校长应该会对本校的图书馆管理产生影响，但目前尚无资料证实。

常理看，无论从图书馆意识上说，还是从客观条件上说，大学校长聘用图书馆馆长应该都有一个从非图书馆专业出身到图书馆专业出身的过程，就像北京大学图书馆那样，从非图书馆专业的章士钊、李大钊、毛子水到图书馆专业的严文郁。但事实上，也如北京大学图书馆一样，很多大学后来又回归，抗战复员后非图书馆专业的毛子水再次出任北大图书馆馆长便是一例。

比较典型的还有清华大学图书馆。应该说，较早以图书馆专业学

① 周园．陈垣先生图书馆学文献学成就综述［J］．四川图书馆学报，2014（1）：90.

人充任图书馆馆长的便是清华大学图书馆。杜定友所说“九人”中的戴志骞是最早的图书馆主任，那时还是清华学校时期。改国立后，罗家伦出任校长。尽管戴志骞在新校长上任后的“清校运动”中被迫离开，但罗家伦新聘请的主任洪有丰毕竟仍然是图书馆专业人士。随后，梅贻琦校长又聘专业的王文山为主任。然而，这样的“专业”没有持续下去，1935 年下半年起，清华大学一改惯常做法，开始聘用非图书馆专业的学者，如朱自清、潘光旦出任图书馆主任。这使得图书馆客观上越来越脱离图书馆专业组织，而作为一门单独学科，图书馆也离“专业”渐行渐远。因此可以说，校长对图书馆的决策直接影响图书馆的发展。“决策”自然包括馆长（主任）人选的任免。

3. 馆舍、藏书：校长建设图书馆的两大主题

一座建筑精美、功能完备、藏书丰富的图书馆是一所大学的必备教育设施。对于初创时期的大学图书馆，首要面临的便是馆舍建筑和藏书建设问题。这就意味着早期大学的校长相比承继者在图书馆建设方面有更多心血的倾注，而相当大的精力投入在了馆舍的建设上。

东南大学校长郭秉文。（照片来源：1918 年《环球》）

交通大学校长唐文治。（照片来源：1931 年《交大年刊》）

（1）馆舍建筑

在经费困难的情况下建筑图书馆馆舍，大学校长不外乎两种办法：捐资、募捐。前者的代表人物是暨南大学校长郑洪年。在图书馆建筑费预算1.5万元的额度下，郑洪年个人捐资5000元。这使得工程能够尽早开工。显然，剩余资金都是通过募集而来。郑洪年一方面捐资促使图书馆建设进入实质阶段，一方面允诺“嗣后经费如有不敷，当代为募足”[①]。暨南大学图书馆之所以命名“洪年图书馆”，即为纪念郑洪年的慷慨。后者的代表人物是东南大学校长郭秉文。东南大学孟芳图书馆的建造费用，乃江苏督军齐燮元听从郭秉文力劝而解囊。不料北伐胜利后，齐燮元作为国民政府之敌而被视为反动军阀，郭秉文即因“与军阀的关系”被政府免职而怅然离校赴美。此亦校长为募捐建馆而牺牲的著名案例。

上海交通大学图书馆也是募集资金修建的典型，一手操办此事的是校长唐文治。之前，交大没有图书馆只有附设在教学楼一隅的藏书室。1916年20年校庆时，唐文治接受校友和学生的意见，将募集建设新图书馆大楼作为校庆的内容之一。为此，他组织成立图书馆筹集会，向师生校友和社会各界印发《南洋公学二十周年纪念图书馆募捐启》，向总统黎元洪和国务院总理段祺瑞呈请提倡捐款建设图书馆。这一番努力颇有成效：黎元洪不但下发总统令责成交通部“督饬妥筹兴办”，还以个人名义捐了款。交通部因此允拨专款30200元，而交通总长许国英、江苏省长齐耀琳等也先后出资捐款。校庆时，更收到各界人士捐款41496元，其中最大一笔捐款1万元来自无锡巨商荣宗敬、荣宗铨兄弟捐赠。在唐文治校长带头认捐1000元之后，校内师生也纷纷响应。原定图书馆建设费用共计6万元，而募集来的资金高达8.5万元。唐文治遂决定将多出来的2.5万元用于购买图书设备。

---

① 叶崇智．国立暨南大学洪年图书馆之经过及概况［J］．暨南周刊，1928，2（10）：1.

资金充足，图书馆建设顺风顺水：1918 年 2 月 20 日，破土动工；1919 年 10 月 10 日，落成，馆额“图书馆”三个字由书法家李梅庵以遒劲的篆隶体题写，馆背侧荣宗敬之父荣熙泰铜像底座的碑文由唐文治亲撰；1920 年 3 月 13 日，举行隆重的开馆仪式，来宾近两千人，盛况空前[①]。可以说，这是民国时期大学图书馆募集筹建最成功的案例。

随着社会的发展、教育的进步、学生人数的增加、馆藏的逐渐丰富，大学都不同程度地面临校舍不敷使用的窘状。因此，很多继任校长都有一个二次校园规划和教学设施改建扩建的经历。对于图书馆来说，很多难以解决的问题归根结底都是因为馆舍窄小造成的。比如，蒋梦麟出任北大校长时，图书馆栖身于红楼底层。由于阅览不便，出借的图书很难收回，造成馆藏流失严重，有的书刊竟然出现在旧书摊上。北大教授傅斯年（字孟真）曾写信告诉蒋梦麟，他三次在小摊子上买到北大图书馆的书，而他身边的朋友也多有此等经历，他因此感叹那 “实是北大从古以来第一件可耻的事”[②]。为了解决这个问题，首先要控制出借数，让师生更多地在馆内阅览，而这势必要扩大阅览室。改善馆舍条件成为北大师生最迫切的需求，也是他们对新任校长蒋梦麟最殷切的期盼。蒋梦麟对北大图书馆馆舍的贡献是购入松公府遗址，先将松公府前部殿堂作为临时馆舍，再新建了一座图书馆大楼。即便是临时的，馆舍面积也大有改善，书库有七个，阅览室有四个，包括大阅览室、特别参考室、杂志阅览室、阅报室，还有一个目录厅兼出纳室；而于 1934 年 4 月开工、1935 年 8 月竣工的新图书馆大楼更使图书馆面貌发生了翻天覆地的变化。

---

① 陈进 . 思源籍府 书香致远：上海交通大学图书馆馆史：1896—2012［M］. 上海：上海交通大学出版社，2013：25—26.

② 傅孟真先生致蒋校长函［J］. 北大日刊，1931（2573）：2.

湖南大学新图书馆的建成则汇集了五任校长的心血。最早动议建新馆的是任凯南校长，时间是 1929 年 4 月，预计经费 86000 元银元。在省政府下拨了 8000 元基础工程费后，确定校园内原道林寺旧址为图书馆新址；当年 11 月，胡元倓校长聘蔡泽奉为新馆建筑设计师，约定酬金为建筑费的 3%，同时登报公开招标，选定营造厂承接工程，然后双方签订合同；12 月，破土动工，次年春夏因湖南战乱而被迫停工；1931 年 3 月，杨卓新校长任上，工程复工，但他函请省教育厅、省财政厅下拨基建费没有得到响应，工程缺钱而进度缓慢；11 月，曹典球代校长任上，百般努力，一方面应承包商要求补偿了损失，一方面获得省政府的拨款，因此增加了图书馆基建费一万余元；1933 年 5 月，胡庶华校长负责图书馆设备招标，配齐了书架、报架、陈列架、桌椅等；9 月，新馆竣工；1934 年 11 月 6 日，落成典礼由胡庶华校长主持。至此，这座华中、华南地区规模最宏大、建筑最壮丽的图书馆耗时 4 年，历经五任校长后终于建成[①]。

在大学图书馆建筑史上留下浓墨重彩的清华大学图书馆与两位校长有关，一位是周诒春，一位是罗家伦。周诒春毕业于圣约翰大学，后赴美留学，毕业于耶鲁大学和威斯康星大学，获硕士学位。从 1913 年 10 月入职清华学校，他在校长任上四年多，对清华最大的贡献是为清华日后华丽转身国立大学奠定了校园规划、基础建设等方面的坚实基础。清华大学图书馆一期工程是由美国建筑师墨菲设计，而聘请他

先后任清华大学、中央大学校长的罗家伦。（照片来源：1934 年《中华日报·新年特刊》）

① 沈小丁．民国时期湖南大学图书馆发展演变［J］．高校图书馆工作，2011（3）：19.

的便是周诒春。当时，墨菲刚刚完成湖南雅礼大学校园规划后来到北京，周诒春与他见面并会谈后，果断决定由他参与清华学校的校园规划和包括图书馆在内的四大建筑的设计。

罗家伦似乎很热衷于图书馆的扩建。1928 年他就任清华大学校长时，认为原有的规划和现存的建筑与已经“国立”了的清华不相匹配，不能满足教学科研要求，更不利于长远发展。因此，他大刀阔斧对校园进行重新规划设计，首先向中南、金城两家银行借款 40 万动工兴建生物馆、男生宿舍、气象台和图书馆二期。基于“大学里对图书馆……不厌其讲究舒服……这样才能使学生乐意到图书馆去……”的思想，他反对“将原来‘丁’字形图书馆扩充成一个‘工’字形”的简单做法，而主张“把原来的图书馆仅作为侧面的一翼，另外建一个中心，在另一翼建造一个很大的阅览室，其中可容纳一千人的座位”，他甚至颇具远见地要求“留最宽大的余地，以备书库的扩充”[①]。尽管聘请了专业的建筑设计师杨廷宝，但罗家伦还是亲自画图样，亲自审阅细图。清华大学图书馆二期的一大创新是在一层增设了几十间编号的单间研究室，供教授和研究生平日使用以及四年级学生准备毕业论文之用。“每人一室，可直接上楼到各层书库任意取书，只要不出馆门，不必填写借条”[②]。因此可以说，清华大学图书馆二期工程也凝聚了罗家伦的设计思想。

一贯注重打造大学的学术环境和条件建设的罗家伦转任中央大学校长时，将其在清华大学时的办学方针和行事作风移植到了中央大学。“大兴土木”是对他在清华和中大期间最多的描述。正如他在清华时很在意扩建图书馆一样，他在中大甫一就职便着手扩充图书馆与实验

① 许小青．诚朴雄伟 泱泱大风——中央大学校长罗家伦［M］．济南：山东教育出版社，2012：114.

② 吴宗济．我爱清华图书馆［M］// 邓景康，韦庆媛．邺架巍巍：忆清华大学图书馆．北京：清华大学出版社，2011：128.

室。他不惜花费22余万扩建了原东南大学的孟芳图书馆，使落成后的图书馆可以容纳1000人以上，容量较前扩大了4倍，“成为了当时首都最为雄伟和现代化的图书馆”[①]。而中大图书馆二期扩建工程的建筑设计师仍然是杨廷宝，他又一次在实践自己的建筑思想时融合了罗家伦的设计理念。两人的合作配合是校长与建筑师联手建筑图书馆馆舍成功的典范。

（2）藏书建设

北京大学最后一任校长胡适匆匆离开大陆时，只带走了几份研究《水经注》的手稿和正在编辑的乃父的年谱手稿，而把大量多年收藏的藏书，以及手稿、日记、书信、档案、照片等留在了位于北京东厂胡同1号的居所。1957年，他立下遗嘱，将这批藏书捐赠给北京大学图书馆。事实上，早在此前，北大图书馆已经将它们装了102箱存放在图书馆里了。这可以算作胡适对北京大学图书馆最后一次贡献。因为就职校长时间的不同，从馆藏建设方面说，蒋梦麟似乎比胡适更费心力。在经费拮据的情况下，他主张“购买图书要注重专门”[②]。他坚持每年从美国文化教育基金会资助中拿出一部分购置图书，使得馆藏稳步增长。

校长的重视程度直接影响到图书馆馆藏建设的优劣。与蒋梦麟任上的北京大学图书馆相仿，清华大学图书馆和中央大学图书馆藏书在罗家伦任校长期间也都较前有大幅度增加。无论在清华，还是在中大，在馆藏建设方面，罗家伦都大手笔地加大投入增加购书经费。之前，清华每年图书仪器设备经费不足行政支出的13%[③]；之后，他把

① 牛力．罗家伦与国立中央大学［M］．南京：南京大学出版社，2015：89.

② 陈政．蒋梦麟先生开学词［J］．北京大学日刊，1923（1288）：2.

③ 许小青．诚朴雄伟 泱泱大风——中央大学校长罗家伦［M］．济南：山东教育出版社，2012：93.

购书经费固定在每年学校经费的20%[①]。在中大时，仅1932年9月到1936年6月，不到四年间，图书馆用于购买图书的经费达37万元[②]。在经费得以保证的情况下，大量购买新出版的书刊是一个方面——以1932年9月到1937年5月间为例，中央大学图书馆新购书籍高达98209册，其中中文图书63381册，外文图书34828册，新购中文杂志286种、西文杂志233种[③]；从藏书家手中收购则是另一个方面——罗家伦回杭州省亲期间，听说杭州一位杨姓收藏家欲出让其丰华堂的全部藏书，即刻派清华大学图书馆馆长洪有丰南下洽商，结果以3.4万元的价格一次性购入3.8万册包括宋元善本在内的古籍，成为“清华图书馆建馆以来最大的一批收藏”，也是“清华的镇馆之宝”[④]。

就像蔡元培坚守“兼容并包”而并不阻止李大钊将北大图书馆“政治化”一样，广西大学校长雷沛鸿也没有对图书馆大量购进马克思列宁著作表示异议。1941年“皖南事变”后，反共浪潮一浪高过一浪。教育部长陈立夫到校视察，很敏感于图书馆里的“进步”书刊，明令查办。雷沛鸿以“师生在校园内的学术活动应受到保护”为由公然抗命，但因此被解除了校长一职[⑤]。

真正有远见的大学校长不会将图书馆仅看作一个单纯的教辅部门，而同时也希望图书馆能成为一个教学单位，作为一个学科存在。金陵大学校长陈裕光支持李小缘成立了图书馆学系；胡适任北京大学

---

① 韦庆媛．民国时期清华图书馆员的大动荡及启示［J］．河南图书馆学刊，2010（10）：139.

② 牛力．罗家伦与国立中央大学［M］．南京：南京大学出版社，2015：89.

③ 张建中．重庆沙磁文化区创建史［M］．成都：四川人民出版社，2005：132.

④ 许小青．诚朴雄伟 泱泱大风——中央大学校长罗家伦［M］．济南：山东教育出版社，2012：115.

⑤ 刘业超．雷沛鸿高等教育理论研究［M］．长沙：湖南教育出版社，2001：510.

校长时，积极支持成立图书馆学小组。小组附设在文学院中文系内，后独立为图书馆专修科，由图书馆学专家王重民任首任科主任。它是北京大学图书馆学系的基础。

二、馆长：大学图书馆运行和发展的直接引领者

有人说，办好大学图书馆就等于办好大学的一半。如果说校长在办好大学图书馆中起的是宏观调控和思想指导作用的话，那么，图书馆馆长则是办好大学图书馆不可或缺的核心人物，其先进的观念与目标导引，以及科学的管理方法与手段直接引领了大学图书馆的运行和发展。民国时期的大学图书室（馆）建立在传统藏书楼基础之上，规模和行政地位也有一个逐步进步的过程。这就决定了主任（馆长）这个职位经历了从兼职到专职、从非专业到专业的转变，其中不乏在某一领域颇有建树的学者型知识分子。在大学图书馆发展的起步阶段，第一代图书馆学专门人才学成归国，他们多效力于大学图书馆，引进了西方先进管理理念和方法；学者型人才充当馆长，使大学图书馆具备更多的人文学术气质，而活跃于教会大学图书馆的外籍馆长则是特殊年代的一个缩影。

（一）图书馆学专门人才是大学图书馆馆长的主要来源

1. 海外求学：大学图书馆馆长的共性之一

（1）早期的大学图书室主任由学生担任

在大学图书馆刚刚由传统藏书楼发展而来，只是图书组、图书部的时候，其性质、规模、人员、馆藏等方面的相对低级决定了主要管理者并不具有馆长属性，所承担的也只是最简单最粗放的保管馆藏、维持开放的初级责任而已。管理者来源也很单一，在教会学校，往往由僧侣、牧师兼任；在其他学校，则大多由地位低、资历浅的年轻教

师或普通学生兼职。即便发展到图书室阶段，主任一职仍然没有摆脱学生充当主力的尴尬。

上海沪江大学在 1913 年的时候，图书馆已有藏书千余册，而且还设有图书参考一部，但“未有一位全职图书馆馆员”，只“雇用 6 名减费生助理馆务”。没有专职馆员，所以图书编目无法进行，助理馆务的 6 名减费生只能维持图书馆一般开放。尽管第一次图书馆报告已经显露出对于专职馆员的渴求，但还是停留在“拟教练富有图书馆学识之学生 1 名”①。“专职”“学生”，这两个关键词把曾经就学于沪江大学正科的潘圣一推上了“主任”之位，虽然那时并没有此称谓，而只是专职图书馆馆员。他另外聘请了几名学生充当助手，显然他们都是兼职的。

潘圣一 1911 年入学沪江大学文科，后因病休学，病愈后到沪江大学图书馆边工作边研习图书馆学②。也就是说，潘圣一出任专职图书馆管理员时已经有一些图书馆工作经验和图书馆学专业知识。所以，他懂得按杜威分类法对馆藏进行分类编目，也能为攻读学位的学生提供文献帮助——“曾有一同学，利用先生所提供材料，得美国大学的图书馆学博士学位”③。尽管非专业出身的他现学现卖，但勤于钻研，“业务日臻熟练”——他可以在没有照明的情况下随意从书架上拿取所需要的书。他在这个岗位接连工作了十几年，直到被专业的图书馆学专家接替。

---

① 汤姆荪．本校之图书馆［J］．龚以慈，译．沪江大学年刊，1926：41—43.

② 王细荣．大世界里的丰碑——湛恩纪念图书馆的前生今世［M］．上海：上海交通大学出版社，2014：11.

③ 甘兰经．孜孜不倦的学者——记图书界前辈潘圣一先生［J］．江苏图书馆学报，1984（3）：78.

与潘圣一从此走上图书馆学道路[①]不同，清华学校图书室的黄光并没有因这一年图书室主任的经历而与图书馆相伴终生。作为图书室第一位主任，黄光走马上任时还只是清华学校高等科的学生。在他之前，图书室只有一名管理人员，无所谓主任、馆员之分；他出任主任时，有了两名馆员，但因为经费不固定、馆藏量小、人员少，所以管理松散：书刊只有登录号，没有分类和编目；馆藏一律不外借；阅览室每天只在上午9点到12点开放。可见，虽然黄光有“主任”头衔，但似乎只是行使一般的“保管”之责。整个1913年，黄光在图书室工作了一年，后赴美留学，获商业学士学位后，回国转入金融业。

接替黄光担任图书室主任的是戴志骞。也就是从戴志骞开始，清华学校（大学）图书室（馆）开始聘用图书馆学专门人才。

（2）第一类专门人才：国外攻读图书馆学

早期大学图书馆的“图书馆学专门人才”，一般来说指的是两种人：一是在国内完成基础教育（或工作一段时间）后到国外留学（主要赴美），以攻读图书馆学学位为主；二是毕业于武昌文华大学图书科，然后又出国留学继续图书馆学专业学习。毕业于上海圣约翰大学文科获文学学士学位的戴志骞属于前者。他在留学前已经出任图书馆主任——先在母校圣约翰大学，后在清华学校。也就是说，他是带着大学图书馆实践经验赴美国纽约公共图书馆学校（The NewYork Public Library School）攻读图书馆学理论知识的。

与戴志骞相仿，先在大学图书馆工作然后出国留学的，还有杨昭悊和刘国钧。杨昭悊于北京法政专门学校毕业后留校，在图书馆工作了一段时间后出国；刘国钧毕业于金陵大学哲学系，获哲学学士学位

① 潘圣一离开沪江大学图书馆后，先后担任东方图书馆外文部主任、中山大学医学院图书馆主任、东吴大学图书馆主任，还与杜定友等参与发起成立上海图书馆协会。1949年后，他在苏州图书馆担任编目部主任，在版本目录学方面颇有建树。

后留校，然后出国。除此之外，毕业后赴美留学的还有洪有丰与李小缘，他俩都毕业于金陵大学文学院，获文学学士学位；袁同礼毕业于北京大学预科第一部英文甲班；杜定友毕业于上海南洋公学。

可以看出，除了袁同礼和杜定友外，其他几人出国前都在国内完成了大学学业并获得学士学位。他们留学的国家以美国为主，又以纽约公共图书馆学校为首选。戴志骞、洪有丰、李小缘、袁同礼都毕业于该校。刘国钧毕业于美国威斯康星图书馆学校；杨昭悊毕业于美国伊利诺伊大学图书馆分校。只有杜定友被上海交通大学校长唐文治选派赴菲律宾大学图书馆学系学习。

无一例外地，他们均获得图书馆学的学位。戴志骞、杜定友、李小缘、袁同礼、刘国钧获学士学位；杨昭悊、洪有丰获硕士学位。不但如此，他们也跨学科涉猎其他领域。比如，刘国钧大学时读的是哲学，留学后又获得哲学博士学位；杜定友同时获得文学学士、教育学学士学位；李小缘和袁同礼又分别在哥伦比亚大学社会教育系和历史系就读，分获教育学硕士、历史学学士学位；戴志骞在任职清华学校图书馆馆长一段时间后二度赴美，就读爱荷华大学，最终获哲学博士学位。

执掌河南大学图书馆二十余年的馆长李燕亭有些特殊。他毕业于北京大学化学系，赴美留学就读加利福尼亚州立大学生物系，选修植物生理、细胞、细菌、土壤学。在做硕士论文时，他与杨昭悊一起在罗省公立图书馆学校学习图书馆学，共同翻译《图书馆员之训练》。在取得生物学硕士学位同时，他也从图书馆学校毕业[①]。从他回国后先在北京农业大学任教授再到中州大学（河南大学前身）任主任可以发现，他其实是由生物学“转行”到图书馆专业的。

（3）第二类专门人才：“文华的一代”

毕业于武昌文华大学，然后出国留学攻读图书馆学的被称为“文

① 苏全有，王仁磊．河南师范大学图书馆史稿［M］．郑州：中州古籍出版社，2011：35.

华的一代”。代表人物有沈祖荣、胡庆生、桂质柏、严文郁、裘开明等。比较特殊的是皮高品，他虽然毕业于“文华”文科和图书科，获文学学士、图书馆学学士学位，但却没有海外留学背景，而是一毕业即赴任天津南开大学图书馆主任一职，兼英文教员。之后，他先后任齐鲁大学图书馆主任、燕京大学图书馆编目部主任、国立青岛大学图书馆主任、武汉大学图书馆主任、浙江大学图书馆馆长等职。

文华大学与“图书馆”密不可分的原因是1920年由韦棣华和沈祖荣共同创办文华大学图书科，它是1929年独立的私立武昌文华图书馆学专科学校的前身。真正毕业于图书科的是裘开明、桂质柏、严文郁、皮高品，而沈祖荣和胡庆生分别毕业于文华大学文科和医科生物专业。他俩先后留校，前者在韦棣华于文华大学图书室基础上创建的对外开放的图书馆“文华公书林”就职；后者则任英文教员。同样毕业后先工作的其他四人因为就读的本来就是图书科，因此顺理成章地进入图书馆工作——皮高品：南开大学图书馆；桂质柏：北京协和医学院图书馆；严文郁：北京大学图书馆、北平图书馆，任西文编目员；裘开明：厦门大学图书馆。从皮高品和裘开明刚刚从学校毕业便分别被南开大学图书馆、厦门大学图书馆聘为主任可以看出，当时的大学图书馆对图书馆学专业人士的需求是很急迫的。

除了皮高品，其他几人工作了一段时间后赴美留学。由于一样受韦棣华女士的委派和资助，沈祖荣和胡庆生先后进入纽约公共图书馆学校就读。紧随其后，裘开明、严文郁、桂质柏也在此深造（该学校后更名为哥伦比亚大学图书馆学院）。从学位的取得方面看，沈祖荣、胡庆生获图书馆学学士学位；严文郁获图书馆学硕士学位；桂质柏在哥伦比亚大学图书馆学院取得图书馆学硕士学位后，又在芝加哥大学图书馆研究学院进修后获图书馆学博士学位；裘开明离开图书馆学校后，又就读于哈佛大学，跨学科取得农业经济学的硕士学位后，攻读了哲学博士学位。

显然，海外求学背景、学科专业化、高学历是民国早期许多大学图书馆馆长的共通之处。他们最早专修图书馆学，最早赴海外留学攻读图书馆学，最早取得图书馆学学位。因此，多个“第一”很自然地在他们中间出现：沈祖荣是第一个留学美国并取得图书馆学学士学位的中国人；杜定友是菲律宾大学图书馆学系的第一个中国留学生；桂质柏是中国第一个图书馆学博士，也是芝加哥大学自 1928 年开办图书馆研究学院以来第二个被授予图书馆学博士学位的人。

他们中的大多数是在具备了一定的图书馆实践经验基础上出国的，而戴志骞、袁同礼、裘开明、严文郁、洪有丰等在完成了图书馆学学业后，又在国外的图书馆工作或见习了一段时间，近距离亲身感受了一下西方先进图书馆管理模式和方法。洪有丰有在美国国会图书馆工作的经历，当时，他在那里从事中文编目工作，成为“在美国从事图书馆工作的第一个中国人”①。戴志骞先在哥伦比亚大学图书馆任普通职员，后在同城的爱布顿军营图书馆任参考部主任；袁同礼游欧时分别在伦敦大学、巴黎古典学校进修后任职于美国国会图书馆；裘开明在哈佛大学攻读哲学博士学位期间，应该校图书馆馆长的邀请兼职该馆中日文图书的整理事务，任“汉和文库”主任，这为他日后出任哈佛燕京学社汉和图书馆馆长积累了经验；严文郁分别在德国普鲁士邦立图书馆、柏林图书馆见习了一年。

理论知识的储备、实践经验的累积、西方先进图书馆的熏陶成为他们回国后出任大学图书馆馆长的资本。他们不但将先进图书馆管理模式引入所在的大学图书馆，也用图书馆的新理念新思想影响了整个图书馆界。

---

① 孟雪梅. 近代中国教会大学图书馆研究［M］. 北京：国家图书馆出版社，2009：187.

2. 丰富性：大学图书馆馆长的图书馆学术思想和著作

（1）理论研究、著书立说

学院派出身的图书馆学人在用先进模式和方法对大学图书馆进行实际管理时，也很注意图书馆学的理论研究，研究成果丰富多样。1921 年，杨昭悊撰写的《图书馆学》由商务印书馆出版。这本书因为被誉为我国近代最早的一部图书馆学专著而具有开创性意义，吸引了图书馆学专家蔡元培、戴志骞为其做序。蔡元培称其是“我国今日其最应时势的好书”，戴志骞赞其“有裨于中国图书馆之前途者，实匪浅尠”[①]。而戴志骞自己在清华学校图书馆任主任时，与同事查修等人一起编纂了《清华学校图书馆中文书籍目录》，并亲自作序。如果说这本书偏重实践的话，那么，戴志骞的《图书馆职业》《图书馆与民众教育》《图书馆学讲义》《图书馆学与师范教育》《分类图书的几条原则》《图书馆与教育》《图书馆与学校》《图书馆学术讲稿》以及其他的英文著作则更具理论性，涉及图书馆的组织、管理、建筑、编目、分类等方方面面。

先后担任过金陵大学图书馆馆长的刘国钧和李小缘同样在图书馆理论研究方面颇有建树。李小缘的一个著名观点是，图书馆不仅是文化教育机构，更是“传播消息及知识之总机关”。这是他在专著《藏书楼与公共图书馆》中论述美国公共图书馆之六大意义时提出来的。其后，他在《图书馆学》一书中又进一步进行了阐释，强调图书馆兼具参考咨询和情报服务职能。

图书馆学家李小缘。（照片来源：1928 年《江苏省立国学图书馆年刊》）

① 李玉安，黄正雨．中国藏书家通典［M］．北京：中国国际文化出版社，2005：942.

另外，他扩展了“文献”的外延，认为文献不仅是人们常见的书刊、档案、资料等，还应该包括图画、片纸、单页、断卷残编；而“流通致用”思想是他的图书馆学思想的核心。在《公共图书馆之组织》一文中，他通过对美国图书馆立法情况的介绍，呼吁中国加快图书馆立法脚步。很明显，这些观点在“图书馆学刚刚形成，旧式图书馆、藏书楼向近代图书馆时期”①极富创造性和前沿性，甚至，“图书馆立法”对于现时现今的中国图书馆都具有现实意义。

哲学博士刘国钧因为有深厚的哲学功底，他的图书馆观点中蕴含了深刻的哲学思想。换句话说，他常常用哲学的眼光打量图书馆学。他是中国图书馆史上难得的既有哲学头脑，又有图书馆学知识的图书馆学人。这使他在图书馆研究领域占有重要地位，被认为是“成就最卓越、著述最丰富、贡献最杰出的学术大师之一”。据不完全统计，他“一生共发表图书馆学研究论文、译著一百三十余种”②，可谓著作等身。

早在1919年9月，还在金陵大学图书馆兼职的刘国钧便在《世教新潮》上发表了首篇图书馆学理论研究论文《近代图书馆之性质》。这是他以哲学思维研究图书馆学理论的开端。赴美留学前，他连续发表了三篇论文《动的图书馆》《近代图书馆之性质及功用》《儿童图书馆和儿童文学》，无一不具有创新性，其中的代表作是在《近代图书馆之性质》基础上扩展、完善和深入的《近代图书馆之性质及功用》。在文章中，他概括近代图书馆有八个特征（公立、自由阅览、自由出入书库、儿童阅览部之特设、与学校协作、支部与巡回图书馆之设立、科学的管理、推广之运动），三个性质（自动、社会化、平民化），四个价值（教育上之价值、修养上之价值、社会之价值、经济之价值）。

① 戴煜滨．论李小缘先生超时代的图书馆学思想［J］．图书情报工作，1997（5）：18.

② 孟雪梅．近代中国教会大学图书馆研究［M］．北京：国家图书馆出版社，2009：194.

这样的提炼和总结因其开创性而使这部著作赢得“中国图书馆学早期重要理论文献之一”[①]“中国近代图书馆理论研究的基石”[②]美誉。

作为哲学博士，刘国钧不能不受美国哲学家和教育家杜威的影响。自动、社会化、平民化等思想占据着杜威教育思想的中心，而有关“要素”理论，杜威在中国的演讲中多次提及。刘国钧最重要的图书馆理论思想便是“要素说”。此说最早由陶述之、杜定友、刘国钧等人提出，但究竟划分为几要素，他们所说各有不同：陶述之认为“三要素”，即书籍、馆员、读者；杜定友提出“四要素”，即资金、人才、书籍、房屋。在刘国钧于 1934 年出版的《图书馆学要旨》中，也主张“四要素说”，即图书馆事业由图书、方法、设备、人员四要素构成。在此基础上，经过多年的图书馆实践，他在 1957 年撰写《什么是图书馆学》，将四要素扩展为五要素，即图书、读者、领导和干部、建筑和设备、工作方法，显然更加细分和具体。在研究方法上，他不仅就四（五）要素进行个体研究，更从中找出普遍规律，以突显图书馆学的特性与本质。如此不断完善的结果是最终建立起中国最具代表性的图书馆学研究体系[③]。

除此之外，河南图书馆馆长李燕亭、武汉大学图书馆馆长皮高品等也都撰有图书馆论文和专著。李燕亭的《图书馆讲义》“论述了建设近代图书馆的经营组织原理、图书的分类编目及典藏等问题，详细陈述了图书馆管理思想”[④]。皮高品主编的《武汉大学图书馆馆藏方志目录》“至今仍不失为方志目录名篇”[⑤]。由此可见，他们都具有

① 孟雪梅．近代中国教会大学图书馆研究［M］．北京：国家图书馆出版社，2009：195.

② 吴稌年，顾烨青．论刘国钧先生早期的图书馆学思想［J］．中国图书馆学报，2011（9）：95.

③ 吴稌年．论“要素说”的哲学来源［J］．图书馆理论与实践，2006（5）：10.

④ 苏全有，王仁磊．河南师范大学图书馆史稿［M］．郑州：中州古籍出版社，2011：35.

⑤ 黄宗忠，查启森，李美爱．一代宗师皮高品先生记略［J］．中国图书馆学报（双月刊），1998（5）：71.

强大的图书馆理论研究能力。

（2）传播图书馆思想、创办图书馆协会

1917 年，以沈祖荣、胡庆生全国巡回演讲宣传新图书馆理念为标志，掀起了一场前所未有的新图书馆运动。在持续数年的运动中，图书馆界有志之士纷纷参与其中，积极传播图书馆思想和知识。作为新图书馆运动先驱者之一的清华学校图书馆馆长戴志骞自然不会缺席。他在北京高等师范学校举办的暑期图书馆学讲习会上讲授图书馆教育、组织及管理法、编目与分类法；他在南开大学先后三次用英文演讲“图书馆之利用法”，其间用幻灯片展示西方各国的先进图书馆。他的讲课大纲被整理成文后公开发表，产生很大影响；他的演讲推动了西方图书馆学在中国的传播①。

刘国钧担任金陵大学图书馆馆长后，金大文理科开设了由李小缘任主任的图书馆学系。他俩不但共同兼任图书馆学系教授——刘国钧因此由此前的教授哲学转向教授图书馆学和目录学，而且还一起于 1928 年 3 月在金陵大学北大楼演讲“如何使用图书馆”，吸引百余人参加。撰文宣传也是重要手段之一，刘国钧的《美国公共图书馆概况》《图书馆员之应有之素养》是借宣传美国公共图书馆进而呼吁建立新式图书馆；李小缘的《藏书楼与公共图书馆》抨击了藏书楼的弊端，赞颂了新式图书馆的先进性。同样地，河南大学图书馆馆长李燕亭于 1928 年发表了《美国图书馆的社会化》一文，这是对美国公共图书馆思想的一次全面宣传，也是推广和普及新式图书馆的一个补充。

馆长们并不将自己封闭在象牙塔里，更不满足于只管理好自己负责的图书馆，而是放眼于整个图书馆界，立志将所有图书馆人团结起来，促使图书馆彻底摆脱传统藏书楼的束缚，发展新型图书馆事业，而参与、创办各级图书馆协会是其中的一个主要方式。

---

① 郑锦怀 . 戴志骞生平与图书馆事业成就考察［J］. 中国图书馆学报，2011（7）：119.

在正式的专门的图书馆协会成立之前，第一个图书馆学术组织“图书馆教育委员会”附设于1921年冬天成立的中华教育改进社。也就是说，图书馆教育委员会当时只是中华教育改进社下属的一个机构，且没有随中华教育改进社成立而成立，而是次年7月在济南召开的第一届年会上动议成立。即使一年后它又改名“图书馆教育组”，仍没有摆脱附属地位。但包括戴志骞在内的很多图书馆学人都是该组委员，其中戴志骞连续三年担任图书馆教育委员会或图书馆教育组主席，在他1925年第二次出国后，清华学校图书馆馆长和图书馆教育组主席均由袁同礼接任。

身为主席，戴志骞最早提议成立独立的地方性图书馆联合团体。中华教育改进社于1923年在清华学校召开的第二届年会上，戴志骞的提案是“组织各地方图书馆协会”。提案获得通过后，1924年3月30日，由戴志骞、袁同礼、蒋复璁等人共同组织成立了北京图书馆协会。因为它是“第一个比较完备的地方图书馆协会”，所以在中国图书馆史上具有相当重要的地位①。继北京之后，浙江、开封、南阳、天津、上海、江苏、广州、苏州、济南等相继成立省、市级图书馆协会。从菲律宾留学回国的杜定友第一次任图书馆馆长的大学是上海复旦大学，时间是1923年春。次年6月，他发起创办了上海图书馆协会，被公推为委员长。同年同月，南京东南大学图书馆主任洪有丰发起成立南京图书馆协会，任会长。两个月后成立的江苏图书馆协会也是他发起的，也由他任会长。

地方性图书馆协会的成立促进了全国性图书馆协会的产生。第一个全国性图书馆协会“中华图书馆协会”，在戴志骞、袁同礼、杜定友、洪有丰等大学图书馆馆长兼图书馆学人的努力下，于1925年6月在北京正式成立。董事部部长由梁启超出任，馆长们也都承担了一定职

① 郑锦怀. 戴志骞生平与图书馆事业成就考察［J］. 中国图书馆学报，2011（7）：119.

务：沈祖荣任董事和理事；戴志骞任执行部部长；袁同礼任书记；杜定友任执行部副部长和执行委员会委员。还有一位执行部副部长由日后担任兰州大学图书馆馆长的何日章担任。协会下设图书馆学教育、分类、编目、索引、出版五个委员会，其中教育委员会主任由创办文华大学图书科的韦棣华任书记，洪有丰任主任，胡庆生任副主任；沈祖荣任编目委员会副主任；刘国钧任出版委员会主任，负责主编《图书馆季刊》。显然，在全国和地方性图书馆协会创办成立过程中，大学图书馆馆长从中起的作用和协会存续期间所做出的贡献是最主要和最重要的。

3. 先进性：大学图书馆馆长的图书馆管理思想和方法

（1）西方图书馆管理理念和方法的引进和运用

有过国外留学经历、深受英美发达国家先进图书馆学熏陶的馆长们在图书馆管理实践中很自然地会引入西方图书馆管理理念。在早期大学图书馆学人中，戴志骞是一个难得的特别关注过欧美等国家的图书馆管理和教育行政的人。也就是说，他不但拥有图书馆学理论知识和实践经验，也因为获得过哲学博士学位而有能力将哲学思维渗入到图书馆管理之中，曾经对管理学的考察和研究则使他的图书馆管理比一般人更多了些专业性。学成归国后，他重返清华学校，此时的清华学校图书室已升级为图书馆，他的身份自然也由出国前的主任转为馆长。他对图书馆的改革首先体现在管理理念上，即，他将建立现代管理制度放在第一位。他最先确立图书馆的性质是“参考”，建立了“国内第一个图书馆参考部门”①，然后，他再在增加馆藏、建立健全图书馆组织系统、改进编目分类方法、建立预算制度、设立图书馆委员会等方面下工夫。

具体地说，戴志骞不是一味地、盲目地增加馆藏，而是“倾听读

① 韦庆媛．图书馆学家戴志骞的激情与无奈［J］．大学图书馆学报，2010（3）：21.

者需求，按需搜购图书”[①]。他一方面函请教员推荐参考书，一方面鼓励学生荐书，同时积极搜购中国研究方面的西文图书。向书店和出版社订购新书、登门求购民间藏书、向社会征集图书、接受赠书、争取国外机关团体寄赠出版物、与其他图书馆交换图书等，都是他用来增加馆藏的方式。他深知人才的重要，在他执掌清华图书馆的十多年间，馆员中图书专科专业毕业的占三分之一。最重要的是，他开风气之先，“施行民主治馆，于1923年年初开创了图书馆职员常会制度。全馆职员每月召开一次常会，集体讨论图书馆管理事宜，群策群力，共谋发展”[②]。这种常会制度在他离开清华图书馆后，不知何故，并没有延续下去，也就因此成为他在图书馆管理方面的一大特色。

戴志骞之后的馆长是洪有丰，此时（1928年），清华学校刚刚升级为清华大学，罗家伦出任首任校长。洪有丰对图书馆的改革首先体现在组织机构的划分方面：新的组织分编纂股、总务股、参考股，三股分工合作，各负其责；其次，他实行借书到期提醒、馆际代借制度等，“总计一年代借之书，不下三百六十余种”；另外，他还增加开放时间，“除每日一览十二小时外，并于星期日开览全日”[③]。除此之外，他不但支持施廷镛改进、编制中文图书分类法，也鼓励他编印书本目录，出版了《国立清华大学图书馆中文书目甲编一》和《国立清华大学图书馆丛书子目书名索引》。显然，洪有丰的图书馆管理实践中处处彰显了“美国式”标准，但并不唯“美”是从，也有适应本土化的变通。

作为北京大学图书馆史上“第一位受过现代图书馆专业专门训练的馆长”[④]，袁同礼出任北京大学图书馆馆长后也主要采用西方新式

① 郑锦怀.戴志骞对清华图书馆的历史贡献[J].国家图书馆学刊，2014（2）：101.
② 图书馆新闻[J].清华周刊，1923（271）：30.
③ 馆员忙碌[J].清华周刊，1928（448）：41.
④ 张红扬.袁同礼与北京大学图书馆[J].大学图书馆学报，2011（5）：120.

管理方法整顿图书馆。他清理西文书刊、编辑政府出版物和西文书目；他推行馆际互借——有明确资料显示，20世纪40年代，北平图书馆和北京大学图书馆之间存在着馆际互借，当时，袁同礼已任北平图书馆馆长，而北大图书馆馆长是严文郁。严文郁是继毛子水之后以专业图书馆学人的身份出任北京大学图书馆馆长的，一上任便着手进行改革，特别是在组织和人事上重新做了安排，即引进北平图书馆的于震寰负责改编中文新书，又创新将中文卡片的传统手抄制作改由北大出版部刊印，还另辟蹊径地为参考书、大套丛书、类书及中西文期刊开辟专室[①]。

先后担任过东北大学、中央大学、四川大学、武汉大学图书馆馆长的桂质柏特别注重对图书馆组织管理制度的健全，他在中央大学图书馆时，“图书馆组织与管理为之一新”；在武汉大学图书馆时，他将组织机构划分为采购、登录、分类、编目、典藏、流通、编制书目索引等[②]。而河南大学图书馆馆长李燕亭在积极传播西方先进的图书馆理念的同时也积极加以实践，他较早地设立专业分馆，将图书馆按学科分设文、理、农、医四个分馆，从而使河大图书馆早在20世纪30年代便“成为当时全国较为先进的大学图书馆之一”[③]。

中山大学图书馆馆长杜定友十分重视馆规和制度建设，并注重编辑成册，作为资源保存，“这是杜先生治馆的一大特色”。现存的杜定友所辑有关图书馆管理的刊物共有七种[④]。而他“一切为读者”“读

① 王秀粉．绍往开来文明有道，诚中弘外郁德无疆——记图书馆学家严文郁教授［J］．图书馆论坛，2009（6）：179.

② 白国应．中国第一个图书馆学博士——桂质柏先生［J］．图书情报论坛，2001（4）：63.

③ 苏全有，王仁磊．河南师范大学图书馆史稿［M］．郑州：中州古籍出版社，2011：36.

④ 陈卫红．著名图书馆学家杜定友先生与广州国立中山大学图书馆［J］．图书馆论坛，2002（2）：110.

者第一”的办馆理念显然深受西方社会人性观的影响。为此，他实行“开架制”，让读者自由取阅。同样把读者放在第一位的还有厦门大学图书馆馆长裘开明。他提出“读者是图书馆的上帝”。也就是说，图书馆的一切工作都应围绕读者而展开，服务于读者并满足读者的一切阅读需要。为此，他采用最新的图书分类法，编制中文图书卡片目录，向美国国立图书馆订购西文图书分类目录卡片，还建立专门的日文书库，将日文图书进行单独分类编目以方便读者查阅[①]。

尽管引进西方图书馆管理模式是留学归国的大学图书馆馆长的不二选择，但他们并非在管理实践中完全照搬西方经验。特别是中国留洋学习图书馆学的第一人沈祖荣，他因为出国前曾在文华公书林工作过一段时间，有些实践经验，又明白国情差异势必造成管理手法不一的道理，因此，他旗帜鲜明地认为“美国图书馆的模式并非万能，尚需变通方可适用于中国”。比如，在馆舍建筑方面，他的观点是“藏书宏富之巨型大理石图书馆建筑实为社区亦或国家之骄傲与荣耀，然此等建筑并非中国目前之必需者，盖因中国经费拮据，而又风气未开，民众智识欠缺，堂皇豪华之外观，反倒令人望而生畏，阻碍图书馆运动之发展”[②]。在他看来，观念的转变比盖豪华馆舍更重要更迫切。这是他率先掀起图书馆运动的思想根源。

（2）创新、编制图书分类法

图书馆学人并不照搬西方图书馆管理方法的另一个佐证是为适应中文图书的分类而编制新的图书分类法。在 1904 年孙毓修将当时世界上最先进的图书分类法美国《杜威十进分类法》介绍引进中国之前，藏书楼、图书室的图书分类普遍采用经史子集四部分类法。但很明显，

① 朱立文．从厦门大学图书馆主任到哈佛燕京图书馆馆长——谈裘开明博士对中外图书馆事业的贡献［J］．上海高校图书情报工作研究，2004（4）：50.

② 程焕文．一代宗师 千秋彪炳——记中国图书馆学教育之父沈祖荣先生［J］．图书馆（双月刊），1990（4）：56.

在19世纪末、20世纪初，随着新思想渐渐涌入，相对于古籍的新书被引进和出版，只适用于所谓“旧”书的四部分类法已经难以适应新形势的需要，而新文化运动后，新书、译著更层出不穷。显然，新书不能用四部分类法；旧书又无法直接套用外来的《杜威十进分类法》。因此，编制一部适合国情的图书分类法迫在眉睫。

作为新图书馆运动的一个产物，沈祖荣、胡庆生合编的《仿杜威书目十类法》，开创了数个“第一”：按杜定友的说法，是“第一个为中文图书编的新型图书分类法”“第一次冲破封建社会‘四部’分类法的束缚，提出新的分类体系”“第一次实行古今中外图书统一分类”“第一次采用先进技术编辑中国的文献分类法”①。尽管用现在的眼光看，此分类法不免过于简单，也不够精细和完备，但因为它的开创性而具有非凡意义。由此开端，一批新分类法相继问世，极大丰富了图书分类体系。

在对中国传统四部分类法和《杜威十进分类法》进行深入研究后，杜定友于1922年编制了《世界图书分类法》，于1927年编制了《革命文库分类法》。前者因其“打破四部分类法”“接受西方近代图书分类思想”“中外图书统一归类”的分类思想而更具价值。在中山大学任图书馆主任时，他用美国国会图书馆《LC分类法》对西文书进行分类，而将中文旧籍按《世界图书分类法》和《革命文库分类法》进行了新分类②。桂质柏也先后编制过两部分类法，一是1925年由齐鲁大学图书馆印行的《杜威书目十类法》，二是1935年由国立中央大学图书馆出版的《分类大全》。这两部分类法的编制目的，在于试图打破图书馆普遍采用的中西书籍用两个不同分类法进行分类的传

① 白国应．中国近代文献分类法的里程碑——纪念沈祖荣、胡庆生合编的《仿杜威书目十类法》出版80周年［J］．图书情报论坛，1997（3）：2—5.

② 陈卫红．著名图书馆学家杜定友先生与广州国立中山大学图书馆［J］．图书馆论坛，2002（2）：110.

统。如此说来，《杜威书目十类法》其实是《杜威十进分类法》和四部分类法相结合的结果。

当时，图书馆学人纷纷创编新图书分类法，很大程度上源于试图改变中文、西文区别分类的现状，而他们又普遍认为外来的《杜威十进分类法》“水土不服”，并不适合用来对中文图书进行分类。刘国钧 1929 年编印《中国图书分类法》时便是出于这样的心理。他的创编目的是希望有一种新分类法“既适合于中文图书的分类，又适用于外文图书的分类”[①]。同样的，皮高品创编中英文对照的《中国十进分类法及索引》的动机也是如此。这部被称为“皮氏分类法”的专著 1934 年一经武昌文华图书馆专科学校出版，即刻被很多图书馆采用，其中包括北京大学图书馆、武汉大学图书馆。百万言的鸿篇巨制“奠定了他在图书分类法研究上的学术地位”[②]。

除了直接用于图书分类实践的分类法，他们也在图书分类理论、图书分类指导方面颇有建树。比如，刘国钧有关专著有 1928 年的《图书分类初步》、1931 年的《怎样开始分类图书》。1949 年后，还有《我国图书分类法的发展情况》《现代西方主要图书分类法评述》《图书分类法的发展》等。可以说，从实践到理论，早年的图书馆学人为中国图书分类开创出了一条新路，其开拓、创新精神值得铭记。

（3）设立图书馆学科、创办图书馆学校

不用说，推动图书馆事业发展的主要是图书馆学人，而培养图书馆学后备人才又必然涉及图书馆学教育。也就是说，重视和强化图书馆学教育是培养图书馆学人才、发展图书馆事业的前提。因此，图书馆学教育是图书馆事业的一个分支系统，是不可或缺的组成部分。对于图书馆学教育的重要性，沈祖荣有很清醒的认识，他不但认为“最

① 沈乃扬 . 刘国钧先生生平和著作简述［J］. 晋图学刊，1985（1）：84.

② 孟雪梅 . 近代中国教会大学图书馆研究［M］. 北京：国家图书馆出版社，2009：197.

切要者乃有得力之馆员将此伟大事业推向前进”[①]，甚至把培养图书馆学人才当作关乎图书馆事业兴衰的关键。他颇有远见地提出“与其说它（图书馆专业教育）是一种简单职业教育，毋宁说它是一种学术专科教育还得当些”；他更开创性地将图书馆学教育作为“学术文化事业和教育事业的组成部分”，因此他强调“图书馆学专业教育的成败影响着学术文化教育的发展”[②]。把图书馆学教育提高到学术文化事业高度的，他是第一人。因此，他有“中国图书馆教育之父”的美誉。

由沈祖荣以全国巡回演讲广泛宣传图书馆的功用、倡导创办美国式新型图书馆的方式而掀起的新图书馆运动其实正是他的图书馆教育思想的外在体现，也可以将此看作他实践图书馆教育的第一步。接下来，他全身心地投入图书馆学科、图书馆专科学校的建设之中。1920年，韦棣华创办武昌文华大学图书科，初期，沈祖荣是仅有的三个图书馆学教授之一（另两人是韦棣华和胡庆生），担任编目等图书馆学课程的教学。这是他真正意义上的图书馆教育实践。1924年，图书科并入华中大学。1929年，图书科独立成为武昌文华图书馆专科学校。两年后，韦棣华去世，沈祖荣接棒执掌文华图专，担任校长，并于1933—1936年间兼任华中大学图书馆主任。

尽管沈祖荣深受西方图书馆学的影响，但他坚持中国的图书馆学专业教育应当走符合国情、中西结合的道路的认识。文华图专不但有像他一样的中国图书馆学人，如胡庆生等，也有从美国请来的图书馆学专家；学校制度、入学资格、课程设置、课本使用虽然以美式为主，但并非没有变通。作为第一个图书馆专门学校，文华图专培养了众多优秀的图书馆学人才，他们后来多在各地图书馆发挥主导作用。继沈

① 程焕文.一代宗师 千秋彪炳——记中国图书馆学教育之父沈祖荣先生[J].图书馆（双月刊），1990（4）：56.

② 陈林.沈祖荣图书馆学专业教育思想与现实意义[J].图书馆理论与实践，2004（4）：100.

祖荣、戴志骞、胡庆生等第一代图书馆学人之后，严文郁、桂质柏等第二代图书馆学人大多出身于文华图专。

早年的图书馆学教育，除了文华图专专门于图书馆学之外，更多的则是以在大学里开设图书馆学课程、创办图书馆学科的方式进行。这应该是很自然的。前文已述及执教于金陵大学的美国人克乃文1913年就开设了图书馆学课程，这被认为是“中国图书馆学教育的开端”。1921年5月从菲律宾留学归国后的杜定友也是较早关注到图书馆学教育的图书馆学人，他先应广州市教育局长许崇清的邀请出任市民大学教授。在其后任广州市立师范学校校长期间，他在该校设立了图书馆学课程，“成为我国近代教育史上在学校中大规模设置图书馆学课程之先导”[①]。

众所周知，专门的图书馆学科起始于文华大学，其后，上海国民大学、南京金陵大学等也相继成立图书馆学系。国民大学图书馆学系也与杜定友有关。这所大学由杜定友、章太炎、许世英、胡朴安、何炳松、戈公振等合作创办于1925年9月。因为杜定友，学校特设图书馆学系，学制为四年，并规定“凡修满160学分，即可毕业，得学士学位”[②]。不用说，首位系主任是杜定友。显然，从成立时间上看，国民大学图书馆学系是继文华大学图书馆科之后第二个大学图书馆学系。尽管它存世时间不如之前的“文华”和之后的“金陵”，但在图书馆教育史上也留下了印迹：首次编制报刊索引《时报索引》；培养了钱亚新、金敏甫等新一代图书馆学人。

在李小缘、刘国钧于1927年在金陵大学开设图书馆学系（本科）之前，1925年，商务印书馆出版了一本由担任过金大图书馆主任的

---

① 陈卫红．著名图书馆学家杜定友先生与广州国立中山大学图书馆［J］．图书馆论坛，2002（2）：109.

② 李严．我国解放前图书馆学教育概况［J］．图书馆理论与实践，1988（1）：46.

洪有丰撰写的《图书馆组织与管理》。这本书既是“第一本总结中国图书馆工作经验及教授心得写成的专著”①，也是中国第一部图书馆学教材，乃填补空白之作。因此，从初版到1936年，它连续再版了三次。很自然地，在金大图书馆学系成立后，它被用来作为主要教材之一。该系招收六年制中学生或大学预科生，学制四年，也是修满160学分后毕业并授予学士学位；课程包括图书馆学要旨、图书馆史、中西文参考、参考书使用法、目录学、分类、编目、流通法、索引法等。存世八年，由李小缘任首届主任、刘国钧等专家任教授的金大图书馆学系培养了大批图书馆人才，因此成为“大学中办图书馆学系之佼佼者”②。

其他馆长们也都在图书馆学教育方面倾注过心力。比如，1937年，北京大学在文学院增设图书馆学选修课，时任北大图书馆主任的严文郁积极参与授课；武汉大学图书馆馆长皮高品学贯中西，先后担任过英文教员、哲学和逻辑学教授，但授课时间最长的还是图书馆学领域中的图书馆分类和中国图书史③。河南大学在图书馆馆长李燕亭的努力下，于1930年开设了图书馆学，他亲为主讲教师。不仅如此，无论是暑期教育讲习会，还是图书馆学培训班，李燕亭都是其中最重要的讲师，讲授内容包括一般图书馆学、专门的“养成图书馆人才”等。据1936年《申报年鉴》对全国图书馆数字的统计，河南以442个位居第二，仅次于广东，显示了河南的图书馆教育事业成绩斐然，而这不能不说其中包含了李燕亭的很大功劳。

深受西方先进图书馆理念影响的专业图书馆学人用他们的专业知识引领大学图书馆摆脱传统藏书楼的束缚，以自强、自尊、奋发、创

① 孟雪梅.近代中国教会大学图书馆研究［M］.北京：国家图书馆出版社，2009：196.

② 李严.我国解放前图书馆学教育概况［J］.图书馆理论与实践，1988（1）：46.

③ 黄宗忠，查启森，李美爱.一代宗师皮高品先生记略［J］.中国图书馆学报（双月刊），1998（5）：71.

新的图书馆精神投身图书馆事业，从而使大学图书馆大踏步向近现代图书馆转型。在图书馆理念、管理、技术、教育等方面，因为他们不拘一格地大胆创新，为大学图书馆事业的发展打下了良好基础。

（二）非图书馆专业学者任图书馆馆长的贡献

1. 学识渊博是非图书馆专业学者被聘馆长的原因

（1）懂书爱书著书：非图书馆专业学者馆长的共性

非图书馆专业出身的馆长与图书馆专业出身的馆长相比，总给人学识更渊博的印象，实则后者未必比前者知识单薄，只不过前者若非学识渊博，就不会被选作馆长了。换句话说，前者任馆长，是以学识渊博作资格的。

前者与后者相比，在图书馆的管理实践中，一样都重视图书馆的发展，重视图书馆制度的建立，注重文献的收藏与利用，奉行读者至上，但图书馆专业知识储备终非其所长，图书馆专业研究终非其志趣，图书馆专业的理论建树于是有限，这是自然的，并不奇怪。图书馆专业出身的戴志骞、沈祖荣、李小缘、刘国钧、皮高品等都是图书馆理论研究领域的翘楚，同时又在图书馆分类法、编目、版本目录学等图书馆技术方面也都颇有造诣，个个著作等身，而以此要求非图书馆专业出身的馆长当然不合情理。潘光旦在清华大学图书馆馆长任上长达14年，没有撰写过一部图书馆学理论专著。其他人如青岛大学图书馆馆长梁实秋、清华大学图书馆馆长朱自清、北京大学图书馆馆长章士钊、毛子水等也都如此。

而其中有些人，如章士钊、朱自清本无意于图书馆（主任）馆长一职。身为北京大学逻辑学教授、知名学者，章士钊只在北京大学图书馆主任任上待了四个月便辞职，时间是1917年10月至翌年1月，“萦心政治”[①]是他离职的主要原因。作家朱自清在1935年9月受梅贻琦

① 吴晞．北京大学图书馆九十年记略［M］．北京：北京大学出版社，1992：26.

校长之邀担任清华大学图书馆馆长之初，内心就有些不情愿，甚至在正式任命下达之前还一度想直接推辞。与章士钊醉心政治不同，朱自清更想专心于自己的学术研究中，他在9月10日的日记里这样记道："请求免去图书馆主任一职，以其妨碍研究计划也。"①勉为其难地坚持了一年，终于辞职成功，以"课务忙碌""难兼顾"，而"主任一职甚关重要"，本人却"在座时间不多""照顾无难周到"②等理由。在朱自清之前，清华大学图书馆主任或馆长从戴志骞开始一直由图书馆专业出身者担任；从朱自清开始，这一惯例由梅贻琦打破，由此引发非图书馆专业学者出任图书馆馆长利焉弊焉的议论。

之所以延请非图书馆专业出身者担任馆长，按照毛子水被蒋梦麟聘请为北京大学图书馆馆长时的说法，缘于他们"学问渊博"③。学问渊博很大程度上来自于对书籍的热爱从而有面广量大的阅读。因此，虽然这一类学者馆长没有图书馆学教育背景，但无一例外地都与书籍渊源深厚。毛子水和曾任暨南大学图书馆馆长的郑振铎除了国学大师、作家、社会活动家的身份以外，也是藏书家，郑振铎甚至还是目录学家。毛子水写过《书籍与修养》；郑振铎写过《求书日录》《漫步书林》；毛子水热衷淘书，他自述他之所以被傅斯年推荐、被蒋梦麟认可担任图书馆馆长，全得益于"网罗文献"这个嗜好。"他（指傅斯年）知道我教书非所长，对于网罗文献，则向所爱好。"④因为爱看书，因为爱淘书，所以毛子水欧洲游历归国后的愿望便是在图书馆谋一份职业；郑振铎嗜书如命，私人藏书"品种与数量名噪一时"，尤其偏

① 朱乔森．朱自清全集 第9卷 日记编（上）［M］．南京：江苏教育出版社，1998：381.

② 韦庆媛．学者馆长朱自清［M］// 邓景康，韦庆媛．邺架巍巍：忆清华大学图书馆．北京：清华大学出版社，2011：220.

③ 周志文．记忆之塔［M］．北京：生活·读书·新知三联书店，2013：149.

④ 毛子水．我与孟真的交往［J］．传记文学（台湾），1976，28（1）：24.

重“诗经、楚辞、明清文集、戏曲、弹词、宝卷、版画等图籍收集”①。曾任美国最高法院大法官的福特（F. F. Furter）认为图书馆馆长应该由富于想象力、精力和远见的懂书、爱书、还能写书的人担任。如果按照“懂书、爱书、还能写书”这个标准，学问渊博的学者显然是符合的。

在北京大学新图书馆建成后，蒋梦麟有意聘请图书馆学专业人才以“美国式”管理模式管理图书馆，图书馆专业出身的严文郁因此替代了非图书馆专业出身的毛子水。但随后不久，美国的图书馆馆长任免却发生了变化：诗人麦克拉什（A. MacLeish）应总统罗斯福提名出任美国国会图书馆馆长。对于这样的新选择，傅斯年是赞同的，他向来不认为图书馆馆长非图书馆专业学人担任不可。因为在他看来，管理图书不只限于“技术”，因此管理人员，特别是馆长，不仅长于管理技术而已，更应该有“知识”，包括版本学、目录学、年代学、校雠学等方面丰富的知识。这是他认为毛子水能够胜任图书馆馆长的思想基础。而毛子水自己也从不觉得自己非图书馆专业出身影响图书馆管理的水准，他认为“深通目录学，知道一点学术源流”的人方能做一个合格称职的图书馆馆长或管理员。从这个角度说，梅贻琦一改惯常做法，率先聘请非图书馆专业的朱自清出任图书馆馆长，并非出于反传统的简单思维，一定也有类似傅斯年、毛子水那样的思想。换句话说，并不将馆长人选局限于图书馆专业人士反而是眼光不狭窄、观念不局限的表现。现实中，也不乏非图书馆专业出身的馆长深通图书馆“技术”者。

（2）非图书馆专业出身馆长中的图书馆学专家

作家、学者与目录学家的郑振铎对图书分类很有自己的独特见解，

① 王华. 郑振铎藏书思想对暨南大学图书馆的影响［J］. 暨南学报（哲学社会科学版），2006（6）：159.

1921 年时的郑振铎。

他主张“对图书馆的图书应快速予以分类整理上架；”“古书的分类编目，大可不必‘中外统一’”“应对所藏图书予以深加工，编辑书目方便查找”。他自己也参与编制了大量书目，有《西谛所藏善本戏曲目录》《西谛所藏散曲目录》《西谛所藏弹词目录》《清代文集目录》等。同时，他还收藏有大量书目及目录学著作，仅北京图书馆普通线装书库一处就收有他的书目五百多种[①]。担任暨南大学图书馆馆长时，他把这样的分类思想付诸实践，使得馆内藏书在分类时能做到快速且不苛求“中外统一”，书目编辑也及时高效。

参与创办燕京大学的洪业先后于美国俄亥俄韦斯良大学获文学学士学位、哥伦比亚大学获文学硕士学位、纽约协和神学院获神学学士学位（后又获名誉文学博士和名誉神学博士学位），而他真正的身份却是史学家，执教燕京大学历史系长达 23 年，在史学、文学、哲学、语言学等方面有很深的造诣。1928 年，他在任燕京大学历史系主任的同时兼任图书馆馆长。与所有的馆长一样，他精心制定图书馆管理制度、广泛采购国内外书刊。若说他在图书馆领域的贡献，不能不说他的《引得说》，即索引研究专著。哈佛大学与燕京大学联合成立哈佛燕京学社，学社设立引得编纂处就是洪业提议的，他亲任主任。在 20 年时间里，在他的领导下，引得编纂处编纂出版了大量索引，如《春秋经传引得》《礼记引得》等，“成为中国最负盛名的索引编纂专门

① 王华 . 郑振铎藏书思想对暨南大学图书馆的影响［J］. 暨南学报（哲学社会科学版），2006（6）：159.

机构”[①]，其中他撰写的《礼记引得序》荣获法国 1937 年度的茹理安汉学奖[②]。而在长期的索引编纂实践中，洪业和他的团队创制了一种全新的检字法，即“中国字庋撷检字法”。按洪业自己的说法，这种检字法“优点是较易记，排起来较整齐，字体参错者少”[③]。或许用现在的眼光看，它已经过时，却是图书馆人聪明才智的体现，是图书馆人积极探索、勇于创新的历史纪录。

2. 非图书馆专业学者馆长的图书馆思想

尽管从事图书馆管理的非图书馆专业学者没有太多的图书馆理论建树，但这并不意味着他们缺少图书馆思想。郑振铎的图书馆思想极为丰富。他说：“书是要读、要用的……书是天下之公物，谁也不能拥而私之。”显然，这种“藏为所用”的藏书思想有别于传统藏书楼的只藏不用；对于购书，他的理论是应当积极地、多渠道地搜求；对于采购人员，他的要求是一方面需对所采学科有一定的了解，而不是漫无目的地乱采一通，另一方面“绝对地不能坐在家里等人送书上门”[④]；对于藏书，他将“实用”排在首位。

而社会学家、民族学家、优生学家、翻译家潘光旦的藏书思想则是“适用”。他从 1938 年开始担任清华大学图书馆馆长，一直到 1952 年卸任，是非图书馆专业学者知识分子担任大学图书馆馆长时间最长的。所谓“适用”，按照他的说法，也就是大学图书馆购书应当“不存偏见，不究版本，不专收买太贵的学生不常用的专书；汇集万象，穷究百家，但专事宣传且富于单方面引诱性之小册，将不予陈

① 李文涛．洪业的治学思路对当代图书馆人的启示［J］．四川图书馆学报，2013（5）：83.

② 余英时．顾颉刚、洪业与中国现代史学［J］．中国史研究动态，1981（8）：18.

③ 李文涛．洪业的治学思路对当代图书馆人的启示［J］．四川图书馆学报，2013（5）：85.

④ 郑振铎．西谛书话［M］．北京：生活·读书·新知三联书店，2005：517—524.

诸大雅之堂”[①]。

作家、文学评论家、翻译家梁实秋也是一位独特的图书馆馆长。1930年，应国立青岛大学校长杨振声之聘，梁实秋出任文学院外文系主任兼图书馆馆长。他的图书馆思想是建立在四年图书馆管理实践基础上的，表现在他对图书馆的地位、任务、馆藏建设等方面都有自己独到见解。从地位上说，他认为“图书馆应该是一个学校的中心”；他所理解的图书馆的任务，“不仅仅是采藏书籍和负责学生的借阅”，而更应该解决的是“读什么样的书，和书应该怎样读的问题”；他不一味追求图书馆馆藏量多，他说：“藏书的册数的多少不算是一件最重大的事。一大堆书不能成为图书馆，等于一大堆砖头不能成为建筑一样。”他更看重的是“负责人是否善为经营。书籍是否选择精当，布置是否便利，学生是否已经充分享用”。

同样把图书馆的地位看得很重的是作家、教育家、翻译家钱稻孙。继朱自清之后，他出任清华大学图书馆馆长，在上任的第九天，即学校新学期开学典礼上，他以新任馆长的身份发表讲话，开宗明义：“愚以谓图书馆是求学时代极切要的设备，也就是大家的共同生命线。”相对来说，在学者馆长中，钱稻孙的图书馆学知识更丰厚一些。这与他的“杂家”身份相符。他自幼与父游历日本、意大利、比利时等国，通晓数国语言，尤其精通日文。他懂音乐、戏剧、美术、医学，他在北京大学教授医学，而在北京女子师范大学教授美术，又在清华大学外文系担任讲师。他早在民国初的1913年便开始接触图书馆，在京师图书馆分馆担任了一年的主任。他是北京图书馆协会、中华图书馆协会第一批会员。出任清华大学图书馆馆长之前，他做过国立北京美术专门学校图书馆馆长、短期代理过北京大学图书馆馆长；之后，抗

① 潘乃穆．回忆父亲潘光旦先生［M］// 陈理，郭卫平，王庆仁．潘光旦先生百年诞辰纪念文集．北京：中央民族大学出版社，2000：107—108.

原青岛大学图书馆（今中国海洋大学水产学院）。梁实秋在青岛大学兼任图书馆馆长时，沈从文夫人张兆和曾是该馆的工作人员。

钱稻孙先后担任过清华大学、北京大学图书馆馆长。此为他与夫人在1935年于日本寓所。（照片来源：1944年第2卷第1期《艺文杂志》）

战中，他先任伪北京大学秘书长，后任校长。虽然图书馆馆长的聘书是发给周作人的，但周作人始终没有到任，更无实绩，图书馆馆长之责实则由钱稻孙承担。在周作人调任伪华北政务委员会教育总署督办后，馆长很自然地由钱稻孙兼任。因此，“钱稻孙虽非图书馆专业学者，但在中国图书馆事业近代化初期专业人才极缺的情况下，他是少有的懂图书馆管理的学者馆长”①。

还有一位学者也没有图书馆学教育背景，但深通图书馆学，他就是历史学家、民俗学家顾颉刚。他虽然没有直接担任过大学图书馆馆长，但以中山大学图书馆中文部主任的身份对该图书馆的馆藏建设做出过特别贡献。他最早表达他的图书馆思想是在 1917 年他还是北京大学哲学系学生时，时任图书馆馆长的章士钊预备改订图书馆馆章，发通告征求全校师生意见。顾颉刚耗费月余写就的一篇长文涵盖了图书馆的方方面面，几乎事无巨细，涉及编目、取书、阅书、借书、钞书、购书、印书、代办教科用书、发行《月刊》、编译簿录、设置成绩室、筹备博物院、沟通研究所等。如关于“钞书”，他建议：“孤本书籍难买到者，及近人善著校未刊刻者，并应设法借钞。雇用书记若干人，专司其事。有不能借出者，如京师图书馆之类，可令书记往就写录；其有道远不便就钞者，商由藏书人雇工代钞，缴还工费。”②这些“建议”未必一一被采纳，但作为一部重要的图书馆文献显示了他对于图书馆事业具有意识超前的、过人的感悟与见解。

顾颉刚“发行《月刊》”的计划直到他到中山大学时才得以实行，只不过，“月刊”改为“周刊”，那便是由他主持创办的《中山大学图书馆周刊》。而在中山大学图书馆，他的最突出成就便是花了半个

---

① 韦庆媛．另类馆长钱稻孙[M]// 邓景康，韦庆媛．邺架巍巍：忆清华大学图书馆．北京：清华大学出版社，2011：223.

② 顾颉刚．西斋读书记［M］// 中华书局编辑部．学林漫录 17 集．北京：中华书局，2009：15.

月时间撰写的《国立广州中山大学购求图书计划书》。这既可以看作是他的另一部重要的图书馆文献，也可以认作是他独特的图书馆思想。而之所以把这个“计划”定义为“开创性”，主要缘于他认为“收集中国书籍应该破除‘圣道’和‘古文’的传统观念，打破以‘经、史、子、集’为书籍全体的看法”，在他看来，购书的宗旨是搜集材料，“把记载自然界和社会的材料一起收来”①。

为中山大学图书馆收集、购买图书的重任之所以交给顾颉刚，不仅仅看中的是他的学问渊博，更是出于人事斗争的不得已。1927年，听说顾颉刚应聘中山大学语言历史研究所，已经在此任教的素与顾颉刚有隙的鲁迅愤然提出辞职。文学院院长兼哲学系主任傅斯年认为鲁迅此举是在行要挟，也提出辞职。校长朱家骅既为平息三方矛盾，又有意将三人全部留下，便想到派顾颉刚离粤到宁沪各地购书以息事宁人的办法。这不意之举倒给了顾颉刚实践图书馆思想的机会。在《计划书》中，他拟定了购书范围，不限经史子集及丛书，也包含档案、地方志、家族志、社会事件之记载、个人生活之记载、账簿、中国汉族以外各民族之文籍、基督教会出版之书籍及译本书、宗教及迷信书、民众文学书、旧艺术书、教育书、古存简籍、著述稿本、实物之图像等，共计16大类。为此，他的足迹遍布沪杭宁苏，遍访书肆、书坊、书摊、书商、藏家。在耗时四五个月之后，终于带回了12万册各种图书和3万余册碑帖②。

正如时任中山大学图书馆馆长、专业的图书馆学人杜定友所说，顾颉刚“虽不是专门研究图书馆学的人，但是他所说的，没有一句不

① 张荣芳．顾颉刚先生与中山大学［J］．中山大学学报（社会科学版），2004（6）：99—100.

② 常冬燕，陈艳军．顾颉刚《购求中国图书计划书》及其影响［J］．吉林省教育学院学报，2006（5）：69.

合于图书馆学原理，没有一事不合于图书馆的范围”[①]。这也就从侧面反映了像顾颉刚一样的非图书馆专业的学者或因为家学渊源，或因为博览群书，无不对书籍怀有真挚的情感，对读书、选书有独到的认识，对藏书楼、图书馆有切实的体会。因此他们虽然没有接受过图书馆学的专门训练，但在长期与书籍打交道的过程中，对于图书馆管理也拥有独到的见解。换句话说，他们的图书馆学知识是在实践中吸收和培养的。另一方面，作为学者，相对于只限于图书馆学的专门人才，他们涉猎学科更广，知识面更宽，眼界也就更高，这其实于图书馆事业发展更为有利。事实上，民国时期大学图书馆的非图书馆专业学者馆长在图书馆管理方面并不逊色于专业人士。

3. 非图书馆专业学者馆长的馆藏倾向

（1）“读者至上”的服务意识

曾担任过清华大学图书馆馆长的朱自清。

对于图书馆管理而言，制度规范、馆藏建设是两大要务。非图书馆专业学者馆长们也在这两个方面下足了功夫。相比钱稻孙、郑振铎、顾颉刚等人，朱自清在初任清华大学图书馆馆长时对图书馆工作最为陌生。也就是说，他是边学习边工作的：他向老馆员施廷镛全面了解图书馆情况、向代理过馆务的张子高和郑之蕃商讨图书馆工作。在理清思路后，他率先制定各种制度，讲求效率，“提出使用作文簿随时记录工作情况等办法”[②]。钱稻孙十分重

① 顾廷龙．介绍顾颉刚先生撰《购求中国图书计划书》——兼述他对图书馆事业的贡献［J］．文献，1981（2）：27.

② 韦庆媛．学者馆长朱自清［M］// 邓景康，韦庆媛．邺架巍巍：忆清华大学图书馆．北京：清华大学出版社，2011：215—216.

视规则和秩序。无论是主政清华大学图书馆还是执掌日伪时期的北京大学图书馆，他最先做的就是制定规程和制度。《国立北京大学图书馆规程》《国立北京大学图书馆各股办事细则》《国立北京大学图书馆阅览规则》《国立北京大学图书馆研究室规则》《国立北京大学各学院图书室分管图书办法》等都是经他手制定和完善的；他强调秩序，甚至规定不准戴帽披氅者进阅览室和书库，因此专设衣帽室。

在增强图书馆服务功能、强调为读者服务、崇尚读者至上、重视读者的感受方面，非图书馆专业出身的馆长的认识是一致的。针对书库开放时间与学生上课时间冲突的问题，清华大学图书馆馆长钱稻孙主动调整开放时间。在郑振铎的倡导下，暨南大学图书馆和全校资料室采取多种措施满足师生文献资料的需求，并引导学生阅读。如理学院资料室为便于全院师生阅览馆藏，特收集图书馆关于自然科学之专门书籍，在科学馆三楼另辟阅览室，并商请学院各教授将私人藏书设法存到阅览室，以公诸同好[①]。清华大学图书馆馆长潘光旦用心服务读者，连阅览室的照明问题也铭记在心。在他 1947 年 2 月 14 日的日记里，这样记载："考期将届，图书馆阅览更形拥挤，近电灯又时时发生故障，夜间秩序尤不易维持，因与同人商定补救办法四项：一为添置汽油灯，二为催开理工学系在各专馆阅览室，三为延长阅览时间，四为增加人员。"[②] 他还特地对读者进行过专门研究，对学生的读书倾向进行过分析，目的也是更好地为他们服务。

图书馆既是一个服务单位，也是一个科研机构，除了服务于读者之外，它也承担着学术研究的责任。对此，身为学者的馆长们深以为然。他们一方面为师生的学术研究提供服务，一方面也努力推动图书馆自

① 王华 . 郑振铎藏书思想对暨南大学图书馆的影响［J］. 暨南学报（哲学社会科学版），2006（6）：20.

② 潘乃穆，潘乃和 . 潘光旦文集 第 11 卷［M］. 北京：北京大学出版社，2000：239.

身的学术研究。在中山大学图书馆，顾颉刚主持创办《中山大学图书馆周刊》。梁实秋在青岛大学图书馆馆长任上不但主持成立图书委员会，也于1931年5月4日创办了《图书馆增刊》，随校刊《国立青岛大学周刊》出版，每周出版一期，内容包括：馆藏新书目录和介绍、借书制度、图书馆学、目录学文章、图书评价等[①]。郑振铎创办和主编了全校性的《暨南学报》和《暨南大学图书馆报》，不仅面向本馆员工报导图书馆新闻、馆藏书目、专题书目研究、图书馆业务探讨等，也面向全校师生共同进行学术交流[②]。朱自清之前，前任馆长洪有丰提议编纂丛书子目索引，由施廷镛主编。但后来因洪有丰调任中央大学图书馆，索引的出版暂时停滞。朱自清上任后，不但进行了增补，而且积极促成了《国立清华大学图书馆丛书子目书名索引》正式出版。

在其他方面，学者馆长的管理措施也各有各的办法。就用人而言，潘光旦的原则是“熟手”优先，“当员工因为某种原因离职，后又欲归职时，他也不会不计前嫌”[③]。朱自清严格按照考试成绩择优录用的原则，定期写出晋薪理由[④]。就组织机构设置而言，清华大学图书馆的潘光旦设阅览股、中文编目股、博物股，还专设一人整理边疆文物，暑期又设学生助理一职。日伪时期，北京大学图书馆的钱稻孙将原先的事务股、购贮股、中文编目股、西文编目股、阅览股等五股精减为四股，即采录股、编目股、典藏股、事务股，同时采用总馆、分馆的管理体制。钱稻孙首创“馆长接待日”：“每星期二至星期五除有会议或其他事故外，每日上午8时30分至10时50分在图书馆主任

① 杨洪勋．梁实秋关于图书馆建设的理论与实践［J］．科技信息，2013（13）：198.

② 王华．郑振铎藏书思想对暨南大学图书馆的影响［J］．暨南学报，2006（6）：20.

③ 周余姣．寻求图书馆的“位育”之道——潘光旦图书馆实践及启示［J］．公共图书馆，2010（1）：67.

④ 韦庆媛．学者馆长朱自清[M]// 邓景康，韦庆媛．邺架巍巍：忆清华大学图书馆．北京：清华大学出版社，2011：216.

室办事，同学诸君关于馆事有必须面谈者，请限于上述时间内室接洽”[①]。

（2）个人喜好与特色馆藏

在清华大学读书时的梁实秋。（照片来源：1919年6月《癸亥级刊》）

在搜购书刊、建设馆藏方面，学贯中西、博古通今的学者的优势便显现了出来，他们可以从专业的角度指导购书。但也正因为他们在某一领域比一般人有更深入的研究，所以往往在购书时不由自主地渗入自己的喜好。梁实秋是兼任图书馆馆长的，他的本职是外文系主任。他的译著很多，最重要的是《莎士比亚全集》，被誉为“中国莎士比亚翻译第一人”。尽管他在馆长任上积极搜求古籍珍本、山东地方志，也多次亲赴各地采购社科、文化类书籍，但更注重收集各种版本的莎士比亚著作。因为由他这个莎士比亚研究专家任馆长，所以青岛大学图书馆的莎士比亚著作版本最全、数量最多，成为馆藏一大特色。而发生在青岛大学图书馆的“逐书事件”，虽然可能与事实有出入，但也与梁实秋的个人私怨和审美倾向有关。与梁实秋素来不睦的鲁迅在《“题未定”草》一文中提到梁实秋曾经将他的“许多译作驱逐出境”；在《曹靖华〈苏联作家七人集〉序》中再次说“梁实秋教授掌青岛大学图书馆时，将我的译作驱除”。梁实秋的辩解是，他当时剔除的是“从前遗留下的低级的黄色书刊……鲁迅的若干作品并不在内”，也不包括“其他左倾作品”[②]。

作为藏书家和史学家，北京大学图书馆馆长毛子水特别注重古旧

① 韦庆媛．另类馆长钱稻孙[M]// 邓景康，韦庆媛．邺架巍巍：忆清华大学图书馆．北京：清华大学出版社，2011：224.

② 鲁迅．“题未定”草［M］．鲁迅全集编年版第九卷 1935．北京：人民文学出版社，2014：258.

书籍的收集。经济学家、北京大学经济学教授张友仁曾经回忆："毛子水在北大图书馆任内大量地收集古旧书籍，我看到琉璃厂的书商送来的线装书，堆满了馆长办公室的地面……他和戴笠是同乡好友，他曾请戴笠利用遍及全国的特务网从各地收集图书。"[①]抗战结束北京大学复员后，毛子水第二次担任图书馆馆长，藏书思想没有因为局势的转变而变化。不积极采购"进步书刊"是他被"进步学生"诟病的主要原因，也因此被批判。据张友仁说，1949年前北京大学成立"孑民图书室"就是因为图书馆缺乏"进步图书"而特别设立的。

若从政治的角度说，在李大钊任北京大学图书馆馆长时，图书馆藏书最能体现馆长的政治倾向。李大钊因为特别强调图书馆的教育功能，所以把图书馆当作宣传马克思主义的阵地。图书馆购买了《新青年》《劳动者》《先驱》等十多种进步杂志，四十多种版本的《共产党宣言》《政治经济学批判》《资本论》《资本论大纲》《马克思传》等马列主义著作。1920年12月1日的《北京大学日刊》上报道："本校所藏有俄国革命题之参考书23种"，其中有《布尔什维克的胜利》《列宁和他的工作》《无产阶级的伟大革命》等，"以备同学诸君披阅"。另外还成立了"北京大学马克思学说研究会"的专门文献藏书室，取名"亢慕义斋"（亢慕义，"共产主义"音译）[②]。可以说，北京大学图书馆由封闭式的藏书楼向近代图书馆转变，有赖于李大钊；图书馆成为研究和传播马克思主义的中心，也是因为李大钊。

（3）钱稻孙对保存文献的贡献

在所有学者馆长中，钱稻孙最特殊。曾经游历过日本、深受东洋文化影响、崇尚大和民族文化的钱稻孙在抗战中选择与日本人合作，

① 张友仁.杂忆毛子水馆长［N］.北京大学校报，2011—9—25④.

② 赵凤英.李大钊是"中国现代图书馆之父"[J].延安大学学报(社会科学版),1993(4):103.

出任日伪掌控下的北京大学秘书长、校长、图书馆馆长，因此与周作人等文化人一起被戴上了“文化汉奸”的帽子。但也正因为如此，清华大学图书馆幸存的部分书籍意外得到了保存。

抗战爆发，清华大学图书馆被征用为日军医院，来不及南迁的图书资料损失惨重。1941 年 8 月，日军将剩余的图书分交伪北京大学图书馆、近代科学图书馆等单位。作为校长兼图书馆馆长，钱稻孙亲自接收了这批总约 18 万册的书刊，并进行了认真整理、编目。他没有将它们与北京大学图书馆的藏书混合，而是“匀出第三、四层书库予以专门存放”，还派两名馆员“专司该项图书管理事宜”[①]，同时草拟《教育总署拨交保存清华大学图书管理及利用办法》，规定没有教育总署的正式函件，校外任何团体不得借阅。而本校各学院“如欲提借清华图书时，应备函申请并缮具借书单，呈请馆长核准后，方许借出”；而本校学生“如有必须参考清华图书时，可于阅览时间内在馆阅览”[②]。如此特别将清华的书籍藏于深闺而精心呵护，既与钱稻孙曾经担任过清华大学图书馆馆长因此对清华的藏书有特别的感情有关，也不排除身为中国传统知识分子，不论政治态度如何，他对书的热爱之心始终如一。

在保护清华藏书的同时，钱稻孙又积极设法增添北京大学图书馆馆藏，“接收李氏木犀轩藏书”便是一个方面。李氏的木犀轩藏书内含大量珍罕的古籍和善本，是近代最重要的私家藏书之一。“北平临时政府”出资购买了木犀轩的全部收藏之后，图书部分共计 9087 种、58385 册全数划拨北京大学图书馆保存，成为北京大学图书馆最有学术价值的专藏之一。除此之外，钱稻孙还“主持整理原北大出版组旧

---

① 刘甲库，杨雪晶. 学人钱稻孙的图书馆履痕述略［J］. 大学图书馆学报，2014（4）：119.

② 韦庆媛. 另类馆长钱稻孙［M］// 邓景康，韦庆媛. 邺架巍巍：忆清华大学图书馆. 北京：清华大学出版社，2011：226.

存书籍”“整理理学院原学生旧存图书”[①]等。即便北京大学被冠以“伪”字，钱稻孙被视为文化汉奸，但从保存文献上说，他的功绩难以抹杀。也可以说，政治信仰的差异不足以阻挡人类文化遗产的保存。

因为钱稻孙的特殊保护，藏于伪北京大学图书馆的清华大学图书馆的馆藏完整地幸存了下来。抗战结束，清华大学寻追散落各地的藏书，发现北京大学图书馆所藏最为完好。复员后的清华大学图书馆重建，依然兼任馆长的潘光旦做了大量工作，一方面“争取敌伪图书之分配”，另一方面“洽购私人大批藏书”——收购刘半农藏书一万四千余册、金天羽藏书一万五千余册；接收北平私立木斋图书馆赠书四万一千余册等[②]。

仅一年多后，清华大学图书馆藏书量恢复大半。1947 年 4 月清华大学校庆时，《大公报》报道校庆中图书馆的盛况，说图书馆最受人称道，素有腿疾的馆长潘光旦拄双拐站在礼堂前，笑容可掬，对前来道贺的人表示感谢。而此时，钱稻孙因“汉奸罪”正在监狱里服刑。

（三）教会大学图书馆的外籍馆长是时代的缩影

1. 外籍馆长引进图书馆先进理念

中国近代教育的兴起，除了洋务派、维新派效仿西方积极兴办新式学校以外，西方基督教会和传教士大范围创办高等学校起了主导和决定性作用。而近代教育的兴起又直接推动了中国图书馆事业的发展，表现在一方面，教育发展势必需要大量书刊供给；另一方面，在 20 世纪 20 年代“非基运动”爆发之前，教会大学图书馆主任（馆长）基本上由受过良好教育、既懂教育又识图书馆学的外籍知识分子（包

① 刘甲库，杨雪晶．学人钱稻孙的图书馆履痕述略［J］．大学图书馆学报，2014（4）：118—119.

② 潘乃穆．潘光旦与复员后的清华图书馆［M］// 邓景康，韦庆媛．邺架巍巍：忆清华大学图书馆．北京：清华大学出版社，2011：228.

括传教士）担任，因为他们，引进西方图书馆先进理念和管理模式成为必然。

也就是说，在以教会大学为主的中国高等教育发展前期，教会大学图书馆馆长由外籍人士担任是理所当然的普遍现象。以岭南大学图书馆为例，它从 1918 年开始由藏书楼转变为图书馆，四年时间里，历任馆长清一色美国人：葛理佩（H.B.Graybill）、冯世安（C.G.Fuson）、邓勒、巴罗赞、特嘉女士。1922 年，即“非基运动”那年，谭卓垣成为首任华人馆长。其他教会大学莫不如此，文华大学图书馆的韦棣华、金陵大学图书馆的克乃文、圣约翰大学图书馆的海施女士、辅仁大学图书馆的谢礼士（E. Schierlhz）、沪江大学图书馆的普天德夫人（H. C. Poteat）和汤姆荪夫人、齐鲁大学图书馆的奚尔恩等。外籍馆长以美国人为主，也有英国人，如福建协和大学图书馆的马除夫人（R. Martin）便是从澳洲到中国的英国籍人士。无论是在图书馆管理、馆舍建设，还是图书馆学教育、扶助后辈图书馆人才等方面，他们各有贡献。在“非基运动”后，迫于社会环境压力，教会大学的外籍人士逐渐退出管理层，校长和馆长陆续由中国人担任。但在中国高等教育发展初期、大学图书馆由传统藏书楼向近代图书馆转型时期，外籍馆长的开拓和引领作用尤为重要和珍贵。

从学历上说，外籍馆长们大多具有较高学历。比如，沪江大学的汤姆荪女士获美国德克萨斯州瓦可学院文学学士学位；金陵大学的克乃文的最高学历是美国新泽西州韦斯利恩大学文学硕士；而岭南大学的葛理佩获美国哥伦比亚大学文学硕士学位；齐鲁大学的奚尔恩则是德国历史学博士。而沪江大学的普天德夫人接受过图书馆学的专门训练；岭南大学的特嘉女士更是图书馆学专家。

到中国之前有过图书馆工作经验的则是辅仁大学的谢礼士、圣约翰大学的海施女士、文华大学的韦棣华、金陵大学的克乃文。谢礼士曾在德国国立妙尼克图书馆担任一段时间的馆员；海施女士“原为美国威斯康星大学图书馆馆员，又曾在美国历任各地图书馆职十余处”①；韦棣华毕业于美国纽约巴达维亚联合自由学校，曾专门学习过图书馆学。1889 年 1 月，她接替辞职的简妮·海伍德小姐，出任巴达维亚联合自由学校图书馆馆长。在理奇蒙德纪念图书馆与自由学校图书馆合并后，韦棣华转至理奇蒙德纪念图书馆，不久再次受聘为馆长。这个位子，她待了十年之久，积累了丰富的图书馆工作经验。克乃文在美国卫斯理大学攻读研究生的时候，在该校图书馆担任助理。而在普林斯顿大学图书馆，他也有过工作实绩，而且担任过参考部主任，时间长达 5 年，从 1908 年至 1913 年他离美赴中为止。显然，处于起步阶段的中国大学图书馆引进如此一批高层次人才，势必有利于图书馆摆脱中国传统藏书楼的束缚，朝着近现代图书馆迈步和发展。

事实上，他们中的很多人在教会大学图书馆初建立时便被委以重任，几乎从零开始。也就是说，他们对于大学图书馆的建设和管理具有拓荒性意义。英国人马陈夫人接手福建协和大学图书馆时，“全馆总共才有几千册的图书，而且大部分是以西文印刷的宗教方面的书籍，中文古籍中像样的只是一部《二十四史》、一部《四部丛刊初编》和《十三经注疏》之类。管理制度也不完善，借书和还书都是登记在簿子上”②。在普天德之前，沪江大学图书馆主任是曾经就读于该校的学生潘圣一。换句话说，海伦是该图书馆第一任具有图书馆专业知识的馆长。尽管她在任只有一年，但工作成效显著，“图书馆内的书报、质量均有所进步”。具体地说，便是“校内有藏书楼、阅报室；中西书籍，倚叠如山。”因此，“学生阅报者，正如蚁附膻，爱而不能舍也”③。

岭南大学图书馆在特嘉女士之前，馆长均非专职，而是聘教员兼

① 孟雪梅．近代中国教会大学图书馆研究［M］．北京：国家图书馆出版社，2009：186.

② 金云铭．书城 60 载忆旧录［M］// 陈豹义．难忘的回忆：福建师范大学老同志回忆录．北京：中国大百科全书出版社，2007：121.

③ 钟鲁斋．沪江大学一九二三年之回顾［J］．沪江大学年刊，1923：14—20.

任。如葛理佩任教于文理学院，主持创办教育系，任系主任；冯世安是美国传教士，《中国地理》课本是他编写的；邓勒的主职是文理学院的院长。走马灯似的更换馆长显然无助于图书馆制度和管理的稳定，不利于图书馆的发展。从特嘉女士开始，岭南大学图书馆起用专职馆长。身为图书馆学专家，又是首任专职馆长，特嘉女士对图书馆的管理从整顿馆务入手，在分类、编目、采访、借阅等方面努力细致化、规范化，很快便改变了图书馆面貌。

不止特嘉女士，有着西方教育背景的外籍馆长们无一不采用西方图书馆管理方法。“规则”是他们最为强调的。1922 年出任圣约翰大学图书馆馆长的海施女士一上任便对藏书进行规范管理，制定借书规则，设立五个分馆，使得藏书利用率大大增加。齐鲁大学图书馆的奚尔恩、文华大学图书馆的韦棣华也是按欧美方式在总馆之外另外设置分馆，以最大限度地利用藏书。在分类、编目方面，齐鲁大学图书馆采用的是《杜威十进分类法》。金陵大学图书馆的克乃文亲自组织人马与美方合作，双方最终共同完成了一本《中国农书目录汇编》。这部开创性的目录汇编由金陵大学图书馆于 1924 年 6 月印行，列为“金陵大学图书馆丛刊第一种”[①]。除此之外，文华大学的韦棣华、圣约翰大学的海施女士、沪江大学的汤姆荪女士重视读者服务，积极倡导开架借阅。韦棣华率先鼓励学生以外的市民利用图书馆的图书资源以丰富文化知

韦棣华是民国时期在中国大学图书馆任职的外国人代表。（照片来源：1931 年第 3 卷第 3 期《武昌文华图书季刊》）

① 郑锦怀 . 中国图书馆学教育的肇始者——克乃文生平略考［J］. 图书馆，2013（1）：94.

识，由她创办的文华大学“公书林”则是最早向普通市民开放的具有公共图书馆性质的大学图书馆。

对于馆舍建设，奚尔恩、汤姆荪女士都倾注心力。奚尔恩是1917年9月在由登州文会馆等多校合并组建的齐鲁大学刚刚开学时出任图书馆馆长的。那时，校舍简陋，图书馆更无独立馆舍。在他任上，奥古斯丁图书馆落成。虽然新馆设施还算完备，但照明稍欠。为此，奚尔恩特地增添了自由开关的桌灯，极大方便了读者，体现了浓厚的人文情怀。沪江大学图书馆起初也没有独立馆舍，汤姆荪任馆长时，图书馆栖身于思晏堂一角。为增加馆舍面积，汤姆荪一再努力，先在1927年冬天争取到在思晏堂里增加一间房间作为阅览室，后在年度图书馆报告中恳请校方建造专门的图书馆大楼。独立馆舍终于在沪江大学首任华人校长刘湛恩的努力下于1928年9月建成。新馆坐落于思晏堂一百四十米开外，五百名师生听从老馆长汤姆荪的主意，在思晏堂与新馆之间，排成一列长队，用接龙的方式将图书从思晏堂快速地传递到新馆大楼内，如此完成了搬迁。

从特色方面说，汤姆荪女士和特嘉女士的图书馆管理尤其值得称颂。汤姆荪一上任便对图书馆进行全方位改革：为每个书库增添桌椅；为大三和大四学生提供开架查阅服务；增加藏书量等。最特别之处，正如沪江大学《天籁》刊物记者所报道的那样：“现在向南二间已全改为阅览室；其向北二间及横贯东西之巷，皆为藏书室；阅报室则与客厅合并。阅读室之壁上，高悬孔子之像及种种风景照片，窗上则置以花瓶，幽雅宜人。每到一批新书，必置之特别之处，旁贴以写英语之纸条，曰‘诸君看啊，这新书是多么美丽！’总之，室中布置，处处皆是引人好学之思也。”[①] 任馆长之前，她在沪江大学附中教英语，

① 记者．图书馆之新气象［J］．天籁，1925，15（2）：24—25．转引自王细荣．大世界里的丰碑——湛恩纪念图书馆的前生今世［M］．上海：上海交通大学出版社，2014：13.

养成了习惯，在进行图书馆管理同时，也不忘对进馆学习的学生见缝插针地进行英语指导。“一字师”尊称的来历是有一天有学生经过图书馆内的一间小房间，汤姆苏正在整理满地的书籍，她对他们说，“这房间不叫 stock room，而叫 stack room”①。一字母之差透露出她的认真和严谨。她对沪江大学图书馆的贡献，代校长兼图书馆委员会主任韩森概括得最为恰当，在她的管理下，“图书馆在外观和实用上都有了很大的改善”②。

岭南大学图书馆藏书特色鲜明，表现在侧重“中文善本书及‘中国问题研究’西文出版物”的搜集和收藏，而这很大程度上有赖于特嘉任馆长时对中文图书以及相关的“中籍部”的重视。事实上，中籍部就是在她上任当年设立的；主任陈德芸也是她聘请的。在她的支持下，陈德芸远赴上海、北京等地进行劝捐活动，用募捐得款购得一万六千余册中文书籍③，以此奠定了中籍部的中文图书基础。随后，在他们的共同努力下，中籍部的藏书日益丰富，以至于馆舍不敷使用。陈德芸为此在 1920 年 10 月 5 日特向特嘉提交中籍部扩张计划，特嘉积极响应，但因学校的校舍规划等客观因素未能如愿。由于特嘉早在 1922 年便返回美国，故她在馆长任上只待了三年。尽管时间尚短，但岭南大学图书馆的发展基础是她夯实的。

2. 外籍馆长对中国图书馆学教育的贡献

外籍馆长对中国图书馆事业的最大贡献在于开创了公共图书馆、图书馆学教育的先河。另外，像沈祖荣、胡庆生一样的年轻学子也有

① 张金声，唐煐．母校杂忆［M］// 上海沪江大学校友会．沪江大学纪念集．上海沪江大学校友会．1986：41—42.

② 王细荣．大世界里的丰碑——湛恩纪念图书馆的前生今世［M］．上海：上海交通大学出版社，2014：13.

③ 周旖．近代中国教会大学图书馆史研究综述——以岭南大学图书馆史研究为中心［M］// 曹树金，张靖．资讯管理研究进展．广州：中山大学出版社，2010：287

赖于他们的帮扶与资助出国学习图书馆学，从而成为中国第一代图书馆学专门人才。文华大学的韦棣华、金陵大学的克乃文是其中的典型代表。

1900 年，39 岁的韦棣华来到中国，就职于武昌文华书院。凭十多年的图书馆工作经验，她敏锐地觉察到文华书院，乃至四散于武汉各地的众学校图书资料严重匮乏。创办图书馆成为她坚定不移的志向。书院东区的一个被称为“八角亭”的一间小房间是她开办的第一个小型图书阅览室，那里陈列着她搜集来的各类图书、报刊三千余册，被学生称为“报房”①。这是“文华公书林”的雏形。1909 年，文华书院在哥伦比亚区注册成功并正式更名为文华大学校时，图书馆落成，英文名为“Boone College Library”，而中文名便是“文华公书林”。它不是单纯的一所大学图书馆，而同时又是中国第一个以“公共、开放、共享”为宗旨和目标的公共图书馆。自然地，公书林首任馆长由韦棣华担任，协理是沈祖荣。

文华公书林开设之始，国人对于图书馆几乎没有一点认识，就连本校的师生，对于图书馆的作用也极为隔膜，也就毫无使用图书馆的意向，因此前往阅览的人寥若晨星，公书林门可罗雀，这可大大出乎韦棣华等人的预料，但失望之余她并不气馁，想了很多办法欲图改变现状，“极力研究”对读者“引导诱掖的工夫”。他们从本校师生入手，先是“引一些学生前来阅览，口讲指画，如学校内的教师；应接周到，又好像旅社的堂倌”。接着又去做教师的工作，请他们劝导学生前来，并要求教师布置的作业，与某些书籍相联系，也列出一些相关图书的书名，促使学生前往参考。当此第一步吸引本校师生的工作初见成效后，韦棣华和同事随即将目光瞄向校外，他们的宏愿是，“要使武昌各官立学校，都到公书林来阅览”。韦棣华已经意识到吸引学校读者的关键在

---

① 周挥辉. 韦棣华与中国第一个公共图书馆［J］. 博览群书，2014（8）：75.

于为人师者，于是她定期拜会各校校长与教职员，向对方宣传设立公书林的意义，以提高他们对图书馆的认识，争取他们的支持。后又采取公开演讲方式以扩大宣传，又在城内各处广设分馆以便于读者就近使用。在此之中，他们运用“流动图书馆”（他们自称为“巡回书库”）的模式，将图书送到各学校、团体以及“远道邮便所在”，甚至还远赴全国各大城市进行“游行演讲图书馆事业”[①]。对广播文化、开启民智做出了很大贡献。

韦棣华在文华公书林之后创办的文华大学图书科被认为是中国第一个图书馆教育机构，而在中国大学中第一个开设图书馆学课程的则是克乃文，故而被誉为“中国图书馆学教育的开启者”。虽然他早在1913年刚刚就职金陵大学时便“长馆务”，但并不拥有主任或馆长头衔，只是负责管理图书馆事务，他的身份是外国文学系主任。他的图书馆学课程开设于该校文科，“直接向学生引介近代美国图书馆学理论与知识”，是“中国最早的图书馆学教学活动”[②]。1920年，克乃文卸任外国文学系主任之职，正式就任图书馆馆长。金陵大学是中国早期图书馆学教育难以忽视的重要基地，不能不说与克乃文创设图书馆学课程有很大关系。1927年，在图书馆学课程基础上，金陵大学正式开设图书馆学系。此时，克乃文返回美国，刘国钧接替他出任图书馆馆长。也就是说，中国新一代图书馆学人开始独掌图书馆大任，而这与克乃文一贯重视对图书馆新人的培养很有关系。

归纳来说，最早开设图书馆学课程的是金陵大学的克乃文，而最早在大学中创办图书科的则是韦棣华。至1930年，文华图书科共培训和培养了60名毕业生，其中33人在国内图书馆任职，29人任馆长，他们分布在全国十余个省份，在全国最重要的三十多座图书馆任职。

① 沈祖荣．在文华公书林过去十九年之经验［J］．文华图书馆学专科学校季刊，1929，1（2）：171—174.

② 郑锦怀．中国图书馆学教育的肇始者——克乃文生平略考［J］．图书馆，2013（1）：94.

中国图书馆界大名鼎鼎的人物，如沈祖荣、桂质柏、严文郁、裘开明等人都与之有关。1930 年 9 月，在文华图书科基础上的武昌私立文华图书馆学专科学校正式挂牌成立，也因此又创立了一个“第一”——中国第一所图书馆学专门学校。

除了韦棣华，武昌文华图书科的另一个创始人是沈祖荣。文华图专成立次年，韦棣华离世，沈祖荣挑起大梁，一直把图专维持到 1953 年。在全国院系调整大潮中，图专并入武汉大学，算是完成了历史使命。与韦棣华资助沈祖荣、胡庆生出国留学相似，洪有丰、李小缘、刘国钧等则是由克乃文推荐赴美接受图书馆学专门训练的，他们因此成为图书馆界的栋梁。可以说，韦棣华、克乃文一方面以自己的图书馆才学引领中国大学图书馆迈向现代化，一方面又不遗余力大力培养中国图书馆学人，他们对中国图书馆事业所付出的努力有目共睹，历史永存其超越国界的人文情怀。

后　记

尽管学术著作须以理性思维为主导，但感性认识过程不可或缺。所谓“现场感”，并不是作者单为读者提供的一种如临其境的感觉，而根本是作者自己对于现场的一种感受。且首先必须如此，才有将此体会传达给读者的可能，更有刺激大脑皮层而引发兴奋、增加一己发现而引起思索的可能。为此，笔者几年来，几乎跑遍了本书中所提及的诸多图书馆，跑到那些如今仍是图书馆、或已挪作他用的昔日图书馆的跟前去，每每就像见到心熟眼生的崇敬者，上下打量，左看右看，看似相对无言，实则心目交流无数。遗憾的是岁月更替，时空阻隔，现场只是当今的场所，并非历史景观，好在毕竟原物，多少留有当年的气息，可以睹物思人忖事。

就是为了追求这现场感，使得本课题的研究过程大为延长，成书的计划一再推迟，但回顾问心并无懊悔，反倒觉得确有必要，且也乐在其中——除了寻访之乐，还发现了旅行之乐——原来怀揣某种特别目的的旅行，会给人带来特别的兴致，因为旅行的内容变得更丰富；在自己的感觉里，旅行也似乎更有意义，尽管那寻访图书馆的过程并非全都是轻松愉快的。

因为近乎沧海桑田的变化，对于当年图书馆馆舍的确认，有时竟成为一桩近乎考古的工作，需要反复查证核实，造成对一些图书馆的实地寻访不止一次。有所一向被国人视为数一数二的大学，第二次去时，连学校大门门槛也未能跨过，因为门卫说入校必须预约，令人愕忧两然；京城另一所民国著名大学的校舍后来改作中学，围墙自更高阔，几年内不同季节去了三次，今书稿都快付之梨枣了，而该校门径尚未摸着，自觉已经一点脾气也没有了；还有一所大学校舍被圈为机关大院，入门探访更成为一种奢望，好在颇费一番周章后侥幸被允入内，真是大喜过望！加上从南京带出门的一只蝈蝈，途中中暑数日本已濒死，此时却忽然排出一脬赤痢而活转过来！2015 年北国的那个酷热难当的夏日，遂在感觉里变成了风和日丽。

本书因为涉及几十所高校、数十位人物，史料需求量大，对研究教育史的任小燕老师掌握的史料多有借阅，特表谢意。感谢江苏省高校教育学优势学科对本书的支持，还要特别感谢董宁文、杨鑫二位先生对本书的出版所花费的心血。

作 者

2016 年 8 月于商洛旅次